陳夢家著作集

美國所藏中國銅器集錄

（訂補本）

上　册

中　華　書　局

圖書在版編目(CIP)數據

美國所藏中國銅器集錄:訂補本/陳夢家編著;中國社會科學院
考古研究所編輯. —北京:中華書局,2019.4
（陳夢家著作集）
ISBN 978 - 7 - 101 - 13768 - 2

Ⅰ.美…　Ⅱ.①陳…②中…　Ⅲ.銅器(考古) - 中國 - 圖錄
Ⅳ.K876.412

中國版本圖書館 CIP 數據核字(2019)第 031215 號

書　　名	美國所藏中國銅器集錄(訂補本)(全三冊)
編 著 者	陳夢家
編 輯 者	中國社會科學院考古研究所
叢 書 名	陳夢家著作集
責任編輯	李碧玉
出版發行	中華書局
	(北京市豐臺區太平橋西里38號　100073)
	http://www.zhbc.com.cn
	E - mail:zhbc@zhbc.com.cn
印　　刷	北京瑞古冠中印刷廠
版　　次	2019 年 4 月北京第 1 版
	2019 年 4 月北京第 1 次印刷
規　　格	開本/787 × 1092 毫米　1/16
	印張86½　插頁10　字數1675 千字
印　　數	1 - 1500 冊
國際書號	ISBN 978 - 7 - 101 - 13768 - 2
定　　價	980.00 元

考古學專刊

乙種第四十五號

中國銅器綜錄之一

美國所藏中國銅器集錄

（訂補本）

上　冊

陳夢家　編著

中國社會科學院考古研究所編輯

1946年本書編著期間在美國芝加哥大學

五十年代初與商承祚（中）、于省吾（右）在中國科學院考古研究所

陳夢家著作集

出 版 説 明

陳夢家先生（1911—1966）是我國現代著名的詩人、古文字學家和考古學家，浙江上虞人。1932年於中央大學畢業後，先後在青島大學、燕京大學、昆明西南聯大任教。1944—1947年在美國芝加哥大學講授中國古文字學，並蒐集流散在歐美的商周青銅器資料。歸國後，擔任清華大學教授，1952年調至中國科學院考古研究所任研究員。

陳夢家先生因研究古代宗教、神話、禮俗而治古文字，再由研究古文字而轉入研究古史及考古學。在甲骨學、西周銅器斷代及簡牘研究方面，均卓有建樹，爲國内外學術界所推重。

我們此次出版陳夢家先生的著作，除收有殷虛卜辭綜述、西周銅器斷代、中國銅器綜述及其英文稿 GENERAL STUDY OF CHINESE BRONZES、漢簡綴述、尚書通論、西周年代考、六國紀年、中國文字學（附英文稿 AN INTRODUCTION TO CHINESE PALAEOGRAPHY）等專著，海外中國銅器圖録與美國、加拿大、北歐所藏中國銅器集録等圖録，以及新詩集夢家詩集外，另將陳夢家先生已刊和未刊的文章，分別輯爲夢甲室存文（散文集）、陳夢家學術論文集和陳夢家詩文補編出版。

“陳夢家著作集”的出版，得到陳夢家先生内弟趙景心、景德、景倫三先生的鼎力支持，我們表示由衷的感謝。中國社會科學院考古研究所爲陳夢家先生遺稿的整理付出了巨大的努力和艱辛的勞動，謹致謝忱。

謹以此書的出版，紀念陳夢家先生和趙蘿蕤女士。

中華書局編輯部

2018年6月

訂補本説明

　　現在出版的陳夢家編著美國所藏中國銅器集録，係由中國社會科學院考古研究所原殷周金文集成編輯組負責人王世民研究員主持，考古資料信息中心若干同志參與，彙編與訂補而成的本子。

　　銅器圖象部分，采用陳夢家生前捐贈考古研究所的Ｂ５尺度大幅原照片，重新進行掃描與製版，同時新增補40件銅器的圖象。銘文拓本部分，除Ｒ.315、418ｂ、419、420ａ、420ｂ、485因製版緣故酌量縮小外，餘皆爲原大。説明部分，在1962年科學出版社刊行本的基礎上，根據殷周金文集成編纂工作中所作核校，並參考作者1947年英文稿本，對其著録項中的個別失誤進行了訂正。爲了方便讀者，特參照中國銅器綜述將作者對所收各類銅器的分型列出目録，並在書眉上標明；收録的銅器銘文，均增注集成一書的器號（説明中提及的關聯器銘，也盡可能注出集成器號）；對銅器的現存處所，也有所訂補。

　　共録器901號（因Ａ591有兩號，實際總數爲902號），除1962年版已收的Ａ1—Ａ845（原缺Ａ711已補）之外，又將原附録五内容增補圖象編爲Ａ846—Ａ901。

　　凡此，訂補後記另有詳細交代。

目　録

中國銅器綜録自序

　　中國青銅器的著録，有過很長的歷史。

　　北宋時代内府和一部分士大夫都有古銅器的收藏，至十一世紀始有圖繪器形、摹勒銘文的石刻。較早的石刻，如楊元明的皇祐三館古器圖，據籀史所記其爲圖刻石的，祇有秘閣和太常所藏十一器；如劉敞的先秦古器記，僅存他自己一家所藏十一器，張廷濟曾有拓本七紙；如李公麟的古器圖（宋史藝文志，金石録卷十一），籀史稱考古圖，薛氏鐘鼎款識引李氏古器録，吕大臨考古圖引李氏録二十餘條。以上諸書，其所摹録的既是少數的古器，故亦無需乎分類排比；其摹寫上石也祇是一種銘碑或器物圖，尚未具備完整的考古圖録的形式。

　　十一世紀末葉，吕大臨所編著的考古圖樹立了古器學與古銘學的基礎。這本圖録收集了公家（秘閣、太常、内藏）和士大夫家所藏三十七家凡二百餘器，共爲十卷，分別三代與秦、漢器，而於三代器又分類排比。自序説：“予於士大夫之家所閲多矣，每得傳摹圖寫，寖盈卷軸，尚病寡啟未能深考，暇日論次成書，非敢以器爲玩也。……或探其制作之原，以補經傳之闕亡，正諸儒之謬誤，天下後世之君子有意於古者亦將有考焉。”可見作者有意的編次他所親見的古器物而成“書”，並非如以前的“圖”；他不是玩物而有意於古，圖而“考”之，所以名爲考古圖。元代以來，有刊本流傳於世。今觀其書共包含了三個部分：（1）圖録，“器形”的圖繪與“銘識”的摹寫；（2）記録，記器物的“量度”、“所從得”和藏家，即器物的容量、度量、出土地和收藏者的籍貫姓氏；（3）考釋，包括銘識的釋文，器制的比較，器名的考訂，年代的推定和其它有關歷史、制度等的考證。

　　考古圖對於銅器的處理，具有科學的意義：（1）重視對於實物的目驗與度量；（2）注意實物的出土地以及某些出土地在歷史上的地位，如殷都的“河亶甲城”；（3）器物的圖象與銘文並行而並重，不是孤立的古器學或古銘學的研究；（4）綜合了器形、文飾、銘文和出土地來作斷代的標準，如乙鼎出於鄴郡河亶甲城，因説“考其形制、文字及所從得，蓋商器也”。在八百六十多年以前，這樣一本著作，實際上開始了中國考古學的研究。

　　考古圖以後，博古圖和清代許多圖録都承繼了它的作法，也有有所改進的，也有回到石刻古器圖本的，後者純粹成爲資料的刊布。考古圖以後，另有放棄了圖象而專門發表款識的，也有專門從款識上作文字或歷史的考證工夫的。不加考證的古器圖、不附圖的銘文集編和銘文的考釋，雖然都不是完整的，然而對於銅器的研究，都有或多或少的貢獻。

據籀史所載,宋仁宗皇祐三年(公元1051年)曾詔以三館所藏鐘鼎的"墨器款"賜宰執,則當時已用墨拓法打製銘文的拓本。但當時衹有石刻、木刻,不能用拓本直接上石上木,所以衹能鈎摹筆劃。直到清末才能利用石印術以拓本上石,清末以後才有更進步的影印術。清世收藏家,除銘文墨拓以外,亦有部分的或全部的用墨拓法拓其文飾和全形的,因此利用照相術以前有了較木刻的和石印的圖繪更近於真的傳形。民初以來,始有利用照相術和珂瓃版影印術印刷器形的,較之僅能石印拓本又進了一步。凡此對於圖象和銘文的技術處理,足以彌補考古圖的缺陷。近三十年來古墓葬和古遺址的科學發掘,使考古圖所說的"所從得"更有了確實可靠的記錄;而在此等報告中用機械畫法所作的器形圖,除了表面以外,又能表現出剖面。有了照相和新式繪圖以後,文鏤款識之墨拓,依然是應該繼續保存的方法。

八百六十多年來積累的銅器圖錄和有關記錄,對於銅器研究的學者供給了很豐富的資料。這些資料,就其刊印方法,可以分別爲:(1)石刻的、木刊的和石印的(也有銅版的)摹寫的圖象和銘文;(2)石印的或影印的全形圖象和銘文;(3)影印的照相圖象。這些資料,以影印的照相圖象和拓本銘文最好。就其器物的所在和所從來,可以分爲:(1)宋代著錄而實物已亡佚的;(2)清宮所藏以及現在屬於國家收藏的;(3)私人所藏的;(4)流傳於國外的;(5)考古機構發掘所得的。(1)—(4)是流傳品,(5)是發掘品。近年以來,盜掘已經禁絕,而私人收藏大多數已歸公藏。國家收藏的銅器,其中很大部分是清代和近年的流傳品,重新編印圖錄,可以校正過去摹寫的不準確並使圖象與銘文重新合一。這些流傳品中不乏有關史實重要的資料,而在研究器形與出土地最應依據發掘報告中的銅器。因此,今天研究銅器所最缺少的乃是流傳國外的一部分。

我在開始銅器研究的時候,最初衹注意到銘文的重要。1935年以後才開始接觸實物。1939年在昆明因北京圖書館之約,編輯海外中國銅器圖錄,雖作三集而僅出一集,其它二集,因香港爲日軍所占,未能續印。當時所編,僅憑國外寄來的器形照片,多未曾附有銘文,對於實物的真僞也難以辨別。1944年秋,我因任教芝加哥大學之便,着手進行北美各地的銅器收藏的考查。三年之中,凡公私所藏都親加鑑別、測量,打製銘文的拓本,分別照相,並追求其展轉流傳的經過。所見銅器而重要的數在一千以上。1946年3月,去坎拿大陀浪多,在翁塔利博物館記錄其所藏洛陽和安陽出土銅器。1947年8月至9月,旅行倫敦、巴黎、荷蘭與瑞典的京城,參觀了公私所藏中國銅器。歐、美兩洲所藏的中國銅器,所見與所得的照片,已居十分之六七。

我自歸國以來,忽忽又已十載。這批銅器材料,因工作關係,始終未能整理付印。1956年春,乃得從事西周銅器的斷代研究。於此同時,着手將所獲海外所見銅器照片分集刊行。現在先以在諸國所見禮器部分,分集出版。至於兵器、樂器及其它器物,則將匯合分類印行。所録彝器約在二千器以上，較之1933年梅原末治在歐、美蒐集印行的支那古銅菁華彝器三册所録的二百五十器，數逾十倍。

　　這些古銅器的流傳海外，是時常使我痛心的。爲了蒐集這些照片，也曾跋涉了許多路程，歷盡艱難，頗費口舌之勞。許多照象，雖皆假手它人，但有若干部分是我自己在場的。由於種種限制，照象不能盡如我意；且擱置已久，略有變色。我未嘗學拓墨之法，但由於無人能拓，只得勉强爲之，勝於不拓。本書主要的目的，在發表材料，根據當日的筆記，僅作了很簡單的説明，以備參考。

　　我在此致謝一切關心於此集的搜集和出版的人們，由於他們不斷的鼓勵與督促，這本圖録的編輯才得以順利進行。我在此特別致謝中國科學院 考古研究所給予此集出版的機會。像這樣需要巨大投資的圖録的印行，只有在重視科學研究事業的人民中國，才有實現的可能。但是，由於圖版過多，在若干方面都曾因搏節之故有所縮減。希望這批材料的刊布，對於研究銅器有所幫助。我個人急切的希望早日結束這個工作，可以有時間參加整理國內所藏更豐富的銅器總録，它將比此集所有的更具有科學性和藝術的價值。

1956秋，陳夢家記於北京 錢糧胡同

美國所藏中國銅器集錄自序

　　1944年11月到1947年9月，我因任教芝加哥大學，得以從事於北美所藏中國銅器的材料的搜集。在此三年中，作了遠近數十次的旅行，將所有可以見到的中國銅器，都攝取了照片，拓了銘文，記了尺寸，並詳考其所從來。這些銅器，大致分在三種地方：（1）在美術館、博物館、圖書館、大學或其它公共機關的共三十七處；（2）在私人收藏中的共六十二家；（3）在古董商肆的共十二家。就其地區而言，較大的都市如華盛頓、紐約、波斯頓、芝加哥、坎薩市、米里阿波里斯、費城和克里夫蘭諸處，收藏最富。對於上述諸地點的公私收藏，我曾作了不止一次的訪問。大多數的銅器，都曾經取出加以觀摩；也有少數的未能往觀。由於種種的限制，有些看得詳細，有些不曾作深入的觀察。

　　在我所收集的材料中，禮器（或祭器，即烹飪器、容食器、温酒器、盛酒器、調挹具、承具等）占了很大一部分，先行選錄發表於此。此外還有樂器、兵器、車馬具、日用器具等，爲數尚多，將來另集刊布。本集所收的禮器，由於每一品類都有相當多的數目，由於出土地不明，所以我們不采用按時代排比，而用類別爲序次。每一品類（如鼎類）之中，又從其形制而分別爲幾型，每一型中又將花文相近似的系屬於一處，依時代先後排列。這樣的作法，對於研究形制、花文和年代，可以得到便利。爲了使研究文飾的可以有所依據，有些器物用了一張以上的圖象。爲了使研究銘文的不脱離實物的形象，我們將一切銘文（包括已經著錄的）都附錄於後，以便對照。

　　本集所收的大約是1917年到1947年三十年間流入美國的。第一次歐戰以後、中華人民共和國成立以前，在中國黑暗政治下，古墓的盜掘之風盛行，古物出國的禁例從未執行，因此大量銅器經過種種方式到了美國。這中間，大約有五分之四是那三十年間出土的，有五分之一是清代以來的流傳品。從此集中看來，很多是具有藝術價值的精品，但也有不少是有歷史意義的重器。對於後者的流失於國外，尤其令人痛心。每一次看到銅器銘文的結語“子子孫孫永寶用”，覺得它是一種可悲的教訓。

　　本集有許多器物是從來未經發表的，但也有一部分已發表過的。有些見載於外國美術史、博物館刊和“商品”目錄中，國內不易查閱；有些見載於外國圖錄的，或是記錄不詳，或是不附銘文；有些見載於國內圖錄的，或是圖象不精，或是僅有石印摹寫；有些銘文在國內早已著錄，而圖象未詳的。因此種種緣故，凡已著錄的，仍然采取較好的照片，重爲製版。

　　此集完成於1947年6月，十載以來，未能出版。一部分照片已漸褪色，最近才急於重新整理付印。重編期間,加入了返國之前在紐約所見的一批材料,並將原編中不甚重要的删去若干,共編八四五號。原編拓本R.1—445仍依原來所排的次序,其新加入的拓本附續其後①。删去圖象的,其拓本在R.1—445之内的,仍將當日記録附記於此集中②。

　　本集所録銅器,雖大部分曾經作者審定,但事隔十載,個人的看法也有改變之處。因此集中恐不免有一些疑偽之器,有一些局部配造之器,有一些偽刻的銘文。1946年我與人合編的柏景寒中國銅器集,其中圖七七、八〇兩鎏金器乃是蘇州周梅谷所偽造。當時主張删去,而同編之人堅決不肯。本集不録此兩器,並附帶更正於此。

　　原編附有中國銅器綜述十五章,係就舊中國銅器概述(附載海外中國銅器圖録第一集卷首)擴大改作。其中有關形制、花文、銘辭、年代的討論,都舉此集爲例。綜述篇幅太長,今删去之,以後當可單行問世。又原編中對西周較重要諸器銘,曾作有較長的考釋,附於説明之内。此類考釋,今已提出,歸入西周銅器斷代與東周銅器斷代兩書中,庶此集説明可以簡明易查。

1956年12月,陳夢家記於北京考古研究所

---

①編者按:原銘文拓本編號大致按族組、内容排列,此次爲方便讀者對照閲讀,不再將拓本集中製版,而是附於每件銅器的圖象與説明文字之旁。拓本原順序可參附録六。
②編者按:此内容1962年版收在"附録五",今增補圖象重編爲A 846—A 901,原附録五删除。

凡　例

　　此集所收集的以在美國所見者爲限，號前之 "A" 即表示在美國所見者，這些十分之九均在美國。每一器物，有一編號，如 "A1" 是本集的第一器。有些成對的銅器，凡本集祗發表一器的照片者，祗作一號而在説明中説明之。凡同一器而有數張照片的，在編號之後加小點以別之，如 "A6.1" "A6.2" 是同一鼎的兩面。

　　本集是按照器物的品類分列的，所以A1—A117都是鼎。在此117號中，又據其形制的不同分爲九種，即 "鼎一" 至 "鼎九"。其中如 "鼎二　A28—A54" 是分襠鼎，"鼎三" 是方鼎。凡可定名的皆暫賦以器名：或以作器者名，如追毀；或以族名，如亞蚊鼎；或以族名和受祭者名，如臣辰父乙鼎；或以受祭者名，如父辛鼎等。

　　每一編號有八項説明，自1至8分項記錄。有些器缺乏某項記錄的，就省去。這八項的性質如下：

　　1. 圖象曾經著錄的，記所見各書的簡稱，如陶齋即陶齋吉金錄。各書簡稱，詳附錄五 "銅器圖錄簡目"。

　　2. 銘文曾經著錄的，記所見各書的簡稱，如三代即三代吉金文存，詳附錄 "銅器圖錄簡目"。除了少數例外，銘文著錄祗引用三代，三代所無的引用它書。凡器無銘文的，省去此項和第4項。另外，附本集拓本編號，如A1的R.113，R.表示拓本。在拓本圖版中，每一器拓下列有R.號，號後a示蓋銘，b示器銘，c示其它部分的銘文，p示照片，h示摹本，d和e等是參考用的它器拓本。

　　3. 記錄器物的高度、口徑、寬度和長度。一律以厘米爲單位，如A1的口徑19.9即19.9厘米。所謂高度，一般指通高，如鼎計耳的高度在內，寬度指最闊或最長處。凡方器、長方器或橢圓器的長寬用乘號表示。

　　4. 記錄銘文的行數字數並其隸定的釋文。凡在二行以上的，按原款式分行錄出，左行直行改爲下行橫行。少數銘文過長而它書已有考釋的，不錄。

　　5. 斷定年代，根據形制、花文、銘文和出土地等條件，並根據與其它器的比較。但此處所定的，不過是大略的年代，如定爲殷的也可能是西周初期的。

　　6. 記錄器物出土後收藏者和商估的收藏和出售，詳附錄二 "器物舊藏簡目"。同形同銘的器物，必須查明其收藏的經過，才能分別。

　　7. 現在的所在，在博物館或私人處的，都用簡稱，詳附錄一 "器物所在簡目"。凡屬於博物館的，通常附以登記號如A2今在 "芝加哥28.167"，芝加哥是芝加哥美術館的簡稱，28.167是其登記號。一般的登記號的前面數字代表入藏的年分，如28

即1928年。不屬於博物館的私人，也有編號的如盧、何母斯、穆爾之例。至於皮斯百的編號，則是借陳的博物館的登號。本集所録現在的所在，乃指1947年夏以前的情況，十幾年來有很多變更。有些私藏可能已入博物館，而商估之轉易出售，或入於私藏，或入於博物館。

8. 在此項内記載以下各事：

（1）器物的現狀，如失蓋、殘破或修整等；凡較完整之器或從照片上可以看見的現狀，一概不記；

（2）相傳出土的時代與地點；

（3）同群同同組的銅器，同族名的銅器；

（4）簡要的有關銘文的考釋；

（5）形制、花文上的特點及與其它器的比較；

（6）其它不屬以上七項的記述。

以上八項，只是很簡略的一種記録，以備查考之用。

本編所標時代，其相當的公元紀年如下：

殷	約公元前1300—1028年
西周初期（武王至昭王）	約公元前1027—948年
中期（穆王至夷王）	約公元前947—858年
晚期（厲王至幽王）	公元前857—771年
春秋初期、中期、晚期	公元前770—481年
戰國初期、中期、晚期	公元前480—222年
秦	公元前221—207年
西漢	公元前206—公元後8年
新	公元後9—24年
東漢	公元後25—220年

圖象、銘文及説明

分類目録

烹飪器

R.113

A1　子矢鼎

1. 鄴二 1.5

2. 三代 2.32.5　R.113〔集成 01716〕

3. 高 25，高至口 20.2，口徑 19.9

4. 銘三字：子矢　主（似斧之象形）

5. 殷

6. 盧

7. 康恩〔紐約〕

8. 子矢當是族名，亦見於以下諸器：

　　爵二　翁塔利博物館 NB4031, 4032

　　爵　　本集 A358

　　瓴　　續殷 2.41.12〔集成 06897？〕

　　第三字亦見本集 A57。

A2

1. 陶齋 1.18；菁華 88；柏景寒 19

2. 三代 2.7.2　R.59〔集成 01158〕

3. 高 24.4，口徑 18.9

4. 銘一字：⊼

5. 殷

6. 端方，盧

7. 芝加哥 28.167

8. 銘乃族名，見於許多器上，參金文編附上 1.36a。

R.59

A3

1. 未著録

3. 高 23.8，口徑 18.2

5. 殷

6. Michael

7. 奧爾勃來特 42.16.389

R.124h

R.124

A4　亞蚊鼎

1. 菁華87

2. 菁華87　　R.124〔集成01430〕

3. 高23.8，口徑19.8

4. 銘二字：亞蚊

5. 殷

7. 麥克里奧特

8. 亞蚊是族名。蚊字金文編所未録。金文“亞”是官名，殷與周初的族名常常附以亞
字，或作爲一字，或作爲一大匡將所有銘文框在亞形之内。

A5　子乙鼎

1. 未著録

2. R.108〔集成 01315〕

3. 高 23.5，口徑 19.6

4. 銘二字：子乙

5. 殷

7. 火奴魯魯 4838

8. 博古 15.7—8 有兩斝與此同銘。

R.108

A6.1

A6.2

A6　戈鼎

1. 盧目（1937）圖版四，7
2. R.221〔集成未收〕
3. 高 18.8，口徑 15.8
4. 銘一字：戈
5. 殷
7. 盧 81581
8. 銘從臣從二又，金文編所未錄。此器與鄴三 1.7 一器相
　似，後者傳安陽出土。

R.221

A7.1

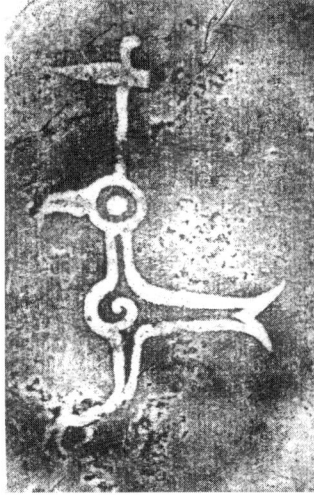

R.14

A7　鳶鼎

1. 未著録

2. R.14〔集成 01123〕

3. 高 24.2，口徑 20.3

4. 銘一字：鳶

5. 殷

6. 盧, Winthrop

7. 福格 43.52.100

8. 族名從戈從鳥。此族名亦見以下諸器：

  （1）鼎　　A8

  （2）毁　　A142

  （3）卣　　A584

  （4）罍　　A782

  （5）觶　　三代 14.32.7〔集成 06072〕（集古遺文 9.10.3 云洛陽出土）

  （6）爵　　巖窟 1.32, 33〔集成 07472, 07573〕（傳 1938 年安陽出土）

  （7）觚　　録遺 310, 311〔集成 06676, 06677〕

  （8）勺　　巖窟 1.65〔集成 09905〕（傳 1938 年安陽出土）

  （9）執鐘　三代 18.6.1〔集成 00359〕（潘祖蔭舊藏）

  （10）卣　　三代 12.47.1〔集成 04897〕　　“且辛”

  （11）毁　　三代 6.16.3〔集成 03201〕　　“父辛”

除最後兩例外, 都是銘一字。

A7.2

A8　鳶鼎

1. 未著録

2. R.446〔集成01124〕

3. 高24.4，口徑20.5

4. 銘一字：鳶

5. 殷

7. 羅比爾〔西雅圖Ch6.76〕

8. 此器形制、花文、銘文和大小均同A7，疑同墓所出。

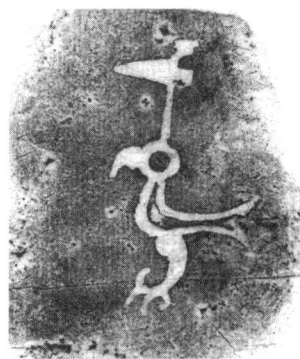

R.446

A9　戈鼎

1. 盧目（1941）19

2. R.46〔集成01195〕

3. 高24.7，口徑18.4

4. 銘一字：戈

5. 殷

6. 盧81940

7. 赫伊特（借陳柏弗羅4210.2）

8. 此族名見於許多銅器，本集拓本R.44—51均是。

R.46

A10　䍩鼎

1. 海外銅器 4, 中國圖符 37

2. R.173〔集成 01361〕

3. 高 15.9, 口徑 13.2

4. 銘一字：䍩

5. <u>殷</u>

7. <u>納爾遜</u> 33.1467

8. 銘是族名, 從美從宁, <u>金文編</u>所未録。

R.173

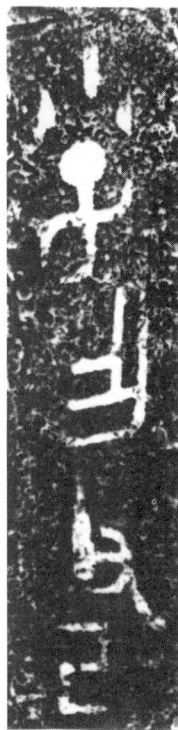

A11　小子乍父己鼎

1. 盧目（1941）23

2. R.209〔集成02015〕

3. 高34，口徑25.5

4. 銘五字：小子乍父己

5. 殷

7. 盧87039

8. 一耳折，曾經修整。本集A559"小子乍母己"卣，可參閱。

R.209

A12

R.30

A12　嚮鼎

1. 未著録

2. R.30〔集成未收〕

3. 高29.5, 口徑22

4. 銘一字：嚮

5. 殷

6. 盧87422

7. 布侖代奇〔B60B755〕

8. 銘是族名, 從鄉從宁, 同銘者有以下諸器：

　　（1）觚　　A461（傳安陽出土）

　　（2）方彝　　A636

　　（3）方彝　　鄴三1.21〔集成09858〕（傳安陽出土）

　　（4）斝　　A315

　　（5）尊　　A400

　　（6）壺　　善齋101〔三代12.1.5, 集成09481〕

　　（7）爵　　三代15.3.9〔集成08176〕

　　（8）叚　　三代6.1.8（殘破）〔集成10502〕

　　（9）叚　　三代6.1.9〔集成10503〕

　　（10）戈　　遠東2, 圖版四圖2（傳安陽出土）

　　（11）鼎　　明義士（傳1930年安陽四盤磨出土）　　“癸”

　　（12）叚　　A162　　“父癸”

　　　　　　A380爵同銘

　　（13）鼎　　録遺54　　“父乙”

　　（14）鼎　　鄴三1.12　　另有七字（傳安陽出土）〔録遺72.1—2, 集成02362〕

　　（15）觚　　鄴三1.41　　“辛”（傳安陽出土）〔録遺353, 集成07163〕

　　（16）方鼎　　A55（傳安陽出土）

以上諸器, 大約是1930年左右安陽出土的, 此鼎當亦同時出土。

A13

1. 山中目（1943）52

3. 高 19.3，口徑 15.3

5. 殷

6. 山中

7. 布侖代奇

8. 此器與夢續 1.2、西清 5.2 兩器相似。

A14.1

R.123

A14　亞舟鼎

1. 中國圖符 1

2. R.123〔集成 01407〕

3. 高 35.4，口徑 28.2

4. 銘三字：舟亞舟（三字並列相聯，甚大）

5. 殷

6. 盧 87095

7. 弗利亞 46.31

8. 此器可能是安陽出土的。鐃齋 15 所録一勺〔集成 09911〕，與此同銘，傳安陽出土。英國柯爾
   氏所藏一爵（柯爾 8，海外銅器 31，三代 15.33.3）〔集成 07823〕，銘爲“亞舟”。〔字形不同〕

A14.2

A15

1. 盧目（1941）21

2. R.170〔集成 01459〕

3. 高 17.8，口徑 14.2

4. 銘一字，不識。

5. 殷

7. 盧 81955〔薩克勒〕

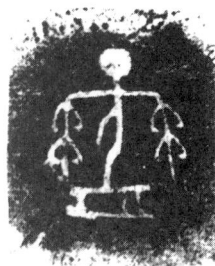

R.170

A16

1. 未著録

3. 高21.4，口徑17.1

4. 銘一字，僞。

5. 殷

6. A. F. Glathe

7. 克林克

A17

1. 未著録
2. R.216〔集成01041〕
3. 高至口沿19，口徑20.2
4. 銘一字，不識。
5. 殷
7. 盧4.1707

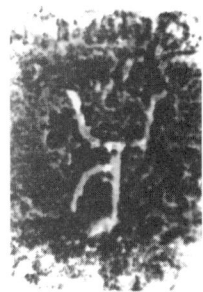

R.216

A18　亞崇丁鼎

1. 未著録

2. R.129〔集成 01758〕

3. 高 21.5，口徑 16.6

4. 銘三字：亞崇，丁

5. 殷

7. 盧 6.957〔布侖代奇 B60B1044〕

8. 此銘第二字亦見一爵（三代 15.31.2）〔集成 08110〕。

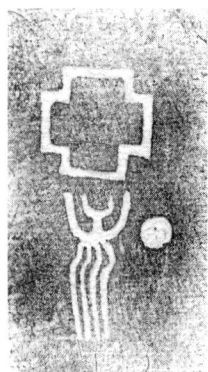

R.129

A19

1. 未著録

3. 高 21.5，口徑 14.5

4. 銘四字，僞刻。

5. 殷

7. 密西根 羅馬尼亞正教會

8. 此器高度、形制、文飾均與 A18 相同。

A20　酉乙鼎

1. 中國圖符48, 皮斯百6

2. 三代2.11.12　R.204〔集成01285〕

3. 高20.3, 口徑15.8×16.1

4. 銘二字: 酉, 乙

5. 殷

6. 盧

7. 皮斯百36.721

8. 此器與傳安陽出土的鄴三1.10一器相似。

R.204

A21　亞弜鼎

1. 未著録

2. R.128〔集成 01398〕

3. 高 16，口徑 14.2

4. 銘二字：亞弜

5. 殷

7. 盧 87038

8. 此器與三代 2.14.9—12 四鼎〔集成
   01394—01397〕同銘，弜爲族名，金文多
   見。參 A359，533。

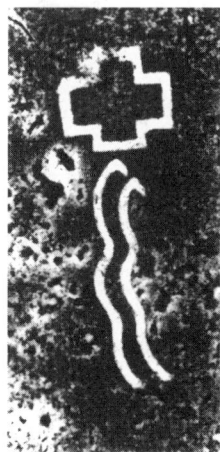

R.128

A22

1. 未著録

3. 高 32，口徑 25.9

5. <u>殷</u>

7. <u>魯本斯</u>

A23

1. 未著録

3. 高19，口徑20.3

4. 不詳

5. 殷

7. 甘浦斯

A24

1. 皮斯百5

3. 高15.4，口徑13.3×14.4

5. 殷

6. O. Karlbeck

7. 皮斯百38.1891

A25

1. 未著録

3. 高 14.6，口徑 12.1

5. 殷

6. Kleijkamp

7. 魏格

8. 此器小而粗糙，乃專爲殉葬而作的明器。

A26

1. 未著録

3. 高 44.5, 口徑 35.5

5. 西周初期

7. 姚

8. 1929年軍閥黨毓坤在陝西 寶鷄縣的祀鷄臺盜掘銅器甚多, 此與本集A643方彝
　和A591卣皆是同時出土的同組銅器。同組的尚有四耳段並與此同形制的大小
　鼎四器, 其中一鼎〔集成01231〕（今在故宫）有銘一字同於A785（R.283）, 其高
　24.2, 高至口20, 口徑17.4。
　〔于省吾以爲此器花文係宋代仿製。〕

A27.1

A27.2

A27　牛鼎

1. 尊古 1.12；盧目（1940）圖版十七, 29

2. 三代 2.2.7—8　R.183〔集成 01104〕

3. 高 31, 口徑 25.7

4. 銘一字: 牛

5. 西周初期

6. 尊古齋, 盧 86326

7. 大學 41.25.1

8. 銘作牛頭形, 乃是族名, 亦見 A570 卣。

　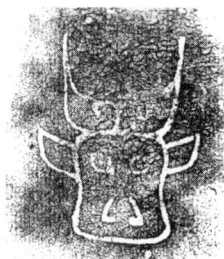

R.183a　　　　　　R.183b

A28.1

A28.2

A28

1. 未著録

3. 高 19.1，口徑 13

5. 殷

6. 盧 81948

7. 布侖代奇

A29

1. 未著録
3. 高 21，口徑 16.5
5. 殷
7. 盧 87320

A30

1. 未著録
2. R.60〔集成01160〕
3. 高至口沿17.9，口徑16.5
4. 銘一字：𤔲
5. 殷
6. 盧40.45
7. 伏曼〔趙不波〕

R.60

A31　倲鼎

1. 未著錄
2. R.181〔集成 01004〕
3. 高至口沿 16.5
4. 銘一字：倲
5. <u>殷</u>
7. <u>盧</u> 81846〔玫茵堂〕
8. 銘從人從東，乃是族名，見金文編附上 9a。<u>杉林</u> 2 鼎〔集成 01003〕及<u>鄴</u>三 1.25 段〔集成 02927〕，均同銘，後者傳<u>安陽</u>出土。

R.181

A32　亞𣦯父丁鼎

1. 中國圖符 9

2. R.148〔集成 01846〕

3. 高 23.8，口徑 18

4. 銘四字：亞（形中）𣦯，父丁

5. 殷

7. 盧 87049

8. 亞形中一字，乃是族名，見金文編附上 15b。字可釋爲杠，爾雅　釋天"素錦綢杠"，乃是旗竿。雙古 1.10 之尊〔集成 05926〕，與此同族名。

R.148

A33

R.40

A33　臺鼎

1. 皮斯百7

2. 三代2.13.6　R.40〔集成01141〕

3. 高20.5, 口徑16.5

4. 銘一字: 臺

5. 殷

6. 盧

7. 皮斯百38.1837

8. 銘乃族名, 同銘者有以下諸器:

  （1）錡　三代18.21.2〔集成09092〕（1927年濟南出土）

  （2）叚　三代6.8.6〔集成10511〕

  （3）觚　三代14.21.10〔集成06740〕

  （4）鼎　三代2.31.3〔集成01289〕

  （5）爵　三代15.35.1〔集成08217〕

除此外, 陳介祺舊藏叚一對（三代8.11.3, 8.12.1）〔集成03991, 03992〕, 則附有較長之銘, 銘末亦有此族名, 乃西周器。

A34　中婦鼎

1. 攀古 2.14，恒軒 6
2. 三代 2.31.7　R.262〔集成 01714〕
3. 高 23，口徑 17
4. 銘三字：中婦鼐
5. 西周初期
6. 潘祖蔭
7. 盧 86360

R.262

A35

R.67

A35

1. 鄴三1.9

2. R.67〔集成01383〕

3. 高19, 口徑15.3

4. 銘二字：🔲🔲

5. 殷

6. 尊古齋, Komor

7. 伏克

8. 銘乃族名, 第二字乃蟲形。同銘者有以下各器：

    （1）卣　攀古2.19, 恒軒58〔集成04856〕

    （2）卣　泉屋72

    （3）鼎　雙古1.1〔集成01382〕

    （4）鼎　三代2.13.11（吴大澂舊藏）〔集成01381〕

    （5）觶　攗古1.1.26a〔集成06179〕

    （6）方彝　獣氏A19〔集成09855〕

    〔（7）鬲　三代5.14.5, 集成00486〕

    〔（8）卣　文物1964.7, 集成05071（上海博物館藏）〕

    〔（9）觶　三代14.51.4, 集成06394〕

    〔（10）觶　綴遺23.18, 集成06389〕

    〔（11）史公段　三代6.47.1, 西清13.36, 集成03862〕

A36

1. 中國圖符 49, 71

3. 高 21, 口徑 16.6

5. 殷

6. Kleijkamp, Wacker

7. 艾立克生

A37　復鼎

1. 未著録

2. R.482〔集成01066〕

3. 高21.6，口徑18.3

4. 銘一字：復

5. 殷

7. 甘浦斯〔布侖代奇B60B31〕

8. 同銘它器，傳安陽出土。

R.482

A38

1. 盧目（1941）47

2. R.220〔集成未收〕

3. 高 20.2，口徑 14.9

4. 銘一字，不識。

5. 殷

7. 盧 81947

R.220

A39　簸父乙鼎

1. 盧目（1941）20
2. R.53〔集成01539〕
3. 高21.2，口徑14.5
4. 銘三字：簸，父乙
5. 殷
7. 盧87029〔瑞列堡〕
8. 簸即服，與亞皆是官名而爲氏族的稱號。

R.53

R.190

A40　父乙鼎

1. 未著録

2. 三代 2.47.1　R.190〔集成 01824〕

3. 高 24.9, 口徑 20

4. 銘三字：×, 父乙

5. 殷

7. 辛科維奇〔布侖代奇 B601030〕

8. 銘第一字是族名, 同此族名者有以
　　下諸器：

　　（1）鼎　三代 2.47.2〔集成 02002〕

　　（2）鼎　三代 2.47.3〔集成 01835〕

　　（3）殷　三代 6.22.1〔集成 03340〕

　　　　　"父癸"

A41

1. 未著録

3. 失録

5. 殷

7. 盧

8. 此器無銘

A42　史鼎

1. 陶續 1.12

2. 三代 2.5.5　R.89〔集成 00448〕

3. 高 21.1，口徑 16×17

4. 銘一字：史

5. 殷

6. 潘祖蔭，端方，山中

7. 納爾遜 32.68.40

8. 此器與傳安陽出土之鄴三 1.12 一器相似。

R.89

A43

1. 未著録

3. 高 17.2，口徑 17.2

5. 殷

7. 盧

A44　步父癸鼎

1. 盧目（1940）圖版六，15
2. R.197〔集成01692〕
3. 高至口沿17.8
4. 銘三字：衛，父癸
5. 殷
7. 盧86836〔薩克勒〕
8. 銘第一字是族名。此器與鄴一1.12一器相似。
　　自A44—A53各器，其中某些器有可能爲西周初器。

R.197

A45

1. 未著録

3. 高 21.5，口徑 16.8

5. 殷

7. 魯本斯

A46

1. 未著録

3. 高 22.5

5. 殷

7. 羅勃兹

8. 此器與鄭一1.12及巖窟1.5兩鼎相似，均傳安陽出土。

A47　亞夨鼎

1. 未著録
2. R.141〔集成01429〕
3. 高20.2，口徑17.1
4. 銘二字：亞（形中）夨
5. 殷
6. Kleijkamp
7. 魏格
8. 此族名見於殷和西周初期器，詳A523。

R.141

A48

1. 未著録

3. 高21.6

5. 殷

7. 穆爾1008

A49　亞鼎

1. 未著錄

2. R.447〔集成 01147〕

3. 高 18.5，口徑 17.2

4. 銘一字：亞

5. 殷

7. 盧

8. 西清 4.16（三代 2.7.10）與三代 2.7.9〔集成 01145，01146〕
俱是同銘之鼎。

R.447

A50　酉乙鼎

1. 山中目（1938）9

2. R.243〔集成 01286〕

3. 高 19.7，口徑 17.3

4. 銘二字：酉，乙

5. 殷

6. 山中，Higginson

7. 福格 44.57.19

8. 同銘一斝（三代 13.49.1—2）〔集成 09184〕，傳山東出土。

R.243

A51　臣辰父乙鼎

1. 中國圖符 46
2. 三代 3.1.4　R.310〔集成 02115〕
3. 高 20.9，口徑 17.8
4. 銘六字：臣辰，兂册，父乙
5. 西周初期（成王）
6. Kleijkamp
7. 魏格
8. 此組銅器傳 1929 年洛陽 馬坡出土，詳A331。

R.310

A52　父辛鼎

1. 未著録

2. 三代2.28.4　R.223〔集成01657〕

3. 高21，口徑17

4. 銘三字：×，父辛

5. 殷

7. 柏弗羅Ch20

8. 此器曾經修整。有一同族之觚（鄴一1.24），傳安陽出土。

R.223

A53　羊父庚鼎

1. 西清 4.3，盧目（1924）14

2. 三代 2.26.2　R.57〔集成 01627〕

3. 高 21.4，口徑 16.8

4. 銘三字: 羊，父庚

5. 殷

6. 清宮，溥倫

7. 盧〔薩克勒〕

R.57

A54　䜌鼎

1. 未著録

2. R.448〔集成1035〕

3. 高20，口徑18

4. 銘一字：䜌

5. 殷或西周初期

7. 火奴魯魯 4776

R.448

A55.1

A55.2

A55　擧父乙鼎

1. 鄴三1.14；中國圖符15, 16

2. 録遺54　R.36〔集成01824〕

3. 高18.3，口14.3×11.4

4. 銘三字：擧，父乙

5. 殷

6. 尊古齋, Gumps

7. 凡特畢爾特

8. 此器確爲殷製。曾見輝縣出土殷代大戊，文飾與此
　同，獸面作露齒之口。本集A410尊亦如此。銘第
　一字是族名，參A12。

R.36p

A56.1

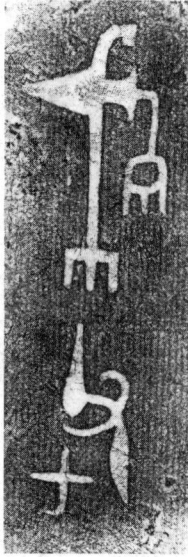

R.48

R.491p

A56　戈父甲鼎

1. 未著録

2. R.48（拓本），R.491（照相放大）〔集成01518〕

3. 高26.4，口20.6×15.6

4. 銘三字：戈，父甲

5. 殷

6. 盧，Winthrop

7. 福格43.52.101

A56.2

A57　主鼎

1. 未著録
2. R.114〔集成01235〕
3. 高至口沿24，口17.7×14.5
4. 銘一字：主
5. 殷
7. 盧87516
8. 銘參A1。

R.114

A58　亞父癸鼎

1. 未著録

2. 三代 2.29.8　R.196〔集成 01671〕

3. 高 26.8，口 19.9×15.9

4. 銘三字：亞，父癸

5. 殷

6. Higginson

7. 福格 44.57.34

8. 銘第一字是族名，亦見以下諸器：

　　（1）殷　　三代 6.3.9〔集成 02967〕

　　（2）殷　　三代 6.10.1〔集成 03082〕

　　（3）瓠　　三代 14.18.1〔集成 06591〕

　　（4）瓢　　西清 30.6〔集成 00813〕　　"父丁"

R.196

A59.1

A59.2

A59

1. 未著錄
3. 高 21.2，口 16.1×13.8
5. 殷
7. 羅比爾
8. 銘一字同於 A152，疑僞刻，不錄。

A60　般乍父乙鼎

1. 未著録

2. R.101〔集成02114〕

3. 高22.6，口16.5×13.7

4. 銘六字：亯册，般乍父乙

5. 殷

6. 盧87344

7. 康恩〔紐約〕

8. 族名册亯，詳A406。

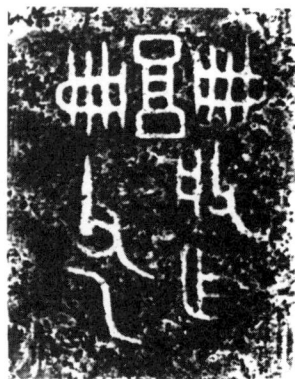

R.101

A61

R.2

A61　舌鼎

1. 鄴二 1.3, 中國圖符 6

2. 三代 2.6.2　R.2〔集成 01220〕

3. 高 18.8, 口 15.2×12.7

4. 銘一字: 舌

5. 殷

6. 尊古齋

7. 納爾遜 35.73

8. 鼎銘通常鑄於器內壁, 此則在器內底, 頌續 3 及三代 2.4.6—7 三鼎〔集成 01021—01023〕亦同此地位。銘是族名, 見於以下諸器:

    （1）鼎　尊古 1.13〔A61〕

    （2）鼎　鄴二 1.4〔集成 01221〕

    （3）卣　A588

    （4）觚　尊古 2.41〔集成 06581〕

    （5）觚　三代 14.17.9〔集成 06580〕

    （6）觚　三代 14.17.11〔非此銘〕

    （7）爵　滕稿 41〔集成 07501〕（洹濱出土）

    （8）爵　鄴二 1.28〔與（7）爲同一器〕

    （9）爵　三代 15.13.8〔集成 07503〕

    （10）爵　三代 15.13.9〔集成 07504〕

    （11）執鐘　中國圖符 3〔集成 00376〕

    （12）段　滕稿 10（安陽 薛家莊出土）“父己”

    （13）卣　滕稿 24（安陽 薛家莊出土）

    （14）觚　鄴二 1.22

    〔（15）卣　青山莊 15, 集成 04768〕

以上（2）（7）（8）（12）（13）（14）均傳安陽出土, 而（11）之執鐘亦多出安陽。此組銅器, 應可確定爲安陽出土的殷器。

A62

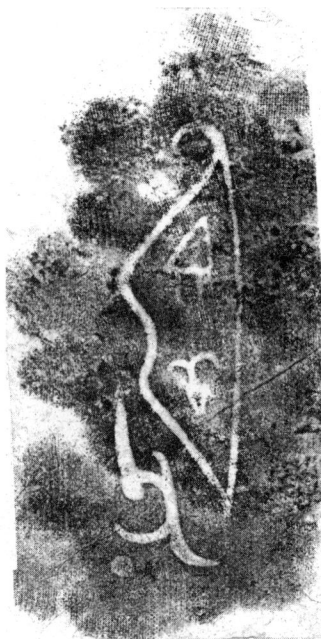

R.38

A62　弓䍒父丁鼎

1. 澂秋1，中國圖符5，皮斯百1

2. 三代2.47.7　　R.38〔集成01859〕

3. 高26，口19.2×15.9

4. 銘四字：弓（形中）䍒，父丁

5. 殷

6. 陳承裘

7. 皮斯百32.70

8. 弓（形中）某猶亞（形中）某均是附有官名的族名。頌續84一爵同銘，傳西安出土。
　本集A71鼎與此鼎同族名。西清3.37鼎銘"䍒，丁"〔集成01289〕則是此鼎銘的省
　略；本集A33鼎銘作"䍒"，更省。本集A619卣銘末的"弓䍒"（分書），器出於河南
　而是西周初期的。

A63

1. 未著録

3. 失録

5. 殷

7. 甘浦斯

A64

R.163　　　　　　　　　　　　　R.487p

A64　父己車鼎

1. 未著録

2. R.163（拓本），R.487（照相放大）〔集成01622〕

3. 高26.4，口19.1×15.7

4. 銘三字：父己，車

5. 殷

7. 布拉馬

8. 一足曾經修整。銘第三字是車（兩輪、軸、輿、輈、衡、軛），象形，乃族名，金文習
　　見。録遺126有段同銘〔集成03194〕。

A65.1

A65.2

A65　乙示車鼎

1. 未著録
2. R.157〔集成 01702〕
3. 高 21.6，口 16.8×13.8
4. 銘三字：乙示，車
5. 殷
6. Komor
7. 梅益
8. 銘第二字暫釋示，與 R.164 第一字相似。

R.157

A66　天黽帚親鼎

1. 未著録
2. 録遺57　R.87〔集成01711〕
3. 高21.1，口17×13.8
4. 銘四字：天黽，
　　　　　帚親
5. 殷
6. Wells
7. 布侖代奇〔B60B965〕
8. 足部曾經修整。

R.87

A67

1. 未著録

3. 失録

5. 殷或西周初期

7. 不詳所在

A68　羞鼎

1. 未著錄

2. R.449〔集成01072〕

3. 高21.6，口17.1×12.7

4. 銘一字：羞

5. 殷

6. 盧

7. 艾立克生〔紐約〕

8. 三代2.5.6〔集成01070〕一鼎與此同銘。

R.449

R.24

A69　南鼎

1. 未著録。

2. R.24〔集成01092〕

3. 高21.2，口17.2×15

4. 銘一字：南

5. 殷

6. 盧87034，Winthrop

7. 福格43.52.104

8. 銘是族名，亦見以下諸器：

（1）爵　A370

（2）毁　A164

（3）毁　善齋53〔三代6.2.12，集成02964〕

（4）觶　十二　雪13—14（陽款）〔三代14.33.9—10，集成06042〕

（5）卣　三代12.35.8，12.36.1（陽款）〔集成04735〕

A70

1. 未著録

3. 高21.5，口17.2×13.3

4. 有銘不詳

5. 殷

6. 盧

7. 杜克

A71　弓辜鼎

1. 中國圖符69，皮斯百2

2. 錄遺35　R.39〔集成01449〕

3. 高22，口16×13.2

4. 銘二字：弓（形中）辜

5. 殷

6. 盧

7. 皮斯百39.431

8. 族名，參A62。

R.39

A72.1

R.164

A72　盉婦鼎

1. 陶續 1.17, 盧目（1914）33
2. 三代 3.17.1　R.164〔集成 02368〕
3. 高 24.5, 口 17.4×14.1
4. 銘二行九字: 示己, 且丁, 父癸
　　　　　　　盉婦隣。
5. 西周初期
6. 徐土愷, 端方
7. 盧 86430〔薩克勒〕
8. 第一行第一字應是 "祖" 以前的稱謂, 今暫釋爲示; 貞松圖 2.2 爵銘 "示甲"〔集成 06159〕, 亦同此作。第二行第一字, 當是族名, 與此同族名者有以下諸器:
　　（1）方罍　續殷 2.67.10　同 A72
　　（2）卣　十二尊 14—15〔集成 06042, 06376〕　同 A72 而省末二字
　　（3）鼎　三代 2.46.3〔集成 01811〕　"且庚, 父辛"
　　（4）鼎　三代 2.16.1〔集成 01344〕　"帚"
　其（1）, 據陝西金石志所載, 係光緒中鳳翔出土。

A72.2

A72.3

A73.1

A73.2

A73　且甲鼎

1. 陶齊1.23，盧目（1941）31

2. 三代2.46.3　R.241〔集成01811〕

3. 高22.6，口18.6×14.7

4. 銘三字：×，且甲

5. 西周初期

6. 端方

7. 盧86431

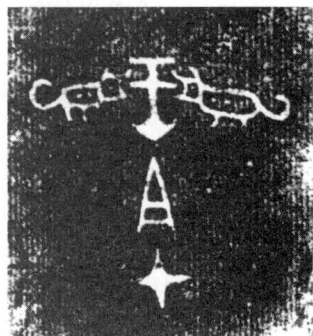

R.241

A74　龔姁鼎

1. 未著録

2. 録遺77　R.450〔集成02434〕

3. 高17.8，口14×10.8

4. 銘二行十一字：龔姁商易貝
　　　　　　　　于司，乍父乙彝。

5. 殷

7. 盧〔司丹佛〕

8. 商、易聯用，罕見。司疑是后妃之后。曾見羅比
爾有一鼎與此同銘同形，高17.7，口13.6×11.3，
高至口14.6。

R.450

A75

R.152

R.152p

A75　亞阹父乙鼎

1. 柏景寒4

2. R.152〔集成01818〕

3. 高17, 口寬14.2

4. 銘四字: 亞(形中)阹, 父乙

5. 殷

6. Bluett and Sons

7. 芝加哥38.1115

8. 亞阹是族名, 亦見以下諸器:

　　　（1）鼎　三代2.20.1〔集成03297〕

　　　（2）卣　貞松圖1.44〔集成05347〕

　　　（3）戈　鄴二2.11〔集成10845〕（傳安陽出土）

　　　（4）戈　三代19.19.1—2〔集成11010〕

　　　（5）器　續殷附錄2.2

　　（1）（2）與A75同銘,（3）—（5）與A75同族名。

A76

R.451

A76　季盨鼎

1. 善齋吉金2.6，皮斯百3

2. 三代3.16.1　R.451〔集成02340〕

3. 高22.8，口17.8×14

4. 銘二行八字：季盨乍宫
　　　　　　　白寶隣盨。

5. 西周初期

6. 盛昱，劉體智，盧

7. 皮斯百（1947年後得）

8. 銘末一字是器名，從妻從皿，與從齊從鼎者同是西周初期方鼎之名，其例如下：

　　盨　善齋吉金2.7，續考古4.17，奇觚1.17
　　盨　博古2.12，長安1.3，貞松圖1.25

　但鬲亦可稱盨，如A127，128。本器之第二字，從無從皿疑是許字，乃氏名或國名，
　亦見三代5.19.2，11.31.3〔集成00575，05963〕。

A77　成王鼎

1. 盧目（1939）圖版三, 17; 西周銅器斷代

2. 綴遺 4.1.2　R.370〔集成 01734〕

3. 高 28.5, 口 18.1×15.5

4. 銘三字: 成王隩

5. 西周初期（康王）

6. 沈秉成, 盧 86306

7. 納爾遜 41.33

8. 此周康王時所作致祭成王之器, 詳西周銅器斷代。

　〔于省吾以爲銘文必僞無疑。〕

R.370

A78.1

R.17

A78　宁鼎

1. 盧目（1941）46
2. R.17〔集成01164〕
3. 高33，口24.6×18.3
4. 銘一字：宁
5. 殷
6. 盧87064
7. 紐約43.25.2
8. 此器形制特異，蓋可却立。銘乃族名，疑是"宁"字的繁體，象蓆形。同銘者有以下諸器：
   （1）尊　A402
   （2）觶　A540
   （3）方彝　鏡齋二，素有扉，高26.5，口13.3×11.1；録遺503〔集成09843〕
   （4）鼎　金文分域篇10.8d（録遺24）〔集成01163〕
   （5）瓠　同上〔集成06725，06726〕
   （6）瓿　録遺515〔集成09941〕
   （7）卣　擴古1.1.13.3（陳介祺舊藏）

以上（1）—（6）可能是近年安陽出土的，爲數尚不止此。

A78.2

A79.1

A79.2

A79

1. 未著録

3. 高至口沿17.6，口徑15.2

5. <u>殷</u>

6. <u>盧</u>87243

7. <u>杜克</u>

8. 有銘六字，乃仿<u>三代</u>3.1.8而僞刻，不録。

A80　亞戈父己鼎

1. 皮斯百 4
2. R.150〔集成 01869〕
3. 高 19.5，口徑 15.9
4. 銘四字：亞（形中）戈，父己
5. 殷
6. 盧 87132
7. 皮斯百 41.1327

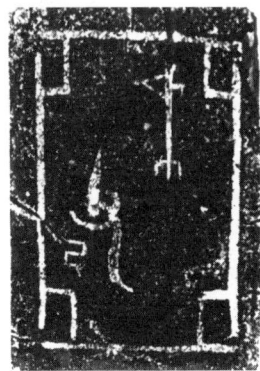

R.150

A81.1

A81.2

R.116

A81　子雨己鼎

1. 未著錄
2. 三代 2.31.5　R.116〔集成 01717〕
3. 高 17, 口徑 13.9
4. 銘三字: 子雨, 己
5. 殷
6. 劉體智
7. 穆爾 1004〔耶魯〕

8. "己" 是父己之省; 子雨是族名, 亦見以下諸器:
  (1) 卣　柯爾 3
  (2) 爵　三代 15.28.9〔集成 08113〕
  (3) 爵　三代 15.28.10〔集成 08114〕
  (4) 觚　A462
  (5) 觶　金文分域編 10.9a, 傳安陽出土。

A82　長子鼎

1. 未著錄

2. R.452〔集成未收〕

3. 高 17.8，口徑 12.7

4. 銘二字: 長子

5. 西周初期

7. 盧〔布侖代奇B60B107〕

8. 此器在器底足間有一格，與賸稿6及西甲1.44兩器相似。

R.452

A83

1. 賸稿1, 中國圖符74, 皮斯百8

3. 高21.5, 口徑13

5. 西周初期

6. 藺石庵, 盧

7. 皮斯百36.44

8. 傳洛陽出土。懷履光説此器與臣辰組銅器同於1929年出土洛陽 馬坡。

A84　弔鼎

1. 未著録
2. R.383〔集成 01732〕
3. 高 21.6，口徑 19.9
4. 銘三字：弔乍寶
5. 西周初期
6. 盧，Winthrop
7. 福格 43.52.99
8. 猷氏 A31 壺與此同銘，花文亦相同，當爲同人
之作。此器分尾長鳥，應在康王時。

R.383

A85　白鼎

1. 未著録
2. R.384〔集成 01721〕
3. 高 15.6，口徑 15.1
4. 銘三字：白乍鼎
5. 西周初期
6. R. W. MacDonald
7. 弗利亞 46.4
8. 形制花文同前器，時代亦相同。

R.384p

A86

1. 未著録

3. 高 20.6，口徑 19.2

5. 西周初期

7. Sessei Okazaki（借陳波斯頓 322.08）

8. 此器與盉鼎（西周銅器斷代）相同，應是康王時器。

A87

1. 未著録

3. 高 22.8，口徑 22.8

5. 西周中期

7. 甘浦斯

A88

1. 未著録

3. 高 23.8, 口徑 25, 兩耳之間 29.2

5. 春秋中期

6. Wells

7. 布侖代奇

A89

A89　中義父鼎

1. 陶齋 1.30, 獲古 1
2. 三代 3.39.1　R.415〔集成 02544〕
3. 高 31.2, 口徑 32.9
4. 銘三行十七字: 中義父乍新
   　　　　　　窖寶鼎, 其子子
   　　　　　　孫孫永寶用。華。
5. 西周晚期
6. 端方, 山中, Kleijkamp
7. 魏格
8. 集古遺文 3.34—35 云 "廠估趙信臣言此器（大克鼎）實出岐山縣 法門寺之任村 任姓家。……趙君嘗爲潘文勤公親至任村購諸器, 言當時出土凡百二十餘器, 克鐘、克鼎及中義父鼎並在一窖中, 時光緒十六年（公元 1888 年）也"。中義父諸器約如下述:

   （1）鼎　小校 2.40.4, 癡庵 1〔集成 02209〕（今在故宮博物院）
   （2）鼎　小校 2.40.5〔集成 02211〕
   （3）鼎　三代 3.4.7〔集成 02207〕
   （4）鼎　A89
   （5）鼎　貞松圖 1.22〔三代 3.38.2, 集成 02543〕
   （6）鼎　三代 3.38.1〔集成 02541〕（劉鶚舊藏）
   （7）鼎　三代 3.38.3〔集成 02545〕
   （8）鼎　三代 3.38.4〔集成 02542〕
   （9）盨　三代 10.29.1—2〔集成 04386〕（吳大澂舊藏）
   （10）盨　三代 10.29.3—4〔集成 04387〕
   （11）鑐　三代 18.15.5—7〔集成

R.415

09964〕（潘祖蔭舊藏, 今在上海博物館）
   （12）鑐　三代 18.16.1—3〔集成 09965〕（同上）
   〔（13）中義編鐘　扶風 齊家村出土, 集成 00023—00030〕

以上八鼎,（1）—（3）同銘 "中義父乍隩鼎",（4）—（8）同銘。（4）—（10）在銘末都有族名 "華", 因此可與本集 A129 中姑凮相繫聯, 後者乃中義父的配偶。由此亦可知記於銘末族名的制度, 到了此時尚存。〔（1）（5）今在北京 故宮博物院,（2）（3）（6）（8）（11）（12）今在上海博物館。兩館另有未見著錄的十七字鼎各一。〕

A90

1. 未著錄

3. 高 33.2, 寬 36.5

5. 春秋晚期

6. R. Bensabott

7. 西雅圖 Ch6.48A

A91

1. 未著録
3. 高 33.5, 寬 36.2
5. <u>春秋晚期</u>
6. R. Bensabott
7. <u>西雅圖</u>Ch6.48B
8. 一足折斷, 曾經修整。此與A90是一對。與<u>戰國式</u>38一器相似。

A92

1. 未著録

3. 高33，寬31.7

5. 春秋

7. 盧H45

8. 此器與翁塔利NB5304一鼎相似，後者傳山西 平定縣出土。

A93

1. 海外銅器 5

3. 高 19.4, 寬 18.1

5. 春秋

7. 華爾特 54.471

8. 蓋裂。比較前器，似亦晋製。

A94

1. 未著録

3. 高 31，寬 29.7

5. 春秋

7. 費城 26.30.26

8. 蓋裂，曾經修整。此器花文與 A96 相同。

A95

1. 未著録

2. 高 20.1, 口徑 16.4, 寬 22.5

5. 春秋

6. Goodenow

7. 鮑爾鐵摩

A96

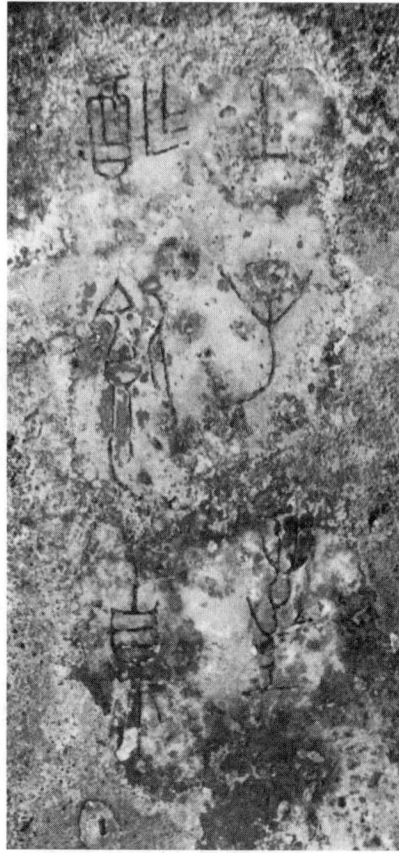

R.426ap

A96　王子臺鼎

1. 戰國式 37

2. R.426〔集成 02289〕

3. 高 28.5，寬 30.9

4. 銘二行七字：王子臺自
　　　　　　　　酢𩚀貞

5. 春秋

6. 山中

7. 耶魯 40.318

8. 器與蓋同銘，銘在近邊緣處。此銘 “作” 字作 “酢”，與徐王義楚觶（三代 14.55.6〔集成 06513〕）相同。義楚見左傳 昭公六年（公元前 536 年）。此器之 “王” 疑是春秋時徐或楚之王。

A97

1. 未著録

3. 高 38.1, 寬 41.5

5. 春秋

7. 華爾特 54.1631

A98

1. 未著録

3. 高 25.2，口徑 21.2

5. 春秋

7. 聖路易 29.386.19

8. 有一蓋是補製者，今不取。

A99.1

A99.2

A99

1. 未著錄

3. 高 19.3, 寬 20.3

5. 春秋晚期

7. 波斯頓 14.88

8. 此器與戰國式 1 李峪鼎相似, 惟蓋上多出三伏獸。此器亦應是晉製。

A100

1. 未著録

3. 高 11.5, 寬 12.7

5. 春秋晚期

6. 盧 87410

7. 布侖代奇

A101.1

A101.2

A101

1. 未著録

3. 高 25.5，寬 21.5

5. 春秋

7. 畢德威爾

A101.3

A102.1

A102

1. 菁華 182，戰國式 34，海外銅器 9，柏景寒 54

3. 高 33.6，寬 34

5. 春秋晚期

6. 通運

7. 芝加哥 26.384

8. 此器與戰國式 124（1）相傳汲縣出土一鼎之花文相似。

A102.2

A102.3

A103

1. 未著録

3. 高40.6，寬45.7

5. 春秋晚期

7. 盧87249

8. 此器與武英28一器相似。

A104

1. 未著録

3. 高 20.3, 寬 22.2

5. 春秋晚期

6. Jasse H. Metcalf

7. 羅德島圖案學校 16.069A

8. 一足破。

A105

1. 菁華 183，戰國式 36（1）

3. 高 19，寬 17.8

5. 春秋晚期

6. J. C. Ferguson

7. 紐約 13.100.6

A106.1

A106

1. 菁華179, 戰國式30—33

3. 高33.3, 寬49.5

5. 戰國初期

6. 山中

7. 何母斯B152

A106.2

A107.1

R.435ap

A107

1. 未著録

2. R.435p〔集成01800〕

3. 高15.7, 口徑17.5, 寬22

4. 蓋上銘三字: 長明（?）會（?）

5. 戰國晚期

6. R. Bensabott

7. 西雅圖Ch6.35

8. 此器與翁塔利NB2686（洛陽233）及金村10兩器幾乎完全相同。該二器皆傳出土
　 於洛陽 金村。

A107.2

A108.1

R.444a　　　　　　　　R.444b

A108

1. 未著録
2. R.444〔集成未收〕
3. 高16.2, 口徑19, 寬23.5
4. 蓋上銘八字, 不清晰。
5. 戰國晚期
7. 博博里許
8. 此器器身純素, 蓋上花文近於A107。

A108.2

A109

R.434ah

R.434b

R.434a

來

R.434ch

R.434bh

A109　公朱鼎

1. 未著録

2. R.434〔集成02396〕

3. 高17.5, 寛22.3

4. 蓋上銘四字：公朱右(台)〔自〕　耳上各一字：來　腹外三字

5. 戰國晚期

7. 康恩〔紐約〕

8. 此器與A107極相似，該器可能是洛陽金村所出。此器又與相傳於1940壽縣出土一鼎（巖窟1.10）相似，可能是壽縣出土。

　　鼎耳刻款亦見洛陽232b及頌齋5兩器。公朱疑是楚姓。〔參文物1965.7, 53頁臨潼出土鼎"公朱左自"（集成02701）。〕

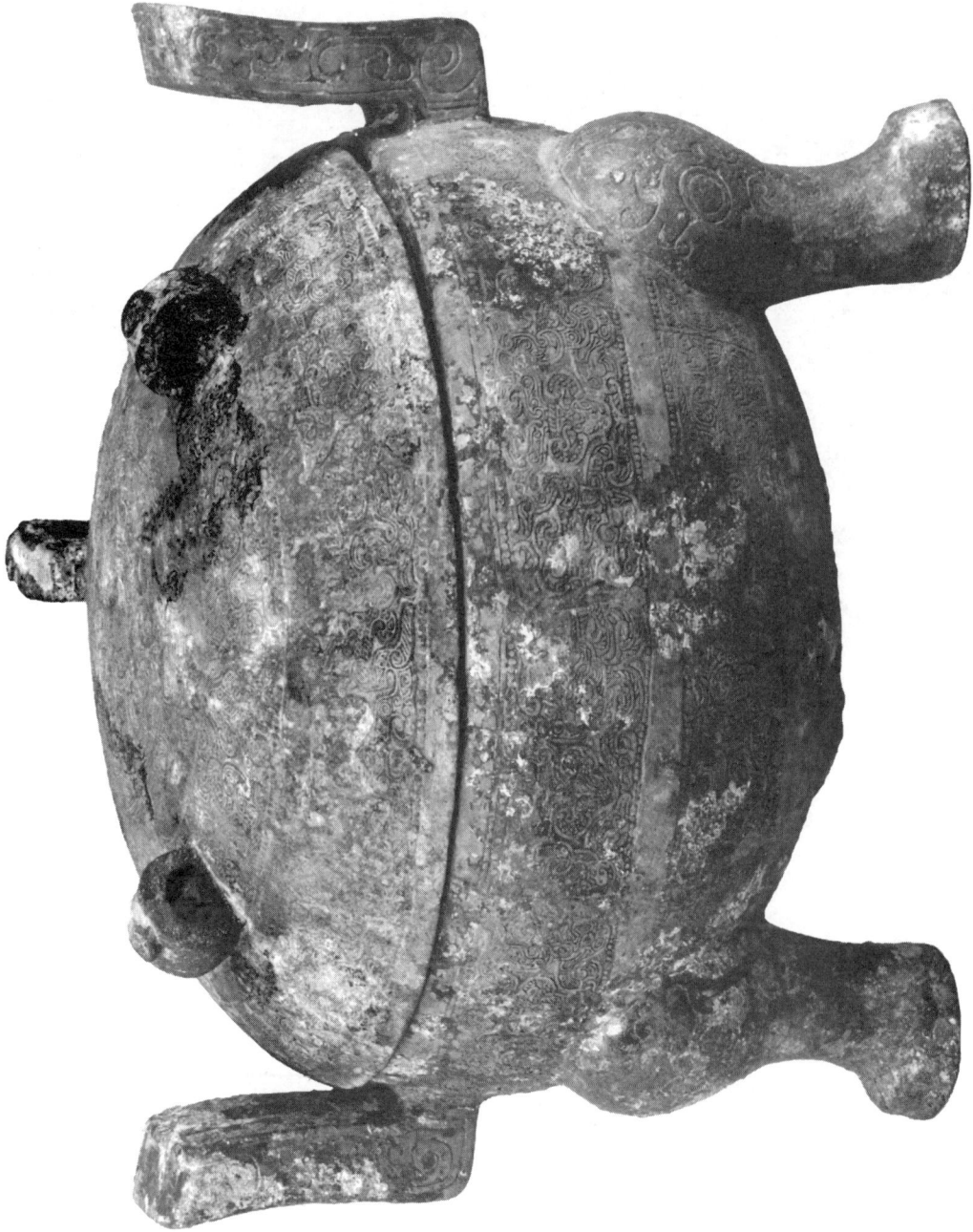

A110.1

A110.2

A110

1. 未著録

3. 高 18.5, 寬 27.3

5. 戰國晚期

6. O. Karlbeck

7. 皮斯百 38.1893

8. 此器可能壽縣出土。

A111

1. 金村25；盧目（1939）圖版十七, 37；皮斯百47

3. 高15.1, 寬17.9

5. 戰國晚期

6. 盧

7. 皮斯百39.105

8. 錯金。此相傳爲1928—1931年洛陽 金村出土的, 與以下諸器爲一組：

　　（1）壺　A733

　　（2）壺　A734

　　（3）敦　A289

　　（4）皿　A797

　　（5）叚　金村24

　　（6）鼎　海外銅器11（柏林Hardt氏）

　　（7）鼎　金村26（巴黎Gutman氏）

A112

1. 盧目（1941）54

3. 高 20.3

5. 戰國初期

6. 盧 80663

7. 布侖代奇

8. 曾在紐約市古肆中見一器與此同，據云輝縣出土。此器之魚文，比較少見，海外
   銅器 10 所錄德國 明興民俗博物館所藏一鼎，形制花文與此大同而作實足，乃同
   時器。

A113

1. 未著録

3. 高 8，口徑 8.3，寬 11.1

5. 戰國初期

6. 盧 87403

7. 康恩〔紐約〕

A114

1. 未著録

3. 高 23.1，口徑 21.4

5. <u>戰國</u>初期

7. <u>羅比爾</u>

8. 短足而實。

A115.1

A115.2

A115

1. 未著録
3. 高 20.6，口徑 17.8
5. <u>戰國初期</u>
6. <u>姚</u>
7. <u>布侖代奇</u>

A116

1. 未著録

3. 高 19.9, 寬 22.1

5. 漢

6. J. C. Ferguson

7. 紐約 13.220.41

A117

1. 未著録

2. R.441〔集成未收〕

3. 高37.5，口徑40

4. 銘十六字，乃僞刻。

5. 漢或早

6. Nakano, Yozo Nomura

7. 火奴魯魯2252

8. 日本 帝室博物館鑒賞録37—40，有一器與此相似，亦有銘。1955年壽縣 蔡侯墓出土之平底鼎自銘曰鼐，是此鼎形制所從來，詳壽縣蔡侯墓銅器（考古學報1956.2）。〔唐蘭、于省吾、張政烺亦以爲銘文僞刻。〕

R.441p

A118.1

A118.2

A118

1. 頌續 18

3. 高 15.6, 高至口沿 13.5, 口徑 11.8

5. 殷

6. 太古山房

7. 希拉曼尼克

〔于省吾以爲分襠外眉目僞刻。〕

A119

1. 山中目（1944）495

3. 高14.8，口13.5×13.8

5. 殷

6. 山中

7. 布侖代奇

A120

1. 未著録

3. 高至口沿12.5，口徑11.4

5. 殷或西周初期

7. 盧87169

A121

1. 盧目（1939）圖版四，8；*Kinas Konst*圖版三

3. 高至口沿 21.5

5. <u>殷</u>

7. <u>盧</u> 81589

A122　父辛鬲

1. 菁華 95，山中目（1938）2

2. R.252〔集成 00504〕

3. 高 18.2，口 14.2

4. 銘四字：乍父辛，×

5. 殷或西周初期

6. Higginson

7. 福格 44.57.13

8. 此器之口作三角形。銘末一字乃金文習見的族名，見金文編附上 33b。

R.252

A123　魯侯熙鬲

1. 西周銅器斷代；*Artibus Asiae*, 10:2

2. R.442〔集成00648〕

3. 高至口沿17.1, 寬14.5

4. 銘三行十三字：魯侯獄乍彝，
　　　　　　　　用享鬻厥
　　　　　　　　文考魯公。

5. 西周初期（康王）

6. 黨毓坤, 盧Ch7.95

7. 波斯頓47.230

8. 作器者是魯公伯禽之子煬公熙, 文考魯公是伯
　禽。依魯世家推之, 煬公當康王時。詳西周銅器
　斷代。

R.442

A124

1. 未著録

3. 高 12，寬 16.5

5. 殷

7. 穆爾 1023

8. 此器有耳，口緣下一帶鑲金，與常制不同。部分僞作。

〔唐蘭以爲鬲耳係用殷耳拼凑。〕

A125

1. 菁華96（1）

3. 高12.8

5. 西周中期

7. 何母斯B66

8. 此器與近年長安 普渡村出土穆王銅器的兩鬲相似, 但後者無耳。

A126.1

A126.2

A126

1. 未著録

3. 高 16.5, 寬 19

5. 西周中期

7. 甘浦斯

8. 此器與夢續1.7"中刉父乍齍鬲"同形制花文，故是"齊鬲"。陶齋2.57一鬲〔集成00546〕形似A125而無耳，自名爲"齍鬲"，從鼎與從皿，可相通。三代5.16.2一鬲〔集成03200〕自名爲"齍鼎"，與下A127、128相同，疑與A126同其形制，"齊鼎"即"齊鬲"。三代5.31.1戲白鬲〔集成00666〕自名爲"齍"，是"齊"（或從鼎，或從皿，或單作齊），乃是一種鬲的專名。西周中期之鬲名齍，西周初期之方鼎亦名齍，同名而異形，其用則同。

A127.1

A127　尹姞鬲

1. 盧目（1939）圖版九, 25; 冠斝 12

2. R.399〔集成 00754〕

3. 高 34, 口徑 28.8

4. 銘八行六十五字:

　　穆公乍尹姞宗室于
　　緐林。佳六月既生霸
　　乙卯, 休天君弗望穆
　　公聖粦明弘事先王、

各于尹姞宗室緐林,
君蔑尹姞曆, 易玉五
品、馬四匹; 拜稽首對揚
天君休, 用乍寶齊鼎。

5. 西周中期（穆王）

6. 榮厚, 盧, Michael

7. 奧爾勃來特 42.16.401

8. 此銘記穆公乍尹姞的宗室於緐林,
　六月既生霸乙卯, 天君因弗忘穆公聖

R.399

明的服事於先王，親臨於尹姞的宗室，並錫之玉五品、馬四匹，尹姞因作此"寶齊鼎"。穆公、尹姞都是生稱，乃是夫婦。"天君"是"先王"的配偶，而此穆公的配偶於下器稱公姞，似穆公是"先王"（約爲康王）的公尹。詳西周銅器斷代。繇林疑即桃林：周本紀"牧牛於桃林之虛"集解云"孔安國曰桃林在華山東"，正義云"括地志云桃林在陝州 桃林縣"。商周金文録遺97所録一器，與此同銘，當是一對。此對舊時著録稱之爲穆公鼎，不很正確。此器作者是穆公的配偶尹姞，此器自名爲"齊鼎"即"齊鬲"，故更名爲尹姞鬲。

A127.2

A128

R.400

A128　公姞鬲

1. 未著録

2. R.400〔集成00753〕

3. 高31，高至口沿25，口徑27，寬35

4. 銘六行三十八字：

   隹十又二月既生
   霸，子中漁□池，
   天君蔑公姞曆，
   吏易魚三百，
   拜稽首對揚天
   君休，用乍鬺鼎。

5. 西周中期（穆王）

7. 姚〔布侖代奇B60B1081〕

8. 此銘記十又二月既生霸，子中漁於某池，天君錫公姞以魚三百，因作此“鬺鼎”。天君即前器之天君，公姞即前器之尹姞。詳西周銅器斷代。

   此器形制、花文、作器者並同前器。傳世有二器有公姞：

   （1）次尊　三代11.35.2〔集成05994〕（今在故宫博物院）

   （2）次卣　三代13.39.5—6〔集成05405〕（潘祖蔭舊藏）

   （1）的花文是分尾的長鳥，與鬲或是同時之作。

A129

R.414

A129　中姞鬲

1. 菁華96

2. 三代5.17.3　R.414〔集成00553〕

3. 高11.1, 寬15

4. 銘六字: 中姞乍羞鬲。　華。

5. 西周晚期

6. 盛昱

7. 波斯頓12.822

8. 集古遺文4.5云 "此器光緒間出土, 平生所見墨本八器, 前人著録才二器耳"。今考除盛氏一器外, 尚有九〔十一〕器:

　　(1)陶齋2.59, 三代5.16.5(端方、劉體智舊藏)〔集成00550〕

　　(2)(3)三代5.16.6(丁樹楨舊藏), 5.17.4(潘祖蔭舊藏)〔集成00557, 00554〕

　　(4)—(7)周金2補27.1, 2, 三代5.17.1(潘祖蔭舊藏), 5.17.2〔集成00549, 00548, 00551, 00552〕

　　(8)三代5.17.5〔集成00555〕

　　(9)(10)三代5.16.4, 7〔集成00556, 00557〕

　　〔(11)泉屋7, 貞松4.4.4, 集成00558〕

　(1)—(8)與波斯頓一器同銘。

此中姞疑是A89鼎中義父之配偶, 兩者俱於銘末署族名華, 而兩者皆光緒間出土。

A130　王白姜鬲

1. 陶齋2.56，獲古34

2. 三代5.24.3　R.411〔集成00607〕

3. 高13.6，寬18.5

4. 銘九字：王白姜乍隣鬲，永寶用。

5. 西周晚期

6. 葉志詵，端方，山中

7. 納爾遜32.68.15

8. 與此同銘者尚有一鬲（三代5.24.4〔集成00606〕，潘
   祖蔭舊藏），皆一行鑄於器項内。另有三行十二字鑄於
   器内壁的：

   （1）鬲　三代5.24.5〔集成00647〕

   （2）壺　本集A703，另一器陶續2.6〔集成04007〕
   　　　都是王白姜所作。作器者當是姜氏之女而嫁於
   　　　王者。

此器與新鄭出土者（新鄭55—65）相似，當是同時之
作。同樣形制、花文的鬲出於不同之地，鑄於不同之
國，其例如下：

　　（1）A130　王國所作

　　（2）新鄭55—65　鄭地出土，當爲鄭國所作

　　（3）十二遲7　鄭國所作

　　（4）巖窟1.15　臨淄出土，當爲齊國所作

　　（5）巖窟1.13　濬縣出土，衛國所作

　　（6）巖窟1.14　虢國所作

由此可知這種鬲代表一時風尚，並無地域性。

R.411

A131　季貞鬲

1. 十二 契28b

2. 三代5.15.4　R.416〔集成00531〕

3. 高17, 口11.7×9.1, 寬14.6, 門4.9×3.9

4. 銘五字: 季貞乍隣鬲。

5. 西周晚期

6. 丁艮善, 吳大澂, Higginson

7. 福格 44.57.18

8. 此類器而自名者, 惟見此器。

R.416

A132

1. 未著録

2. R.235〔集成00780〕

3. 高36，口徑22.7

4. 銘一字，不識。

5. 殷

7. 盧87066〔薩克勒〕

8. 此器之銘與寶蘊52（西清6.28）之殷相同。

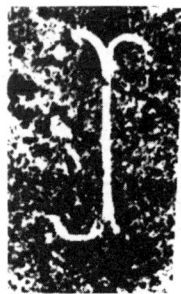

R.235

A133

1. 未著録

3. 高 38.6，口徑 24.2

5. 殷

6. D. W. Ross

7. 福格 19.260

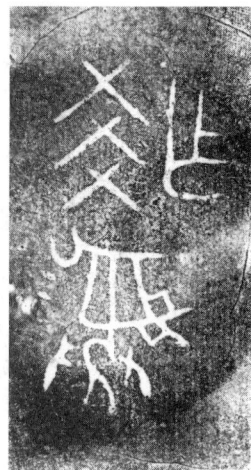

R.205

A134　烎鬲

1. 菁華99；盧目（1940）圖版十，5

2. R.205〔集成00831〕

3. 高40.8，口徑25.5

4. 銘三字：乍烎彝

5. 殷或西周初期

6. Higginson

7. 福格44.57.7

8. 烎字見於盂（寶蘊88）、卣（三代13.35.2—4）、毀（三代7.3.3）及兩爵（三代16.14.4，16.25.1）〔集成09322，05379，03164，08576，08741〕，乃是族名。

A135.1

A135.2

A135　農鬲

1. 中國圖符30，皮斯百9

2. 録遺102　R.295〔集成00890〕

3. 高38，口徑23.1

4. 銘二行六字：田農乍
　　　　　　　寶隩彝。

5. 西周初期

6. 盧86439

7. 皮斯百39.734

8. 録遺135段及録遺66鼎〔集成03576，
02174〕，均與此同銘。

R.295

A136　黽甗

1. 菁華98
2. R.85〔集成00845〕
3. 高40.2，口徑26.1
4. 銘四字：黽乍父辛
5. 殷
6. 盛昱
7. 波斯頓12.827
8. "黽"字乃族名，金文習見，見金文編附上3a。

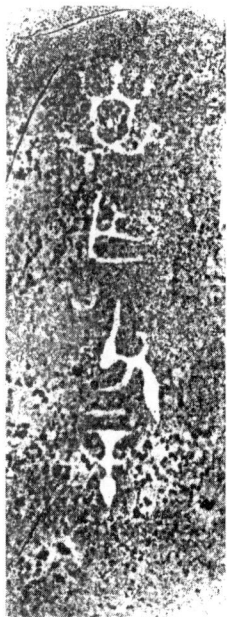

R.85

A137.1

A137.2

A137　戈父戊甗

1. 陶續附 7

2. 三代 5.2.8　R.49〔集成 00814〕

3. 高 54.6，寬 32.6

4. 銘三字：戈，父戊

5. 西周初期

6. 端方

7. 羅勃兹〔薩克勒〕

R.49p

A138　戈甗

1. 盧目（1940）5
2. R.44〔集成00766〕
3. 高43.8，口徑28.1
4. 銘一字：戈
5. 殷
7. 盧86675

R.44

A139

1. 菁華101

3. 高23.5, 寬31.1

5. 春秋初期

6. 馬長生

7. 紐約25.214

8. 花文近於新鄭式。

A140.1

A140.2

A140

1. 山中目（1943）45

3. 高22.2，口徑29.3，底徑10

5. 春秋晚期

6. 山中

7. 柴德

8. 此器近於李峪式。初以爲它是戰國式4（1）的上部，細校此器底的直徑與李峪器口徑不合，當不是同一器的上下部分，但此器的下部應是素的，如戰國式4（1）。

A141.1

A141

1. 未著録

3. 高 39.5，口徑 26，底徑 13.5

5. 戰國初期

7. 張乃驥

8. 此器與博古 2.19 一器相似。

A141.2

盛食器

A142　鳶簋

1. 未著録

2. R.13〔集成06464〕

3. 高18.2, 口徑26

4. 銘一字: 鳶

5. 殷

6. 盧87036, Winthrop

7. 福格43.52.106

8. 同族名諸器, 見A7下。

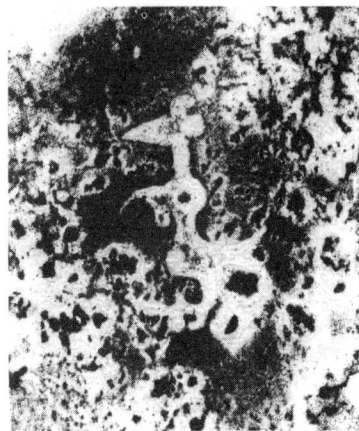

R.13

A143.1

R.453

A143　亞若癸段

1. 皮斯百37

2. 三代6.40.2，綴遺28.5　R.453〔集成 03713〕

3. 高17.8，口徑25.4，底徑16.5，深13.3

4. 銘二行七字：亞（形中）若癸泊
　　　　　　　　受丁游

5. 殷

6. 潘祖蔭，盧

7. 皮斯百（1947年後得）

8. 同此銘文的有以下各器：

　　（1）方彝　A641

　　（2）鼎　善齋吉金1.54，三代3.11.1
　　　　〔集成02402〕

　　（3）鼎　西清1.28，三代3.10.7〔集成 02400〕

　　（4）尊　三代11.26.5〔集成09887〕

　　（5）卣　綴遺10.15〔集成05937〕

　　（6）瓬　綴遺16.8b〔集成07308〕

　　（7）瓬　西清23.26〔集成07309〕

　　（8）尊　三代11.26.7（王懿榮舊藏） 〔集成05938〕

　　（9）尊　三代11.26.6（葉志詵舊藏） 〔集成05937〕

　　（10）器　續殷附8.8

　　（11）戈　三代19.18.2—3〔集成 10951，11114〕“亞游”“亞 若癸”

　　（12）觶　攈古1.2.68b〔集成 06430〕“𠂤”“亞若癸”

以上（1）—（10）與A143同銘。由（11） （12）知“亞若癸”與“亞游”都是族 名。博古1.32鼎銘與此組似。

A143.2

A144

A144

1. 未著録

3. 高25，口徑17.5

5. 段

6. 盧66216

7. 賀費

8. 底破裂。

A145

A145

1. 菁華 102

3. 高 36.8，口徑 48.2

5. 殷

6. R. H. Williams, George H. Kent

7. 紐約 23.17

8. 破裂，曾經修補。圈足上四孔，底下一小環。此類之器，所見以此爲最大。

A146

A146

1. 未著録

3. 高 18.8，口徑 28

5. 殷

7. 盧昆斯

8. 此器與相傳安陽出土之兩器相似：鄴三 1.25，巖窟 1.16。

A147　癸山殷

1. 盧目（1939）圖版七, 15
2. 三代6.8.4, 攈古1.1.24.1　R.199〔集成03070〕
3. 高17, 口徑25
4. 銘二字：癸, 山
5. 西周初期
6. 陳介祺
7. 盧81585〔薩克勒〕
8. 攈古録目1.8b曰 "關中出土, 有乳", 又曰子荷戈彝（三代6.8.1）〔集成03060〕"山東 濰縣 陳氏藏, 與上器（即A147）同出岐山, 有乳"。三代6.11.4一殷〔集成05614〕銘 "山, 父乙", 録遺363一觶〔集成06144〕銘 "山, 妥", 故知山爲族名。

R.199

A148

A148

1. 盧目（1941）16

3. 高 15.8，口徑 21.5

5. 西周初期

6. 盧 86677

7. 費利浦斯

8. 有銘七十二字，乃偽刻。

A149

R.355

A149

1. 未著録

2. 猗文閣金文　R.355〔集成未收〕

3. 高17.1，口徑25.4

5. 西周初期

7. 盧81834

8. 銘四行二十四字，乃僞刻。

〔唐蘭、于省吾、張政烺亦以爲銘文僞刻。〕

A150

1. 未著録
2. 三代 6.8.7　　R.454〔集成 03069〕
3. 高 20.9, 口徑 25.4
4. 銘二字: 辛[囲]
5. 殷或西周初期
7. 盧〔布侖代奇B60B101〕

R.454

A151

A151

1. 未著録

3. 高 16.5，口徑 24.7

5. 殷或西周初期

7. 盧 81965

A152

R.162

A152　觟設

1. 弗利亞 9

2. R.162〔集成 02989〕

3. 高 13.9, 寬 21

4. 銘一字：觟

5. 殷

6. 盧 87107

7. 弗利亞 41.8

8. 銘從車爾聲, 疑是説文輨字, 此是族名, 同銘者有以下諸器：

    （1）觚　博古 15.31〔集成 07042〕

    （2）觚　巖窟 1.49〔集成 07045〕　傳 1942 年安陽出土

    （3）爵　巖窟 1.30〔集成 07718〕　傳 1939 年安陽出土

    （4）執鐘　巖窟 2.61　傳 1939 年安陽出土一組三器

    （5）戈　巖窟 2.22〔集成 10863〕　傳 1939 年安陽出土

    （6）戈　巖窟 2.23〔集成 10864〕　傳 1939 年安陽出土

此器似亦近年安陽所出。

A153

A153

1. 未著録

3. 高12.6，口徑18.8

5. <u>殷</u>

6. Heeramaneck, Thomas D. Stimson

7. <u>西雅圖</u>Ch6.7

8. 口緣破裂。

A154.1

A154.2

A154

1. 未著録

3. 高 18，口 21×20.3

5. <u>殷</u>

7. <u>希拉曼尼克</u>

8. 失蓋。<u>巖窟</u>1.62一段形與此近，亦失蓋，傳1940年<u>安陽</u>出土。此類無耳段，很少有
　蓋的。

A155

1. 未著錄

3. 高12.4，口徑16.9

5. 殷

6. Kleijkamp

7. 魏格

8. 此器形制花文與鄩二 1.13 一器相似。

A156　羧段

1. 未著録
2. <u>三代</u>6.34.3　R.299〔<u>集成</u>03517〕
3. 高10.6，口徑15.3
4. 銘六字：<u>羧乍母庚旅彝</u>。
5. <u>西周初期</u>
6. <u>盛昱</u>
7. <u>波斯頓</u>12.829
8. 銘第一字人名，<u>金文編</u>所未録。此字亦見卜辭，乃是地名，詳<u>殷虛卜辭綜述</u>260頁。<u>杉林</u>8（<u>冠斝上</u>47）有一素甗而弦文者，與此同銘。

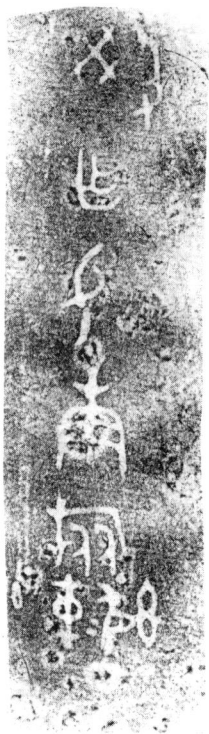

R.299

A157

A157

1. 鄴三 1.28

3. 高 14，口徑 17.7

5. 殷

6. 尊古齋，Gumps

7. 斯密斯

A158

A158　耒段

1. 未著録

2. 三代6.3.3　R.236〔集成02969〕

3. 高16.3，口徑20.3

4. 銘一字：耒

5. 殷

7. 盧86336〔思源堂〕

8. 銘一字，金文編不釋，入之附録。同銘者有以下諸器：

    （1）觶　金文編附下15b

    （2）鼎　柭林4〔集成01618〕　"父己"

    （3）段　善齋吉金7.24〔集成08715〕　"父己"

R.236h

A159

A159

1. 盧目（1940）圖版十一, 18

2. R.20〔集成03007〕

3. 高11.4, 口徑15.9

4. 銘一字: 罟

5. 殷

6. 盧86538

7. 朋太姆

8. 同此族名之器甚多, 如長安1.27及A399, 412, 416; 亦見
   録遺22, 23鼎, 524勺〔集成01173, 01170, 09907〕。

R.20

A160.1

A160.2

A160　史段

1. 皮斯百48
2. R.90〔集成02959〕
3. 高14.1, 口徑20, 寬30
4. 銘一字: 史
5. 殷
6. 盧
7. 皮斯百37.1825

R.90

A161

A161　中自父殷

1. 盧目（1924）13
2. R.393〔集成 03753〕
3. 高 10，口徑 20
4. 銘二行十一字：中自父乍好
　　　　　　　　　旅殷，其用萬年。
5. 西周中期（共王）

6. 盧

7. 何母斯B16

8. 此器全身鎏金（或係泛金），罕見。西清
　28.10一器，與此同銘，"高三寸一分，
　口徑五寸八分"，"兩耳有珥，鎏金"，
　與此器皆相同；惟耳有小鈎珥而此器無
　珥，此其小異。中自父所作，有以下諸
　器：

　　（1）設　　A161

　　（2）設　　西清28.10〔集成03754〕，
　　　　後藏姚觀光、文鼎　銘同（1）

　　（3）盉　　西清31.39〔集成09410〕
　　　　"中自父乍旅盉"

　　（4）設　　恒軒38，三代7.13.2〔集成
　　　　03545〕　　"中自父乍旅彝"

　　（5）卣　　西清16.5〔集成05246〕
　　　　"中自父乍旅彝"

　　（6）鼎　　小校2.35.2〔集成02046〕
　　　　"中自父乍鼎"

　　（7）設　　寶蘊62，三代7.20.1—2
　　　　〔集成03703〕　　"同自乍旅設
　　　　，其萬年用"

　　（8）卣　　陶齋2.38，三代13.31.3—4
　　　　〔集成03808〕　　"中乍好旅
　　　　彝，其用萬年"

　　（9）卣　　貞松圖1.45，三代13.31.5—6
　　　　〔集成03809〕　銘同（8）

　　（10）卣蓋　三代13.13.1〔集成05184〕
　　　　"中乍寶隣彝"

以上十器，其關係如下：
　中自父所作　　（1）—（6）
　中自父或中爲好所作　　（1）（2）（8）
　（9）
　顧龍的花文　　（1）—（4），（7）

R.393

分尾長鳥的花文　　（5）（8）（9）
由於（1）—（4）的花文同於（7），則
中自父即同自，而中亦可能是中自父。
由於（1）中自父爲好作器而（8）（9）中
爲好作器，可證中即中自父。（5）爲中自
父所作，（8）（9）爲中所作，都是分尾
長鳥，則分尾長鳥與顧龍二式大約爲同
時的。本集A233命設，可以爲證。在西
周銅器斷代中，曾以爲顧龍是共王時流
行的花文而分尾長鳥則興於康王時，昭
王時猶見流行。如此則（1）—（4）（7）
應屬共王時而（5）（8）（9）略早。
好即殷人的子姓，此作器者爲其子姓之
親所作。
此器之耳無珥而同時同人所作另一器（西
清28.10）則有小鈎珥，可證兩式同時。

A162

A162　鄉父癸簋

1. 未著録

2. R.35〔集成03337〕

3. 高16，口徑19.6，寬27.3

4. 銘三字：鄉，父癸

5. 殷

6. 盧81946

7. 布侖代奇〔B60B0046〕

8. 鄉是族名，詳A12。

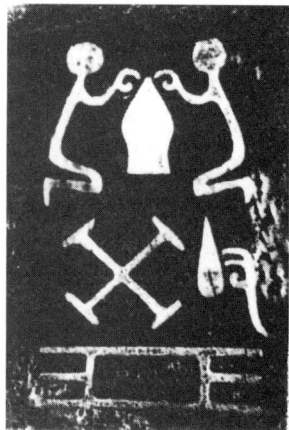

R.35

A163

A163　乙𠨰段

1. 未著録

2. R.455〔集成03086〕

3. 高12.4，口徑17.1，寬23.5，底徑12.4

4. 銘二字：乙，𠨰

5. 殷

6. 盧

7. 布侖代奇

8. 一般的段，通常以耳爲分界，前後各一獸面，此則四面四獸面，罕見。

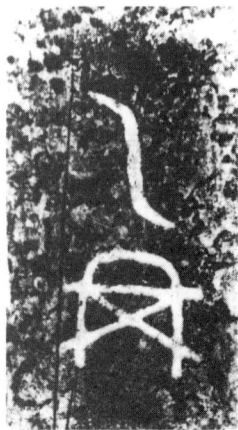

R.455

A164　南𣪘

1. 未著録

2. R.25〔集成 02965〕

3. 高 15.1, 口徑 20.6

4. 銘一字：南

5. 𣪘

6. 盧 87062, Winthrop

7. 福格 43.52.110

8. 銘是族名, 詳 A69。

　　此器兩耳安在器身花文之上, 疑是後加, 此器或者本來
　　是無耳𣪘。

　　〔修復技師高英説, 此器原缺四分之一, 圖上左半及獸
　　紐均爲後配。〕

R.25

A165.1

A165.2

A165

1. 皮斯百35

3. 高17.5，口徑23.2，寬31.3

5. 殷

6. O. Karlbeck

7. 皮斯百38.1892

8. 器底有陽文花文。器經修補。

A166

1. 未著錄
2. R.365〔集成 03405〕
3. 高 15.2，口徑 20.3
4. 銘四字：乍寶隩彝
5. 西周初期
6. 盧 87097
7. 克來斯勒

R.365

A167

A167

1. 未著録

3. 高 14.3，口徑 18，寬 23.9

5. 殷或西周初期

7. 布拉馬

8. 此器形制除耳外與成王時的康侯段相似。

A168

A168

1. 未著録

3. 高 14.5，口徑 18.1，寬 26.6

5. 殷或西周初期

6. Michael

7. 奧爾勃來特 42.16.382

8. 銘五字，偽刻。

A169

A169

1. 盧目（1940）圖版十二, 21

3. 高14, 口徑20.2, 寬26

5. 殷

7. 盧87420

A170

A170

1. 未著録

2. R.228〔集成未收〕

3. 高 13.9，口徑 19.7

4. 銘二字，不識。

5. 殷

7. 盧 86359

R.228

A171.1

R.68a　　　　　　　　　　　　R.68b

A171　文睍父丁段

1. 未著録

2. R.68〔集成03312〕

3. 高16.8，口徑16.2，寬22.6

4. 器、蓋同銘四字：文睍，父丁

5. 殷

6. Komor

7. 康恩〔紐約〕

8. 此器與A585卣銘相同。器形與*BMFEA*第九期圖版38，360一器相似。故宮所藏一
鼎，與此同銘。

A171.2

A172

A172

1. 未著録

3. 高13.2, 寬17.3

5. 殷

6. S. Ikeda, Jane L. Stanford

7. 司丹佛9178

A173

A173　旡白毁

1. 山中目（1938）19

2. 三代 7.13.7〔此與三代同銘，非一器〕　　R.362〔集成
   03530〕

3. 高 14.9，口徑 18.6，寬 25.5

4. 銘二行六字：旡白乍
   　　　　　　　姬寶毁。

5. 西周初期

6. 劉體智，山中，Higginson

7. 福格 44.57.32

8. 説文曰"旡，水廣也，從川匚聲"，此爲封地之名。

R.362

A174

A174　尢段

1. 長安 1.16，攀古 1.26
2. 三代 6.39.4　R.97〔集成 03655〕
3. 高 12，口徑 16.4，寬 22.2
4. 銘二行八字：亞（形中）高。尢乍父
　　　　　　　 癸尊彝。
5. 殷或西周初期
6. 劉喜海
7. 盧 H4〔薩克勒〕
8. 作器者名即說文卷十"尢，尳曲脛也"，或從王作尪。
　 錄遺 408 爵，亦此人所作。

R.97

A175

A175　父乙兂段

1. 盧目（1941）13

2. 續殷 1.40.4　R.311〔集成 03306〕

3. 高 16，口徑 22.8，寬 30

4. 銘四字：乍父乙，兂

5. 西周初期

6. 盧 87127

7. 浦才耳〔聖路易〕

8. 此器出土時地，詳 A331。

R.311

A176　乍旅設

1. 未著錄
2. R.372〔集成03248〕
3. 器身高12.7, 口徑19, 寬28; 器坐高8.8, 寬16.7×16.2
4. 銘三字: 乍肇設
5. 西周初期
6. 盧, George G. Booth
7. 客蘭布羅克38.33〔薩克勒〕
8. 三代7.5.8一器〔集成03247〕與此同銘。

R.372

A177　乍寶彝段

1. 盧目（1941）12
2. 三代 6.19.3　R.363〔集成 03270〕
3. 高 19，口徑 19
4. 銘三字: 乍寶彝
5. 西周初期
6. 吳大澂
7. 盧 38.230〔趙不波〕
8. 西清 14.7 一器〔集成 03270〕大小、花文、形制、銘文幾乎
   與此全同。

R.363

A178

A178　卜孟殷

1. 未著録

2. 録遺134　R.343〔集成03577〕

3. 高18.3, 口徑17.7

4. 器、蓋同銘二行六字：卜孟乍
　　　　　　　　寶隣彝。

5. 西周初期

7. 盧87514〔出光〕

8. 卜是官名, 西周金文僅見。孟是私名。

R.343

A179

A179

1. 未著録

3. 高 14，口徑 19.1，寛 24.9

5. <u>西周初期</u>

6. Worch

7. <u>侯希蘭</u>

A180

R.291

A180　潁殷

1. 陶齋 1.48

2. 三代 6.30.1　R.291〔集成 03469〕

3. 高 15, 口徑 19

4. 銘二行五字: 潁乍寶
　　　　　　　　隣彝。

5. 西周初期

6. 許延暄, 端方

7. 姚〔薩克勒〕

8. 據許氏拓本題記云, 此器出土山東 肥城。

A181

A181　史母癸設

1. 未著録

2. R.91〔集成 03225〕

3. 高 13.5，口徑 18.6，寬 25.9

4. 銘三字：史，母癸

5. 殷或西周初期

6. Komor

7. 唐訶納

8. 曾經修整。

R.91

A182　子繇父丁簋

1. 未著錄

2. R.245〔集成 03322〕

3. 高 15.6，口徑 20.8，寬 27.3

4. 銘四字：子繇，父丁

5. 西周初期

7. 斯美孫寧

8. A182—186，與成王時的禽簋相似。詳西周銅
　器斷代。

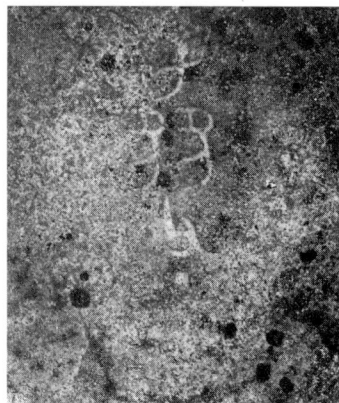

R.245p

A183

A183

1. 未著録

3. 高 14.3，口徑 19.2

5. 西周初期

7. 華爾特 54.1235

A184

A184

1. 未著録

3. 高 14，口徑 25.9

5. 西周初期

7. 魯本斯

A185

A185

1. 未著録

2. R.350〔集成03454〕

3. 高13，口徑17.5，寬24

4. 銘五字：乍尊車寶彝

5. 西周初期

7. 盧86678〔薩克勒〕

R.350

A186　父辛毁

1. 未著録

2. R.346〔集成03519〕

3. 高16.3，口徑21.8，寬30.2

4. 銘二行六字：╳乍父辛
　　　　　　　　寶彝。

5. 西周初期

7. 波斯頓12.833

R.346

A187

A187　己Ｖ段

1. 盧目（1938）圖版八，23

2. R.268〔集成03043〕

3. 高13.8，口徑18.4，寬23.4

4. 銘一字：己Ｖ

5. 西周初期（成王）

7. 盧81015

8. 此種簡樸式的花文形制，流行於成王時，如小臣宅段，詳
   西周銅器斷代。

R.268

A188　中子日乙段

1. 商周252；盧目（1939）圖版五, 22

2. 三代6.36.1　　R.385〔集成03449〕

3. 高16, 口徑18.9, 寬25.3

4. 銘五字：𩫏, 中子日乙

5. 西周初期

6. 劉體智

7. 盧81315

8. 此器與攀古1.24一器極相似, 後者傳1816年易縣出土。
   此銘第一字是族名, 亦見善齋吉金8.54—55段銘〔集成
   03183, 03184〕及A695壺銘。"中子"之名, 見卜辭, 亦見
   A324盉銘。

R.385

A189　父乙段

1. 未著録

2. 三代6.33.2　R.297〔集成03510〕

3. 高15.5, 口徑22.9, 寬29

4. 銘二行六字: 乍父乙
　　　　　　　　寶段。兂。

5. 西周初期

6. A. F. Glathe

7. 克林克

8. 三代6.33.3一器〔集成03511〕與此同銘。
　　臣辰組銅器, 參A331。

R.297

A190

R.388

A190　史述段

1. 未著録

2. R.388〔集成 03646〕

3. 高 14, 寛 20.5

4. 銘二行八字: <u>史述</u>乍父
　　　　　　乙寶段飤。

5. <u>西周初期</u>（<u>康王</u>）

6. <u>姚</u>, H. D. Chapin

7. <u>奥斯古</u>

8. <u>劉體智</u>舊藏一尊（<u>小校</u> 5.29.1）〔集成 05934〕銘曰:
　　<u>述</u>乍兄<u>日乙</u>　寶隣彝飤
　<u>述</u>即此器之<u>史述</u>, 系 "飤" 於銘末, 亦同此器。
　此器花文與 A84 同時。

A191

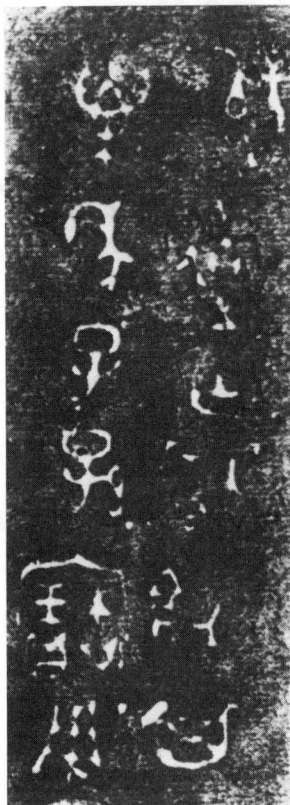

R.394

A191

1. 西清 28.20

2. 三代 7.26.4　　R.394〔集成 03768〕

3. 高 15.5，口徑 23.5，寬 31

4. 銘二行十四字：□□乍寶段，其

　　　　　　　　萬年子子孫孫寶用。

5. 西周中期（穆王）

6. 清宮，潘祖蔭

7. 盧 86436

8. 此器花文與剌鼎相似，後者可定爲穆王時器，詳西周銅器斷代。

A192

集成04169

A192　郭白取段

1. 皮斯百36

2. 三代8.50.4〔集成04169〕

3. 高15.9, 寬30.4

4. 銘六行四十五字：

　　佳王伐逨魚徏伐
　　淖黑，至，尞于宗周，
　　易郭白取貝十朋，敢
　　對揚王休，用乍朕
　　文考寶隣段，其萬
　　年子子孫孫其永寶用。

5. 西周初期（約昭王）

7. 皮斯百（1947年後得）

8. 此器花文同於井季卣（商周660）、井季
　尊（參倫76）和井季段（西清13.29），
　此器與後者大小、形制、花文最相近。
　凡此井季三器應在共王之前，詳西周銅
　器斷代。

大鳥花文，在康王時流行，此形稍異，或
稍晚於康世。銘文中"魚""淖"等字的
隸定，尚待考定。

此器傳西安出土。銘文的著錄甚遲，而
圖象近始公布，是西周重要的一器。

A193　且丁簋

1. 菁華 116
2. R.282〔集成 03138〕
3. 高 35.7，口徑 22.8
4. 銘三字：×且丁
5. 西周初期（康王）
6. Higginson
7. 波斯頓 34.64
8. 銘第一字象人左右手提貝貫形，見金文編附上 5b。本集 A564，601 均同此族名。

R.282

A194.1

A194

1. 未著録

3. 高 12.7，口徑 31.8

5. <u>西周初期</u>（約<u>康王</u>）

7. <u>埃貝格</u>

8. 此器在口緣内邊亦有花文，罕見。耳形與<u>录段</u>及<u>武英</u> 48段相似。

A194.2

A194.3

A195

R.356

A195　史梅兄段

1. 菁華 115

2. 三代 6.40.3　　R.356〔集成 03644〕

3. 高 13.8, 寬 26.5

4. 銘二行八字: 史楳㲃乍
　　　　　　　　　且辛寶彝。

5. 西周初期（約康王）

6. 李宗岱, 來遠

7. 弗利亞 15.102

8. 楳是説文梅之或體, 第三字是兄字的繁體。

此器與武英 48 一器相似。耳與口下一帶花文則與录段相似, 後者可定爲康王時器,

詳西周銅器斷代。

A196

R.153

A196　繛𣪘

1. 未著録

2. 三代 6.52.2　R.153〔集成 04144〕

3. 高 13.9，口徑 20.1

4. 銘五行三十六字：

　　戊辰，弜師易繛
　　晝日䵼貝，用乍父乙
　　寶彝。才十月一，隹王
　　廿祀翌日，逤于匕戊
　　武乙爽，㲋一。肇。

5. 殷（帝辛）

6. 盧 38

7. 明義士〔弗利亞〕

8. 此器爲殷末有長銘的重要銅器之一，拓本在清代已經流行，而圖象未見。此銘的
　　"王"及其"廿祀"應屬帝乙或帝辛（紂），因爲稱武乙的配偶爲妣，最早應在帝乙之
　　世。此器作者可能是王室，則父乙可能是帝乙。銘末族名，詳 A658。

A197　羊✦父丁段

1. 盧目（1941）15

2. 録遺487　R.56〔集成03314〕

3. 高15.2，口徑21.5

4. 銘四字：羊✦，父丁

5. 殷

7. 盧80652

8. 此器與A196相同。録遺487誤以爲盤銘。第一
字是族名，亦見三代16.8.4爵銘〔集成08463〕；
第二字亦是族名，見盂卣（三代13.38.1）〔集成
05399〕銘末。

R.56

A198.

A198

1. 盧目（1924）12

3. 高15.6，口徑21.5，寬29.5

5. 殷

6. 盧

7. 何母斯B22

8. 此器與A196，197相同。銘三十字，偽刻。

A199

R.105

A199　秉册父乙段

1. 未著録

2. 三代6.31.6　R.105〔集成03421〕

3. 高15.2, 口徑20.8

4. 銘五字: 秉册宀, 父乙

5. 殷

6. 徐乃昌, 盧86328

7. 明義士〔哥倫比亞大學 薩克勒藏品〕

8. 銘第一、三兩字是族名, 同此族名者有以下諸器:

 （1）爵　三代16.28.4〔集成08871〕　"父乙"

 （2）卣　三代12.56.7〔集成05008〕　"丁"

 （3）觶　綴遺23.12b　"丁"〔同（2）〕

 （4）觶　寧壽11.2〔集成06357〕　"戊"

 （5）鼎　綴遺5.24a〔集成01764〕　"戊"

 （6）鼎　博古1.30〔集成01763〕

銘第三字亦見本集A344, 345, 463, 464。

A200

A200

1. 未著録

3. 高 18.3，口徑 25.1，寬 35.8

5. 殷或西周初期

7. 蘭登・貝内特

A201

A201

1. 盧目(1939)圖版六, 21

3. 高20.5, 口徑13.5, 寬28.8

5. 西周初期

7. 盧S51〔布俞代奇〕

8. 銘一字, 疑偽。此器與武英73一器相似。

A202

R.95

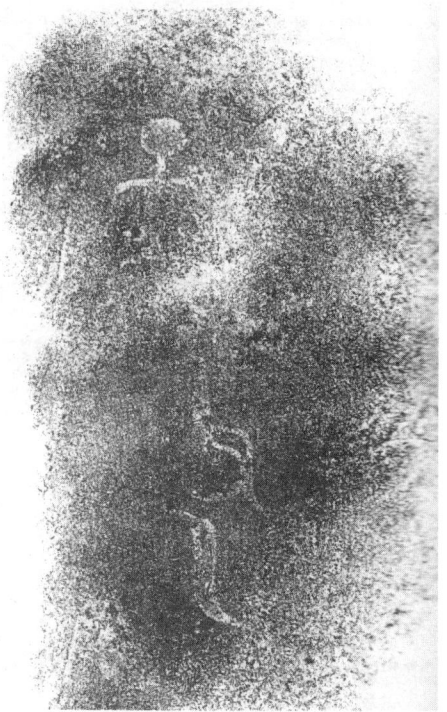

R.95

A202　天父乙段

1. 未著録

2. R.95〔集成03158〕

3. 高15，口徑20.5，寬30.4

4. 銘三字：天，父乙

5. 殷或西周初期

6. J. C. Ferguson

7. 紐約13.100.155

8. 此器與西清13.1一段同銘而花文不同。
   本集A532一觶與此同銘。

A203.1

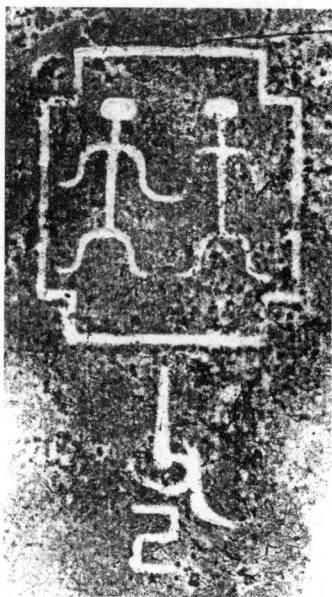

R.151

A203　亞𫟷父己𣪘

1. 菁華109, 海外銅器16, 柏景寒16

2. R.151〔集成03326〕

3. 高17.5, 口徑23

4. 銘四字: 亞（形中）𫟷, 父己

5. 殷

6. A. W. Barl

7. 芝加哥26.1827

8. 銘前二字是族名, 亦見以下各器:

　　（1）卣　善齋吉金3.1, 三代12.35.2—3〔集成05379〕

　　（2）斝　三代13.47.1〔集成09119〕

　　（3）𣪘　三代6.1.1〔集成09830〕

　　（4）爵　善齋吉金5.40, 三代15.27.5〔集成08036〕　　"己"

　　（5）爵　三代15.1.5〔集成07401〕

　（1）（2）（5）之𫟷作𫟷。

A203.2

A203.3

A204

A204

1. 皮斯百 33

3. 高 18.3，口徑 21.7，寬 34.3，徑底 17

5. <u>殷</u>

6. <u>盧</u>

7. 皮斯百 36.758

8. 兩耳折斷，修復。

A205

A205

1. 未著録

3. 高14，口徑19，寬26.6，底徑14

5. 殷

7. 盧

A206

A206

1. 未著録

3. 高 14.3，口徑 20.1

5. 殷

7. 布恰德

8. 傳濬縣出土。

A207.1

集成03533

A207　白矩殷

1. 攀古1.23, 恒軒31

2.〔集成03533〕　三代6.35.2〔此爲卣蓋, 非殷〕

3. 高22.8, 口徑20.3, 寬30.4, 底座17.8×17.8

4. 銘二行六字: 白矩乍寶
　　　　　　　　隋彝。

5. 西周初期

6. 王昧雪, 潘祖蔭

7. 侯希泰特

8. 傳世白矩所作器甚多, 約如下述:

　　(1) 殷二　三代7.12.4是另一器

　　(2) 甗一　西清30.5〔集成00892〕

　　(3) 盂一　西清31.37〔集成09417〕

　　(4) 卣五　西清16.4及A607等, 詳A607

　　(5) 壺五　西清8.31〔集成09567〕及A692等, 詳A692

　　(6) 鼎二　小校2.42.2〔集成02170〕(潘祖蔭舊藏)

　　　　　　三代3.23.2〔集成02456〕(多 "用言王出内吏人")

A207.2

A208.1

R.292

A208　中夨設

1. 菁華111, 尊古2.9, 海外銅器18, 柏景寒20
2. 三代6.45.2　R.292〔集成03747〕
3. 高27, 口徑22.2
4. 銘二行十一字: 中夨乍又寶彝,
　　　　　　　　用鄉王逆徣。
5. 西周初期（成王）
6. 尊古齋, 通運
7. 芝加哥27.316
8. 此器方座下有系鈴之環。

作器者夨亦見於一罍（三代11.41.5）〔集成09814〕及一設（金文編4.11b）〔三代 6.48.3—4〕。"用鄉王"云云乃西周初期成語, 見西周銅器斷代 小子生尊下。 此器器腹花文與武王時的天亡設相似, 故可以定爲約當成王時器。A209—A214諸 器亦同時。

A208.2

A209

1. 盧目（1941）42

3. 高15，口徑18.2，寬24

5. 西周初期

7. 盧87027

A210

A210

1. 盧目（1938）圖版六, 19

3. 高 15.2, 口徑 16.8, 寬 26.7

5. 西周初期

6. 盧 86303

7. 柔切土特 42.15

8. 銘七字, 偽刻。

A211

A211

1. 未著録

3. 高 14.9, 寬 26

5. 西周初期

7. 聖路易 29.203.16

A212

A212

1. 未著録

3. 高16.5，口徑19.2，寬27.2

5. 西周初期

6. Michael

7. 奧爾勃來特42.16.381

A213

A213

1. 未著録

3. 高12.4, 寬23.4

5. 西周初期

7. 魯本斯

A214

A214

1. 未著録

3. 高 14，寬 27

5. 西周初期

7. 魯本斯

A215

A215

1. 未著録

2. 三代7.2.4 R.231〔集成03044〕

3. 高15.1, 口徑19

4. 銘一字, 不識。

5. 殷

7. 乃布

8. 此器花文形制與A196相似, 故定爲殷器。

R.231

A216　御段

1. 未著録
2. R.294〔集成 03468〕
3. 高 14.9, 口徑 19.8, 寬 28.5
4. 銘二行五字: 御乍寶
　　　　　　　　隣彝。
5. 西周初期
6. Higginson
7. 福格 44.57.6

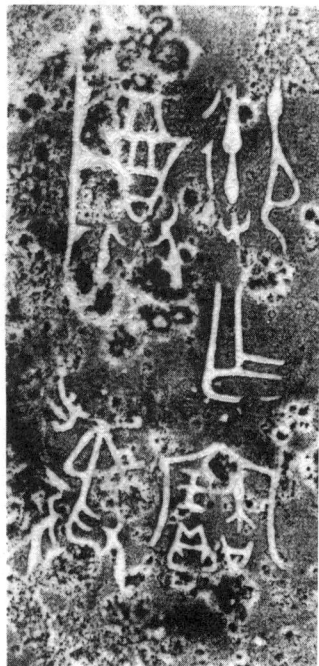

R.294

A217

A217

1. 未著録

3. 高 15.1，口徑 20.8，寬 31.6

4. 有銘不詳。

5. <u>殷</u>或<u>西周</u>初期

7. <u>穆爾</u> 1012

A218

A218

1. *Leventritt*：1

3. 高13.5，口徑18，寬26.5

5. 殷或西周初期

6. Leventritt

7. 司丹佛

A219.1

A219　弔德段

1. 山中目（1938）28，西周銅器斷代
2. R.320〔集成 03942〕
3. 高 23.9，口徑 20，寬 31；座高 8.9，寬 17.9×17.1
4. 銘三行十八字：王益弔德臣嬶
　　　　　　　　十人、貝十朋、羊百，
　　　　　　　　用乍寶隮彝。

R.320

5. 西周初期（成王）

6. 山中, Higginson

7. 福格 44.57.1

8. 此器下器皆是德所作，十分重要。"益"字保存未簡化以前"易"字的古式，象水溢
出於皿之形，"易"之朔義應是增益。王易弔德除貝與羊外，尚有臣孃十人，乃是一
種賤吏或奴隸。孃説文訓爲遲鈍，乃引申義，其初乃是人的身分。或作臺，左傳昭七
記十等人中有"僕臣臺"，服虔注云"臺給臺下微名也"；昭七又曰"是無陪臺也"，
韋昭注楚語云"臣之臣爲陪"。孟子萬章篇下"蓋自是臺無餽也"趙岐注云"臺，賤
官主使令者"。方言三曰"僆……農夫之醜稱也；南楚罵傭賤謂之田僆"，郭璞注云
"亦至賤之號也"。

此器花文與武王時的天亡段相似，應是成王時器。周漢遺寶17一器與此極相似而
無方座。

A219.2

A220　德段

1. 菁華110, 山中目（1938）29, 西周銅器斷代

2. R.321〔集成03733〕

3. 高27.1, 口徑21.9, 寬32.5; 座高10.8, 寬20.2×20

4. 銘二行十一字:

   王益德貝廿朋,

   用乍寶隣彝。

5. 西周初期（成王）

6. 山中, Higginson

7. 福格44.57.12

8. 此器與前器自是一人同時所作。其器耳形制均與大保
   段相似。詳西周銅器斷代。

R.321

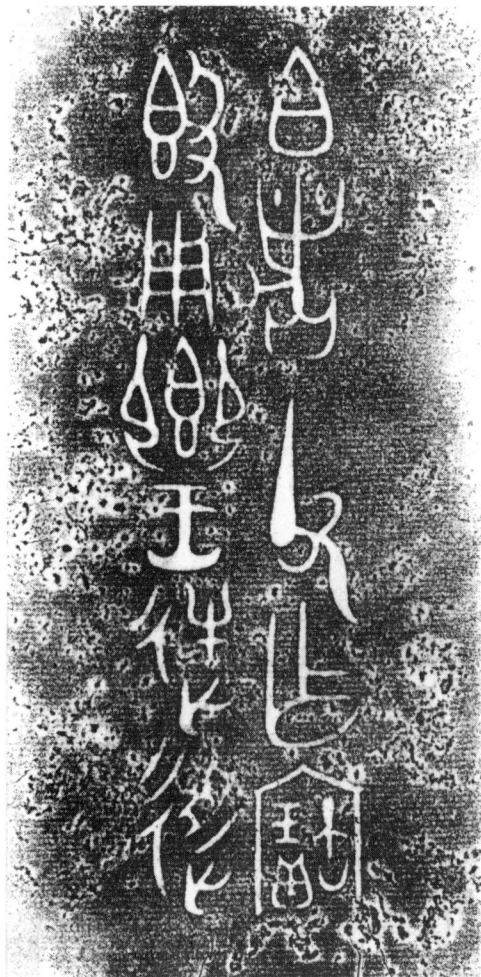

R.288

A221　白者父殷

1. *Burchard*（1935）I, 275; 殷周銅器E40, 弗利亞19—20

2. R.288〔集成03748〕

3. 高28, 寬34.1; 座寬19.8×18.7

4. 銘二行十一字:

　　白者父乍寶

　　殷, 用鄉王逆遄。

5. 西周初期

6. Burchard, Oeder, 盧

7. 弗利亞38.20

8. 此器方座下原有鈴, 尚留有小環之殘迹。

　此器Oeder氏於1935年購自Burchard, 1937年售於弗利亞, 高本漢在殷周銅器中仍

　以爲Oeder氏器, 應正。

A222.1

R.293

A222　妹弔昏段

1. 皮斯百35

2. R.293〔集成03695〕

3. 高28.6, 高至口沿26.7, 口徑21.6×20.6, 寬34.8; 座高10, 寬19.6×19

4. 銘三行九字:

　　妹弔昏肇

　　乍

　　彝, 用鄉賓。

5. 西周初期

6. 盧18403

7. 皮斯百32.432

8. "用鄉賓"亦見A335。圖中之勺, 與此器無涉。

A222.2

A223.1

A223.2

A223　鼺姛段

1. 菁華112

2. 三代6.37.1　　R.290〔集成03567〕

3. 高23.5, 寬27.2

4. 銘二行六字：鼺姛乍
　　　　　　　　寶隣彝。

5. 西周初期

6. Parish-Watson

7. 法斯

8. 與此同銘者有以下兩器：
　　（1）鼎　三代3.7.2〔集成02193〕
　　（2）鬲　形態學32（3）

R.290bp

A224

A224

1. 未著録

3. 高16.4，口徑19.5，寬31

5. 西周初期

7. 乃布

A225

1. 菁華 104, 弗利亞 28

3. 高 23.2, 寬 36.6

5. 西周初期

6. 盧

7. 弗利亞 31.10

8. 器耳上的牛首頗似 A27 鼎銘。此等牛首常見於兵器上：

　　（1）戈　　濬縣 23

　　（2）戟　　濬縣 34

　　（3）戈　　盧目（1941）91

　　（4）戈　　盧目（1939）圖版廿一, 50

　　（5）戈　　雙吉 2.22

　　（6）戟　　弗利亞 34.14

（1）（2）是濬縣發掘出土，（6）亦傳濬縣出土。

A226

1. 菁華105, 盧目（924）4

3. 高31.6, 寬34.2; 座高11.5, 寬26

5. 西周初期

6. 盧

7. 穆爾1015

8. 座下有鈴, 不真。

A227

A227

1. 菁華113，山中目（1938）22

3. 高9.8，口徑16.1，寬24.6

4. 銘文被刮去

5. 西周初期

6. 山中，Higginson

7. 福格44.57.17

8. 尊古1.44及商周248兩器，與此相似。

A228.1

A228.2

A228

1. 盧目（1941）40

3. 高 12.2，口徑 18.2，寬 25.5

5. 西周初期

7. 盧 86421

8. 銘九字，僞刻。此器與近日丹徒出土宜侯夨段相似。後者乃成、康時器。

A229.1

A229.2

A229

1. 未著録
2. R.367〔集成03282〕
3. 高30，口徑18.1，寬24.7；座寬16.2
4. 銘三字：乍障彝
5. 西周初期
7. 克丁〔紐瓦克〕

R.367

A230

R.307a　　　　　　　R.308a　　　　　　　R.308b

A230　臣辰父乙段

1. 菁華119，賸稿11
2. R.307, 308〔集成03424, 03423〕
3. 高25.6，口徑19，寬27.7
4. 器、蓋同銘五字：父乙，臣辰，兇。
5. 西周初期（成王）
6. 通運, Higginson
7. 福格44.57.8, 44.57.9
8. 臣辰組，詳A331。福格所藏共兩器，大小、銘文皆相同，惟44.57.9一器器銘爲重銹所掩。此兩器與下器，其四耳之珥皆伸長而成爲四足。

A231

R.339

A231　闌段

1. 西清31.8，盧目（1941）14

2. 三代7.8.1　R.339〔集成03376〕

3. 高22，口徑18.5，寬27.3

4. 銘四字：闌乍肇彝。

5. 西周初期

6. 清宮

7. 盧86429〔出光〕

8. 作器者名從門狘聲，後者說文訓曰"擊也"。此字亦見以下兩器：

　　（1）卣　闌乍究白寶尊彝　三代13.26.8〔集成05297〕（潘祖蔭舊藏）

　　（2）鼎　闌白乍寶鼎　三代2.49.1〔集成02041〕（葉志詵舊藏）

　　（1）與此器當是一人所作，（2）則爲封邑名。

A232　雍姰段

1. 尊古 2.2；陶齋 1.15；盧目（1940）圖版廿一，35
2. 三代 6.36.6　R.348〔集成 03568〕
3. 高 22.8，口徑 22；座高 8.4，寬 18.2
4. 銘二行六字：雍姰乍
　　　　　　寶隣彝。
5. 西周初期
6. 端方，溥倫
7. 盧 86438
8. 金文始、姒、姰、姰及此器之姰均有分別。

R.348

A233.1

A233.2

A233　命設

1. 菁華117, 海外銅器19, 柏景寒29—30

2. 三代8.31.1—2　R.379（拓本）, R.494（照相）〔集成04112〕

3. 高24.1, 口徑21.6

4. 器、蓋同銘四行二十八字：

> 隹十又一月初吉
> 甲申, 王才華, 王易
> 命鹿, 用乍寶彝, 命
> 其永以多友設飤。

R.379a

R.379b

5. 西周初期晚或中期初（約昭、穆前後）

6. 通運

7. 芝加哥 27.1432

8. 由銘文可知十一月中，王與段獵於華山，因錫段以鹿，段作此器以與朋友共饗。段假作匋，説文訓曰"飽也"。此銘的特點有三：（1）記王才華，僅見；（2）記錫鹿，亦見A626；（3）末句。由A626可知獵後錫鹿，則鹿是當時所獲，故王才華當是行獵於華山。

尊古2.6一器形制、花文與此極相似。此器口緣下爲分尾的長鳥而圈足上爲顧龍，二式並見一器，與中自父組同具二式相類，詳A161。分尾長鳥流行於康世，顧龍流行於共世，則此器應在昭、穆前後。

R.494ap

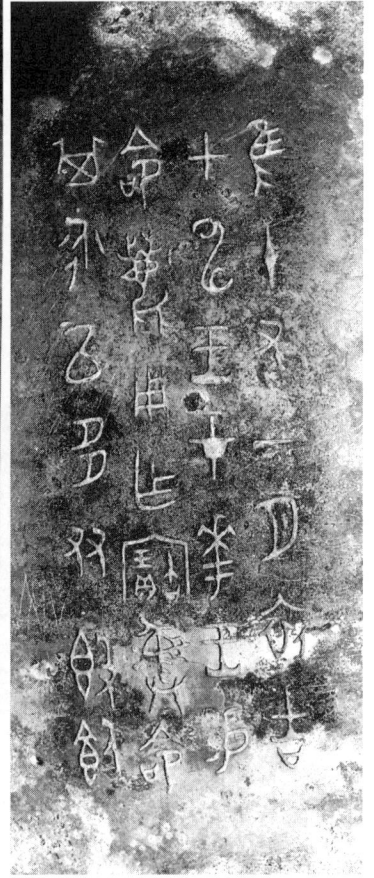

R.494bp

A233.3

A233.4

A234

A234

1. Bachhofer: *A Short History of Chinese Art*, 21

3. 高 17.6，口徑 24.1

5. <u>西周中期</u>

7. <u>波斯頓</u> 12.1052

8. 此器與<u>使華</u> 18 一器相似而略早。

A235

R.402a　　　　　　　　　R.402b

A235　乎敦

1. 菁華118
2. 三代7.30.2—3　R.402〔集成03769〕
3. 高21, 口徑20, 寬26.5
4. 器、蓋同銘二行十四字：

乎乍姞氏寶敦，

子子孫孫其永寶用。
5. 西周中期（穆王前後）
7. 波斯頓12.838
8. 器銘第三、第十三字與蓋銘稍異, 乃剔誤或加筆所致。

姞氏, 參A127, 128。

A236.1

A236　散白段

1. 盧目（1939）圖版八, 28

2. R.391, 392（拓本）; R.486（照相）〔三代 7.25.1, 2, 4; 集成 03777, 03779〕

3. 高 22.9, 口徑 21, 寬 33.1

4. 器、蓋同銘三行十二字:

　　　散白乍夨

　　　姬寶段, 其

　　　屬年永用。

5. 西周中期（約穆、共）

6. 余壽平, 程洪溥, 徐乃昌, 盧

7. 福格 19.201, 19.202

8. 福格所藏一對, 大小、銘文皆相同。傳世同銘數器如下所列:

　　（1）雙古 1.24, 三代 7.25.3+小校 7.81.1〔集成 03778〕

　　（2）蓋　三代 7.25.5

　　　　器　三代 7.25.6〔集成 03780〕

　　（3）蓋　三代 7.25.4　　福格 19.201a, R.391a

　　　　器　小校 7.80.6　　福格 19.202b, R.392b〔集成 03779〕

　　（4）蓋　三代 7.25.2　　福格 19.202a, R.392a

　　　　器　本集 R.391b　　福格 19.201b〔集成 03777〕

　　（5）三代 7.25.1〔即（4）器〕

　　（6）匜　周金卷四補遺 23, 銘七字

（1）—（5）俱是段而同銘, （1）—（4）是四器的器蓋對銘。

散與夨爲西土的兩大氏族, 而夨稱王見以下四器:

　　（1）鼎　十二 居 4—5〔集成 02149〕

　　（3）卣　三代 13.39a〔集成 05398〕

　　（3）尊　三代 11.19.3—4〔集成 06452〕

　　（4）盤　三代 17.20b—22〔集成 10176〕

（4）記述散氏與夨的田地交涉。（3）（4）均傳鳳翔縣出土。

此段形制花文行於穆、共兩世, 詳西周銅器斷代。

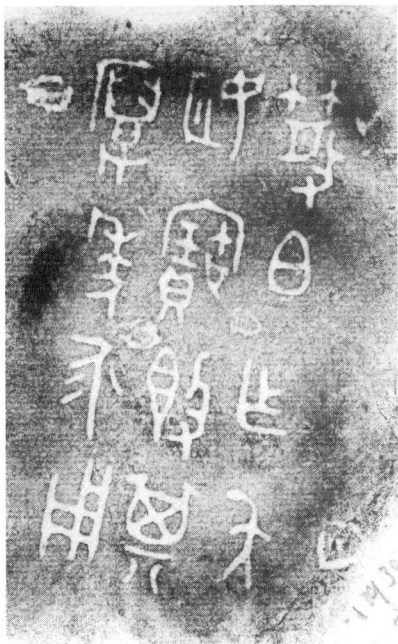

R.391a

R.391b

R.392a

R.392b

R.486p

A236.2

A236.3

A237

R.401

A237　番生段蓋

1. 陶齋 2.16，獲古 26

2. 三代 9.37a　R.401〔集成 04326〕

3. 高 7，口徑 22.3

4. 銘十一行一百三十九字。

5. 西周中期（約夷王）

6. 劉心源，吳雲，端方，山中

7. 納爾遜 32.68.6

8. 此蓋與卯段蓋相似，當是同時的。番匊生壺的作者與此番生當是一人，壺銘的二十六年疑是夷王。

A238　辰段蓋

1. 盧目（1941）9

2. R.397a〔集成03734.1〕

3. 口徑18.2

4. 銘二行十二字：

　　辰乍饎段，其

　　子子孫孫永寶用。

5. 西周中期（約夷王）

7. 盧F495A〔薩克勒〕

8. 此蓋與A239完全吻合，花文形制亦完全相同，誤當作
　　相屬的一蓋一器，但它們的銘文，完全無關，字體亦稍
　　不同。因此分別爲二器。

R.397a

A239

R.398b

A239 妊小段

1. 盧目（1941）9

2. R.398b〔集成04123〕

3. 高（連A238蓋）22.7，口徑18.2，寬
   31.5

4. 銘四行三十二字：
   白莽父吏歎□尹
   人于齊𠂤，妊小从，歎
   又賏，用乍妊小寶段，
   其子子孫孫永寶用。1。

5. 西周中期（約夷王）

7. 盧F495B〔薩克勒〕

8. 此器與A238之關係，詳前器。此器花

文與小克鼎〔元年師兌段〕相似，故可
定爲夷王前后所作。

作器者妊小從某使於齊𠂤，某有所餽
贈，因作此器。某係白莽父之下屬，後
者亦見白莽段（三代7.30.5）〔集成
03867〕。第一行第六字，不識〔見史頌
段〕。第三行第二字從貝從顯，金文編
沫字從此，説文"顯，昧前也"。此字疑
是費字，義爲惠或賄，有所贈賜。銘末是
族名，亦見A536。A246銘中之齊帀，疑
即齊𠂤。妊是任姓。

〔張政烺以爲銘文顯係僞刻。〕

A240

1. 未著錄

3. 高23，口徑18.8，寬29

5. 西周中期之晚葉

7. 伏克

A241

R.396a

R.396b

A241　害弔段

1. 陶齋 2.3，獲古 24

2. 三代 7.33.3—4　　R.396〔集成 03806〕

3. 高 22.1；器高 15.3，口徑 16.6，寬 28.2；蓋高 6.8，口徑 18.2

4. 器銘三行十五字：

　　害弔乍障

　　段，其萬年

　　子子孫孫永寶用。

5. 西周中期之晚葉

6. 端方，山中

7. 納爾遜 32.68.3

8. 潘祖蔭舊藏一段（三代 7.33.1—2）〔集成 03805〕與此同銘。但此器與蓋不甚吻合，蓋銘（R.396a）當是偽刻。奇觚 3.13.1 著錄此器的器銘〔集成 03806〕而無蓋銘，蓋銘應是後加。

A242

R.406b

A242　中更父段

1. 未著録

2. 三代8.6.3　R.406〔集成03957〕

3. 高17.6，寬34.6

4. 銘四行二十字：

　　佳王正月，中
　　更父乍饙
　　段，其萬年
　　子子孫孫永寶用。

5. 西周晚期

6. 潘祖蔭，盛昱

7. 波斯頓12.823

8. 此器失蓋。其未失蓋而同銘者有以下三器〔三器爲一，集成03956〕：
　　（1）西清28.8—9
　　（2）三代8.6.1—2
　　（3）攗古2.2.84（〔清宮、〕袁理堂舊藏）
　　此器與鄂侯乍王姞段極相似。

A243

R.410a

R.410b

A243　白家父殷

1. 未著録

2. 三代 7.36.1—2　R.410〔集成 03856〕

3. 高 23.3，寬 35.2

4. 銘三行十六字：

　　白家父乍孟

　　姜朕殷，其子子

　　孫孫永寶用。

5. 西周中期（約夷王）

6. 程洪溥，鄒安

7. 魯本斯

8. 銘中"孟"字在"子"上多一"八"形。

　　作器者白家父所作尚有以下各器：

　　（1）殷　巖窟 1.17，集古遺文續 1.39
　　　　　　或即此器〔集成 03857〕

　　（2）殷　貞松圖 1.37，三代 8.43.2
　　　　　　（蓋）〔集成 04156〕

　　（3）鬲　陶齋 2.55〔集成 00682〕

　（1）（3）銘同此器，（2）銘稍長。

此器與叔向父禹殷（商周 340）和元年師
兌殷（善齋 74，75）是完全相同的，其時
代亦相同。

R.417b

A244　白田父段

1. 陶齋 2.1，獲古 23，〔奇觚 3.16〕

2. 三代 7.47.4　　R.417〔集成 03927〕

3. 高 15，口徑 16.8，寬 34

4. 銘三行十八字：

白田父乍井

妃寶段，其萬

年子子孫孫永寶用。

5. 西周晚期

6. 丁樹楨，端方，山中

7. 納爾遜 32.68.2

8. 銘中"妃"字，待考。此器瓦文與一般瓦文不同。

A245　頌段

1. 陶齋2.7; Bachhofer: *A Short History of Chinese Art*, 23

2. 三代9.38b—40a　R.420〔集成04332〕

3. 高30, 寬45

4. 器、蓋同銘十四行一百五十二字。

5. 西周晚期之初葉

6. 張廷濟, 端方, 山中

7. 納爾遜32.68.4

8. 此銘記錄當時的策命制度, 最爲詳盡, 詳西周銅器斷代。是西周重器之一。但此器的第二意義在其構成兩大組銅器, 即頌組與史頌組。頌組的諸器如下:

    （1）段（全）　本集A245

    （2）段（全）　三代9.40b—42a〔集成04333〕　方維祺、姚觀光舊藏

    （3）段（器）　三代9.42b—43a〔集成04334〕　劉喜海舊藏

    （4）段（器）　三代9.43b—44a〔集成04335〕　劉鶚、馮恕舊藏

    （5）段（器）　三代9.45b—46a〔集成04337〕

    （6）段（蓋）　善齋86, 三代9.46b—47a〔集成04338〕　陳介祺、劉體智舊藏

    （7）段（蓋）　三代9.47b—48a〔集成04339〕　吳式芬舊藏

    （8）段（蓋）　三代9.44b—45a〔集成04336〕　在日本某氏

    （9）鼎　西甲1.28, 故宮3.5, 三代4.38〔集成02828〕

    （10）鼎　西甲1.31, 三代4.37〔集成02827〕

    （11）鼎　三代4.39〔集成02829〕　李香巖、費念慈舊藏

    （12）壺（全）　武英87, 三代12.30—31〔集成09731〕

    （13）壺（蓋）　三代12.32〔集成09732〕　錢塘 王氏、趙之琛、錢熙祚、金傳聲舊藏

以上共五段三鼎二壺。鼎與壺同銘, 段銘有二點稍異:（1）"貯"後多"廿家"二字,（2）"眉壽"後少"無疆"二字。〔現存情況:（1）山東省博物館,（4）（10）北京 故宮博物院,（9）臺北 故宮博物院,（6）（7）（11）上海博物館,（8）日本 黑川古文化研究所。〕

與頌爲同一人的史頌所作的史頌組諸器如下:

    （1）鼎　恒軒14, 三代4.26a〔集成02787〕　程洪溥、潘祖蔭舊藏

    （2）鼎　西清3.21, 三代4.26b〔集成02788〕

    （3）段（全）　恒軒27—28〔三代9.7a, b; 集成04229〕　吳大澂舊藏

    （4）段（器）　三代9.8a〔集成04230〕　張廷濟舊藏

    （5）段（器）　三代9.8b〔集成04231〕　徐乃昌舊藏

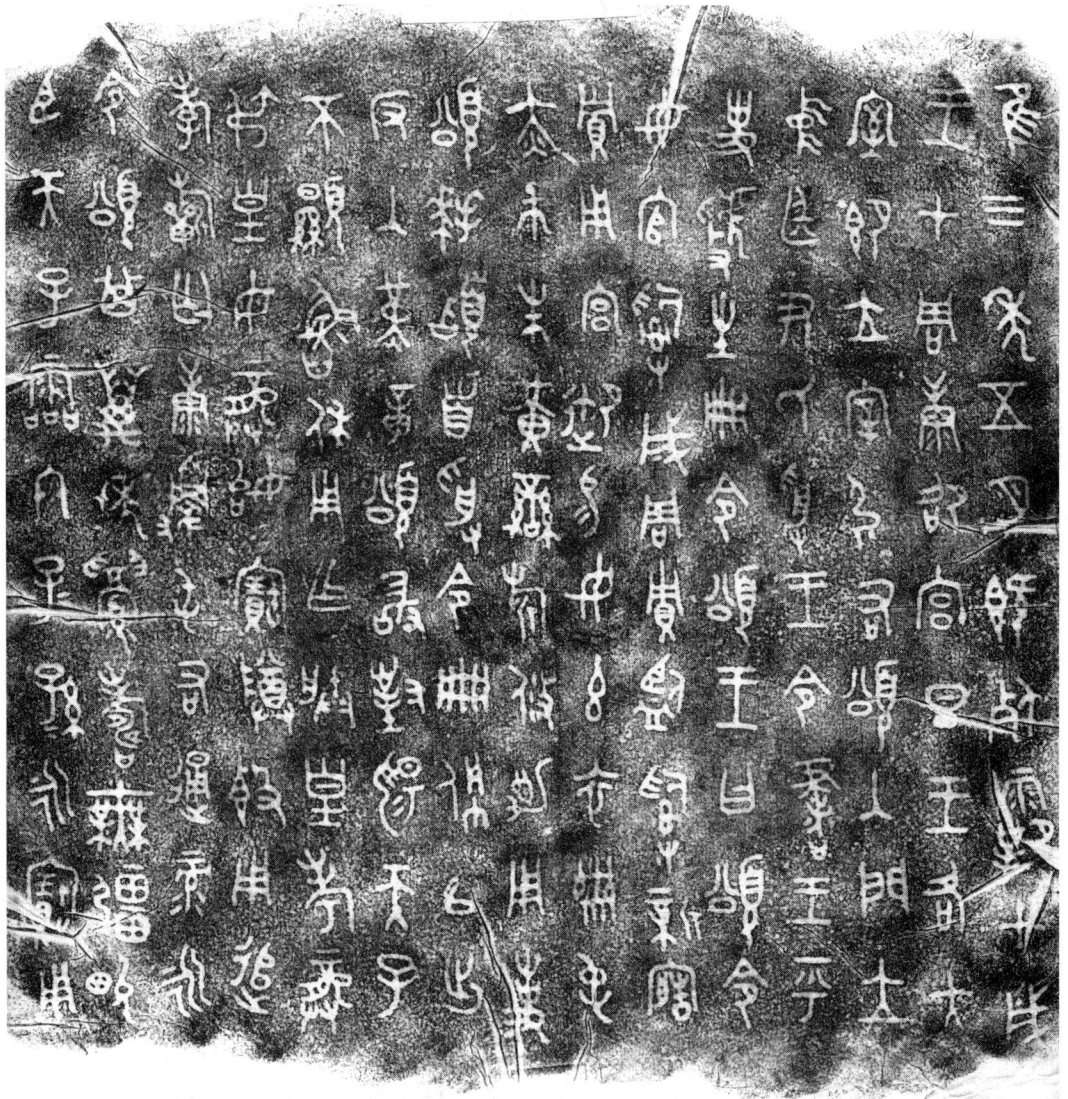

R.420a

（6）毁（器）　西清27.16，故宫22.1，三代9.9b〔西清爲集成04235，三代爲集成
　　　04233〕

（7）毁（蓋）　三代9.9a〔集成04232器〕　吴大澂舊藏

（8）毁（蓋）　澂秋20，三代9.10a〔集成04234〕　陳承裘舊藏

（9）毁（蓋）　兩罍6.35，三代9.10b〔集成04232蓋〕　吴雲舊藏

（10）簠（全）　澂秋21，三代10.1.4〔集成04481〕　陳承裘舊藏

（11）盤　清儀1.47b　張廷濟舊藏

（12）匜　澂秋53，雙器1.21　陳承裘舊藏

〔（13）毁　日精華4.323，集成04236〕

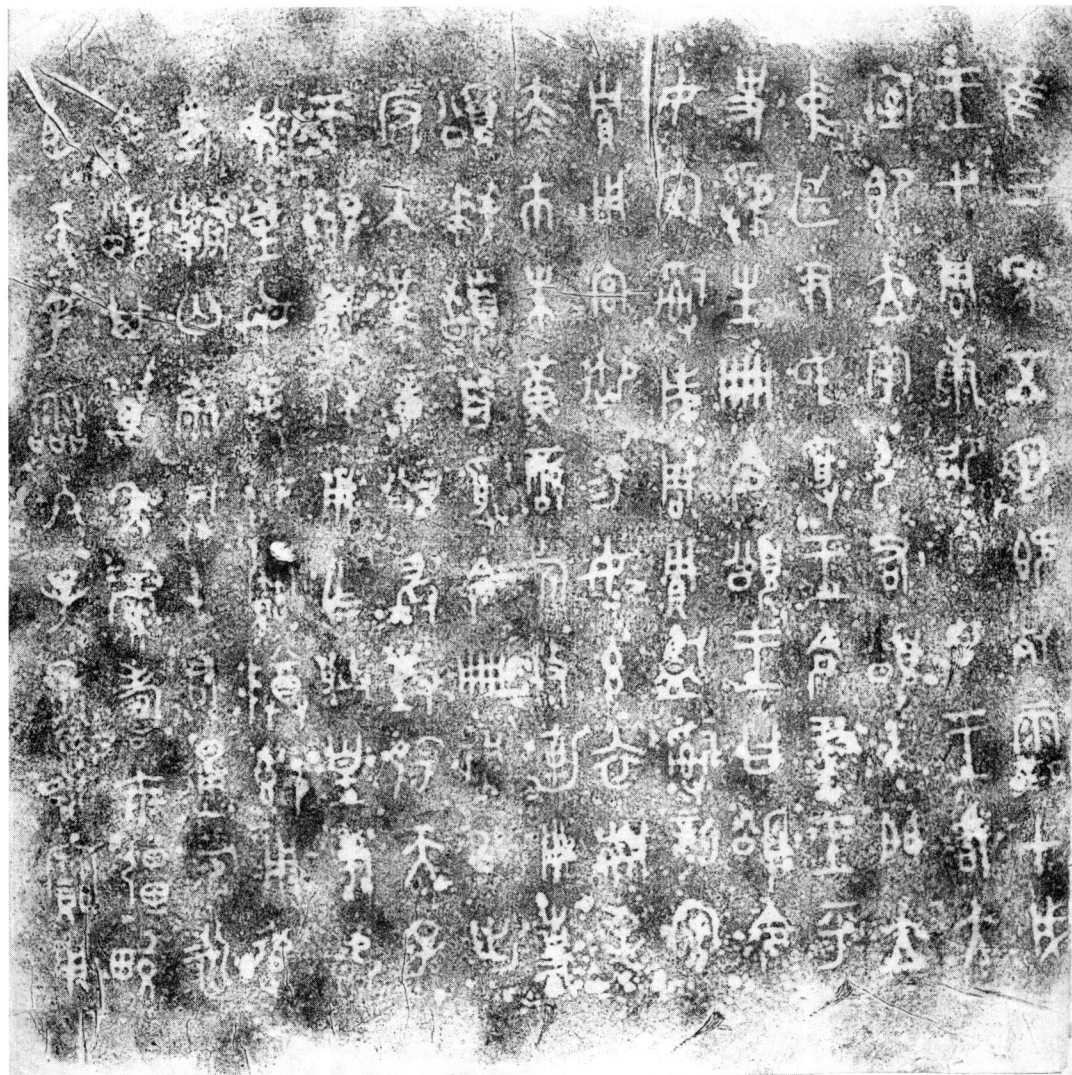

R.420b

以上共二鼎四段一簠一盤一匜。鼎、段同銘，盤、匜同銘，簠銘僅六字。〔現存情況：
（1）（2）（5）（7）（11）上海博物館，（6）臺北 故宮博物院，（10）北京 故宮博物院，
（3）日本 書道博物館，（12）日本 松岡美術館，（13）日本 出光美術館。〕史頌諸器與
克組之比較如下：

　甲、鼎與小克鼎相似，後者可推定作於夷王廿三年。

　乙、段極似伊段，後者可推定作於夷王廿七年。

　丙、匜極似克盨（A252），後者可推定作於夷王十八年。

　丁、簠上花文三部：口下似頌段，圈足上似白家父段，腹上似克鼎。

由此可以推定史頌組約在夷王時。

A246　師衰殷

1. 陶齋 2.12，獲古 25

2. 三代 9.29a　R.418〔集成 04314〕

3. 高 19.5，口徑 22.3，寬 42.3

4. 銘十一行一百十五字。

5. 西周晚期

6. 端方，山中

7. 納爾遜 32.68.5

8. 此器失蓋。同銘之另一器，曾藏葉志詵、潘祖蔭，今在上海博物館。花文形制與此同而有蓋，器、蓋均有銘（三代 9.28）〔集成 04313〕。葉、潘的蓋銘較之器銘有以下的不同："工吏"上少"厥"字，"東"前少"我"字，"率"後少"齊"字，"首"上少"折"字，"子子孫孫"作"孫孫子子"。所減省之字，使文句不通；而從照片上觀察，蓋似後配製的。潘器第一行第六字與端器略異；端器第二行第九字亦有剔誤，"工吏"上亦省"厥"字〔"厥"字補於第四行之上〕。

此器作器者與衰盤（三代 17.20）〔集成 10174〕的作器者或是一人。

R.418b

A247

A247

1. 未著錄

3. 高27.2，寬40.4

5. 春秋初期

7. 弗利亞24.11

8. 此器一足折斷。1923年C. W. Bishop在新鄭購得，當是新鄭出土而被盜賣之一器。
新鄭62，72—78八段，與此相同。

A248.1

A248　追段

1. 金索1.41；盧目（1940）圖版廿三, 38
2. 三代9.6.1　R.404〔集成04221〕
3. 高34.2, 口徑26.8, 座寬28.5
4. 銘七行五十九字：

　　追虔夙夕卹厥死事,

　　天子多易追休, 追敢對

　　天子覭揚, 用乍朕皇且

　　考隣段, 用享孝于前

　　文人, 用祈匄眉壽永

　　令, 畯臣天子, 霝冬, 追

　　其萬年子子孫永寶用。

5. 西周中期（約夷王）
6. 馮雲鵬, 何天衢, 費念慈
7. 盧86425〔布侖代奇B60B1056〕
8. 此器失蓋, 方座下系一小鈴。同銘者有以下各器：

　　（1）西清27.18〔集成04224〕

　　（2）西清27.20〔集成04223〕

　　（3）故宮18.6, 三代9.5b〔集成04220〕

　　（4）三代9.5a〔集成04219〕　舊在熱河行宮

　　（5）懷米2.25, 三代9.6b〔集成04222〕　曹載奎、張廷濟舊藏, 今在日本〔書道博物館〕

　（1）—（4）都是段器而無蓋；（5）是段蓋, 據其銘文款式, 似與（1）爲一對。（4）方座下亦有小鈴。西甲5.15追尊（壺形）乃是僞器。

此器與克盨A252最有相似之處：（1）兩器“對⋯⋯揚”置“揚”字於句末不同於一般的“對揚”聯文；（2）兩器並有“畯臣天子”之語；（3）段上的主要花文亦見於盨蓋頂上；（4）段圈足上花文與盨相似；盨口沿下花文與小克鼎相似。由此可以推定此段與克組同屬夷王時。

R.404b

A248.2

A249

A249

1. 盧目（1941）77

3. 高 33.5，口徑 22.5，座寬 23.5

5. 西周晚期或春秋初期

7. 盧 4.100，101〔布侖代奇〕

8. 此器一對，曾經修整。1940 年前後，山東 臨淄縣近郊出土一組銅段，一對著録於鐃齋 12、13，通高 34，方座高 12，寬 24 厘米。1948 年，曾爲清華大學購置一器，兩耳和座都已殘失。

恒軒 23 一帶方座有蓋之段，具克鼎的花文，較此略早。此器稍晚於恒軒 23，似仍在西周之内。

A250.1

A250　五年琱生段

1. 盧目（1924），商周311
2. 攈古3.2.25b—26　　R.419〔集成04292〕
3. 高20.8，口徑19.5，寬31.7
4. 銘十一行一百又四字：

　　隹五年正月己丑，琱生又
　　吏召，來合事。余獻婦氏以
　　壺，告曰：“以君氏令曰：‘余考
　　止公僕庸土田多債，弋白
　　氏從許，公宕其參、女則宕
　　其貳，公宕其貳、女則宕其
　　一。’”余惠于君氏大璋，報婦
　　氏帛束、璜。召白虎曰：“余既
　　訊厌我考我母令，余弗敢
　　䚍，余或至我考我母令。”琱
　　生則觀圭。

5. 西周中期
6. 陝西 馬氏，盧
7. 穆爾1016〔耶魯 薩克勒藏品〕
8. 此銘文中，婦字從宀，債字從言，許字從口，宕字從广，惠字從電不從心，璋字省玉，觀字省見。

　　傳世又有六年琱生段（三代9.21a）〔集成04293〕，所述即此銘的後事。該器形制，據云與此器相同。第二器銘之末曰“白氏則報璧，琱生對揚朕宗君其休，用乍朕剌且召公嘗段，其萬年子子孫永寶，用享于宗”。由此知琱生亦召公之後，與召白虎乃是同宗。

　　此器的“白氏”（伯氏）應指召白（伯），婦氏應是召伯之母，故琱生以君氏（王后）之命告婦氏。君氏命中之“止公”“公”，似即召白口中的“我考”；琱生所稱之婦氏、君氏命中之“女”，似即召白口中之“我母”。君氏之命，責問婦氏與公的土田的賦稅，由於白氏的放縱，公與婦氏狼狽表分。宕疑假作囊，謂囊括斂藏。

　　召白虎見於江漢之詩，序以爲尹吉甫美宣王，所以此器曾定爲宣王時。此器兩耳形制同於長安1.14方彝，不能晚至西周晚期。此器獸面文和可以定爲共、懿時代的吳方彝、師遽方彝〔集成09898，09897〕相近。作器者亦見於師毳段（商周334）〔集成04324〕，已爲宰職。今定此器於西周中期後半部。

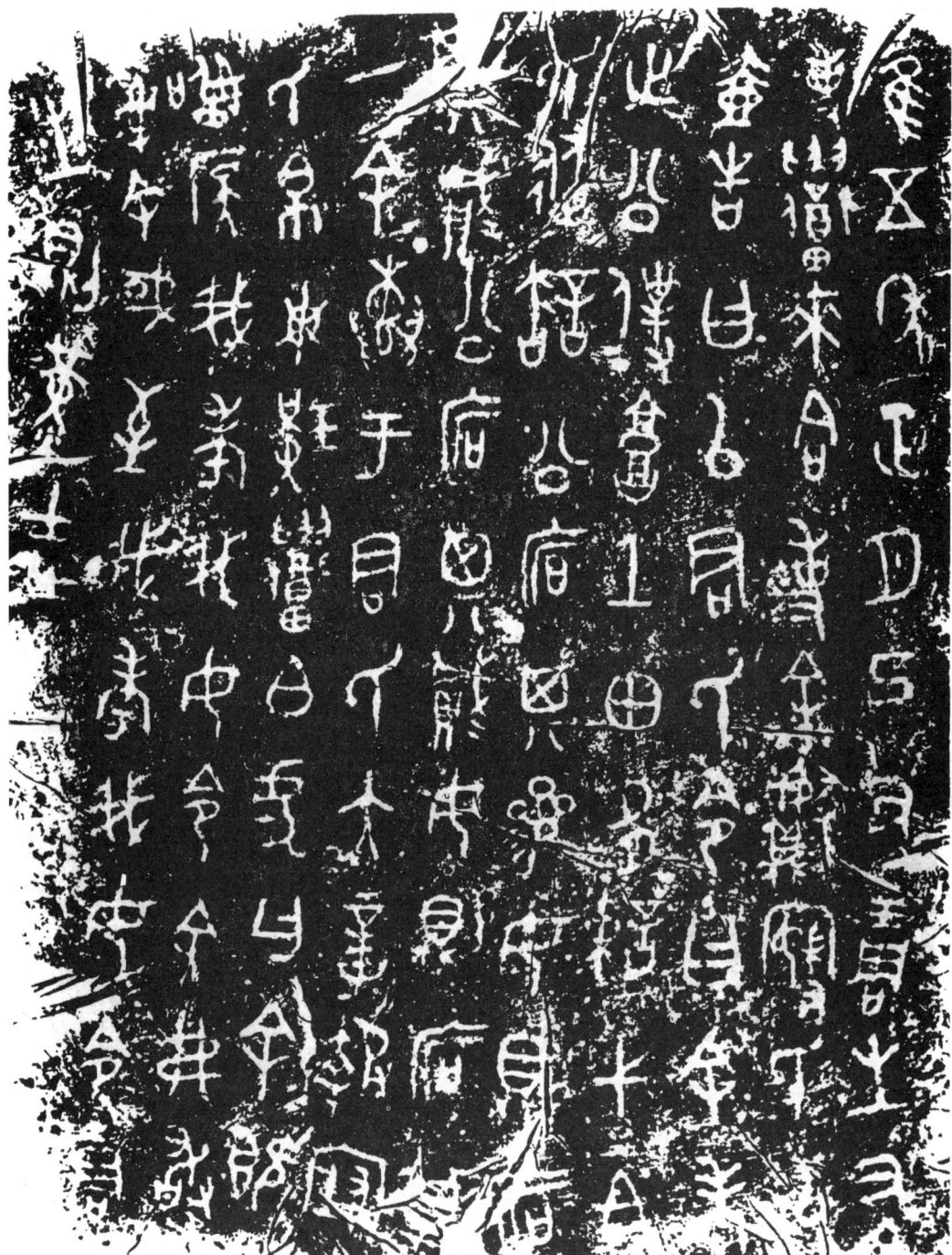

R.419

A250.2

A251

1. 菁華 120

3. 高 19.9, 口徑 22.2, 寬 39.2; 座高 4.5, 寬 20×19.7

5. 春秋初期

6. Higginson

7. 福格 44.57.5

A252.1

A252　善夫克盨

1. 菁華122, 獲古28, 海外銅器22, 柏景寒31—33
2. 三代10.44.2—45.1, 小校9.41b—42a　R.403〔集成04465〕
3. 高19.9, 寬21.3
4. 器、蓋同銘十行一百又六字:

> 隹十又八年十又二月初
> 吉庚寅, 王才周 康穆宮, 王
> 令尹氏友史趞典善夫克
> 田人。克拜稽首敢對天子
> 不顯魯休揚, 用乍旅盨, 隹
> 用獻于師尹、朋友、昏遘。克
> 其用朝夕享于皇且, 皇且考其
> 敫=彙=降克多福, 眉壽永令。
>
> 畎臣天子, 克其日易休無
> 疆, 克其萬年子子孫孫永寶用。

5. 西周中期(夷王)
6. 丁麟年, 日本某氏, 山中
7. 芝加哥28.144
8. 傳世祇此一器, 小校9.42b是此器未剔清以前的器銘, 並非有二器。陸心源、劉體智舊藏段一對, 與此同銘, 實是偽刻。其一見錄於周金3.24b, 我見到劉氏全形拓本, 形與元年師兌段同。

   克組出土地, 王國維曰"克器出於寶雞縣南之渭水南岸"(觀堂18.3), 羅振玉曰"此鼎(小克鼎)出土之地, 吾友王靜安據華陽 王君文燾言謂出寶雞縣南之渭水南岸。……予近以詢廠估趙信臣, 言此器實出岐山縣 法門寺之任村 任姓家。……趙君嘗爲潘文勤公親至任村購諸器, 言當時出土凡百二十餘器, 克鐘、克鼎及中義父鼎並在一窖中, 於時光緒十六年(公元1890年)也"(集古遺文3.34—35)。光緒十六年實爲潘祖蔭的卒年。克組銅器如下:

   (1) 大克鼎　商周66, 三代4.40—41〔集成02836〕　潘祖蔭舊藏, 今在上海博物館
   (2) 善夫克盨　A252
   (3) 小克鼎一　陶齋1.36, 三代4.31a〔集成02801〕　端方、潘祖蔭舊藏
   (4) 　　　二　陶齋1.34, 商周67, 三代4.30b〔集成02802〕　端、潘舊藏
   (5) 　　　三　陶續1.25, 三代4.28b〔集成02797〕　端、潘舊藏, 今在日本
   (6) 　　　四　陶齋1.38, 三代4.28a〔集成02798〕　端、潘、馮恕舊藏

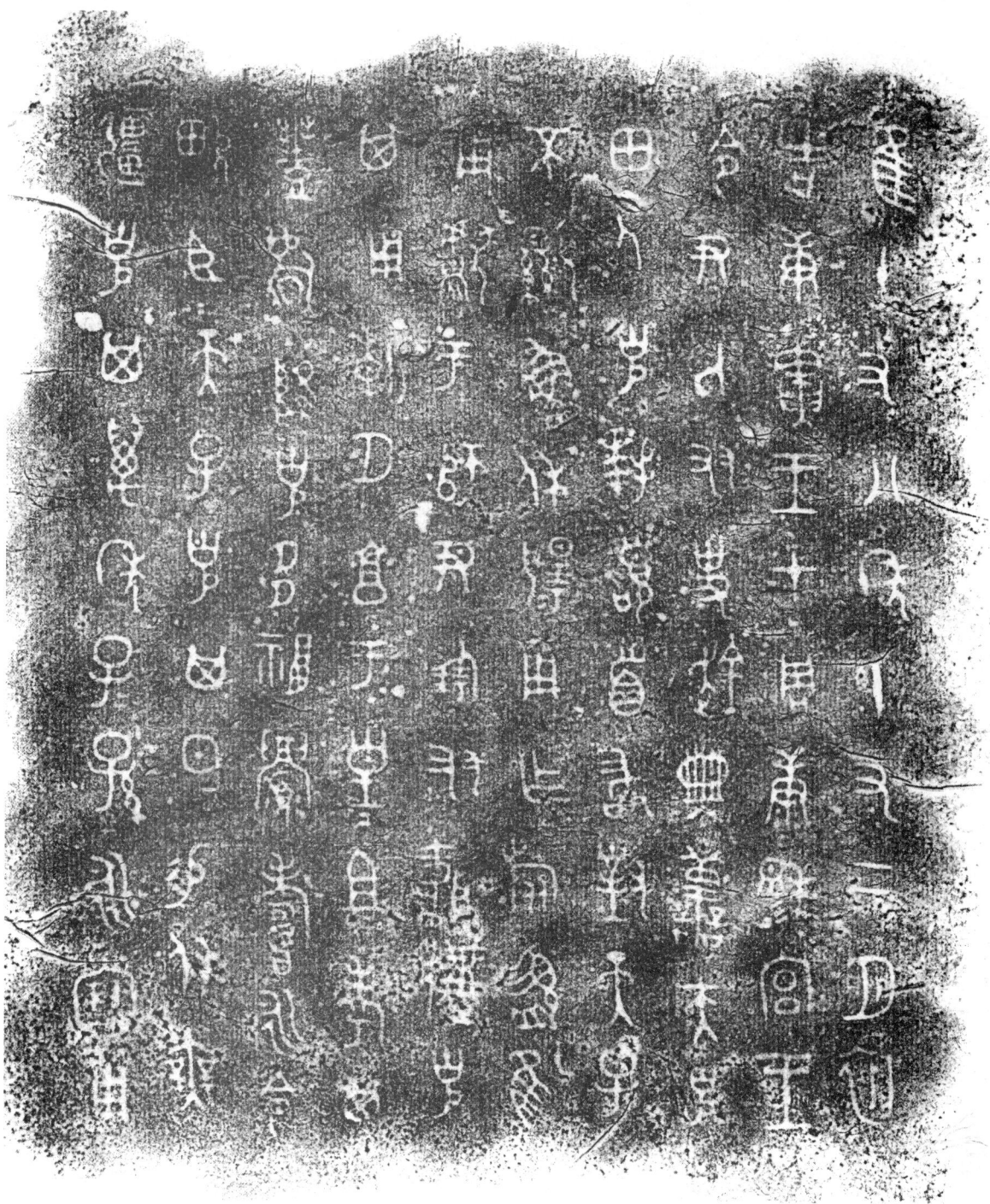

R.403a

（7）　　　五　　梠林7，三代4.29b〔集成02800〕　　丁麐年、徐世昌舊藏

（8）　　　六　　三代4.29a〔集成02796〕　　吳大澂舊藏

（9）　　　七　　三代4.30a〔集成02799〕　　日本某氏

（10）克鐘一　　陶續1.8，三代1.20b—21a〔集成00206〕　　端舊藏

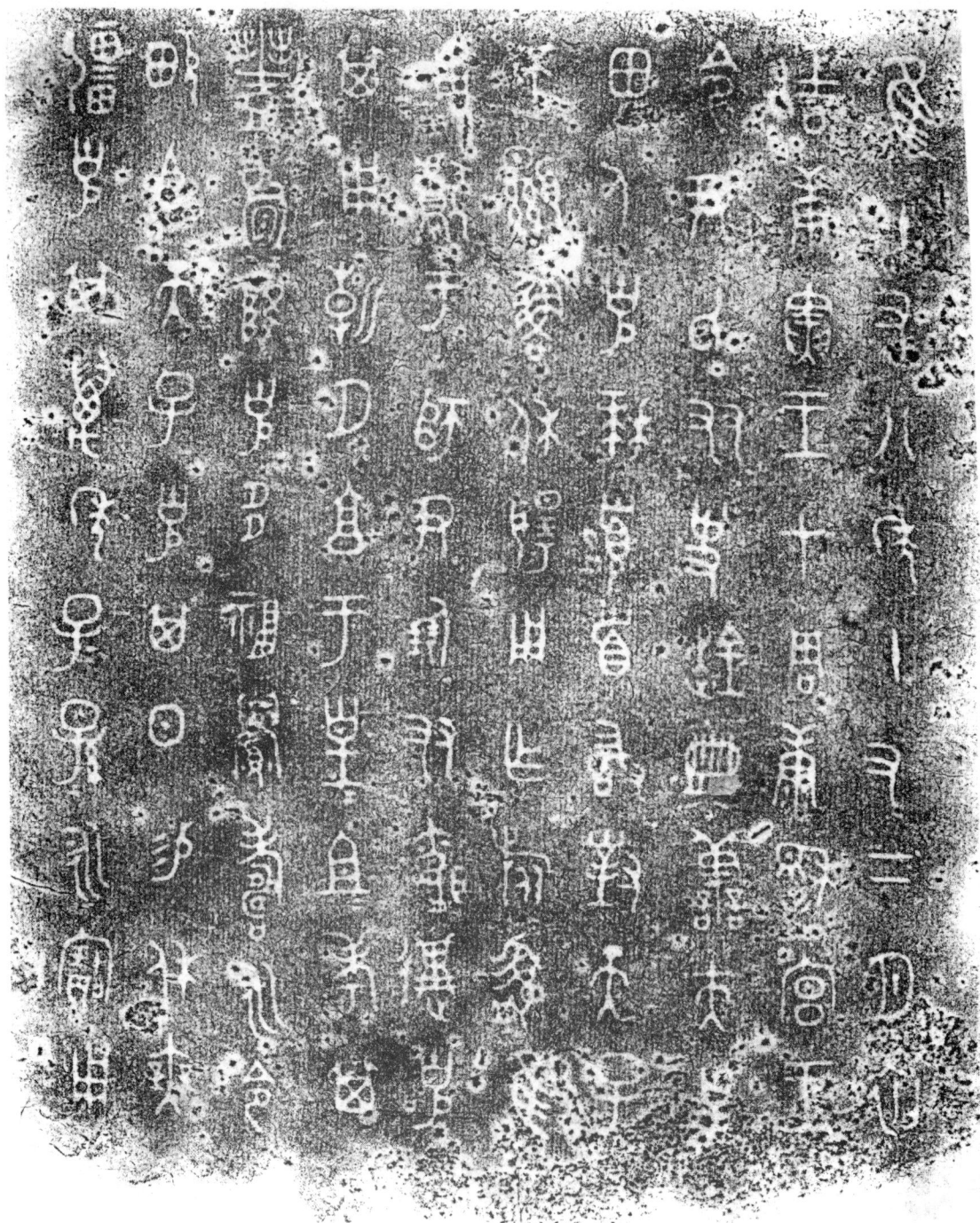

R.403b

R.403bp

（15）　　　六〔此爲克鎛〕　　三代1.24a〔集成00209〕　　張燕謀舊藏

以上（1）—（9）都是善夫克所作，（2）作於王之十八年而（3）—（9）作於二十三年。

（1）記王錫克以田七處並其"臣妾""人"等，故（2）記"典善夫克田、人"謂典記其田及人。格白殷"用典格白田"，次卣曰"公姞令次司田人"。如此克組諸器的先後次序應是（1）（2）（3）的順序。

A252與A248追殷的關係，已詳於前。A252第七行"皇且考"祇有"皇且"二字下有重文，故應續作"享于皇且，皇且考其……"。此十八年是夷王的十八年，詳西周銅器斷代。

A252.2

A252.3

A252.4

A253

R.405ap R.405bp

A253　白大師盨

1. 陶齋2.49, 山中目（1943）196

2. 三代10.30.1—2　R.405〔集成04394〕

3. 通高20, 口寬39, 器高13.5

4. 器、蓋同銘三行十二字：

　　白大師乍

　　旅盨, 其萬

　　年永寶用。

5. 西周晚期

6. 端方, 山中, Thomas D. Stimson

7. 西雅圖Ch6.42

8. 此器與以下二器同銘：

　　（1）盨（失蓋）　三代10.30.3〔集成04395〕（葉志詵舊藏）

　　（2）毁　周金3.90.4—5

A254

A254

1. 未著録

3. 高 20，寬 30

5. 西周中、晚期

7. 羅勃兹

A255.1

A255　白鮮盨

1. 盧目(1939)圖版十, 27; 皮斯百43
2. R.407, 408〔集成04361, 04362〕
3. 第一器: 通高17.5, 口26×18.9, 寬31.9; 器高11.4

    第二器: 通高18, 口23.3×19, 寬31.5; 器高11.5
4. 器、蓋同銘二行九字:

    白鮮乍旅盨,

    其永寶用。
5. 西周中、晚期
6. 盧
7. 皮斯百39.107.1—2
8. 皮氏所藏係一對, 白鶴吉金選集29所藏另一對高18.2厘米, 與此同。癸酉四月
    (1933年)岐山 清化鎮出土許多銅器, 一群是函皇父組, 一群是白鮮組。白鮮組諸
    器如下:

    (1)—(4)　盨　皮斯百、嘉納〔集成04361—04364〕

    (5)鼎　"隹正月初吉庚午, 白鮮乍旅鼎, 用享孝于文且, 子子孫孫永寶用"(柯
    氏拓本)〔陝圖67, 集成02666〕

    (6)鼎　又一器, 至德 周氏拓本

    (8)甗　"〔隹正月〕初吉庚午, 〔白〕鮮乍旅獻, 〔子=孫=〕永寶用"(至德 周氏
    拓本)〔陝圖68, 集成00940〕

    (9)匜　"白鮮乍寶旅匜"(柯氏拓本)

    (10)鐘　"□□□□□□寅王才(宗)〔成〕周司馬宮, 王易鮮吉金, 鮮拜手稽手
    敢對揚天子休, 用乍朕皇考薔鐘, 用永鼓〔之〕, 用樂好賓, 〔降余多〕福, 子
    孫永寶"〔陝圖126, 集成00143〕

    以上(5)—(9)據金文分域篇12.10b, (10)在陝西省博物館, 未有拓本, 據所見原
    器寫録。鮮與本集A704白魚父壺之白魚父應是一人, 壺與盨花文相同, 魚與鮮義相
    應, 乃一名一字。

R.407a

R.407b

R.408a

R.408b

A255.2

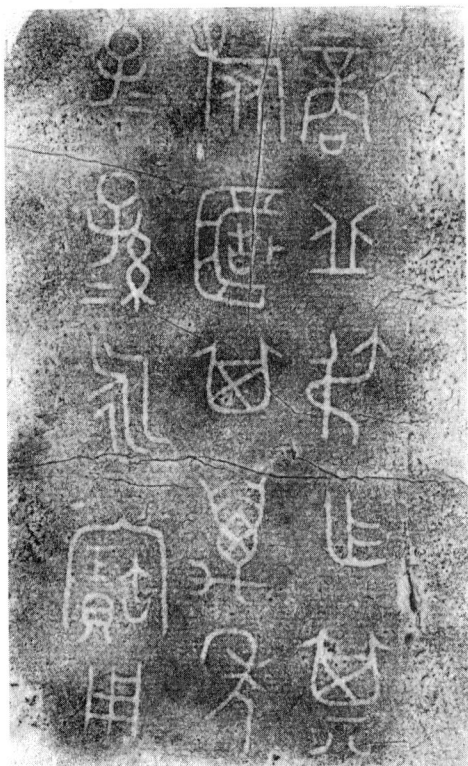

R.421a

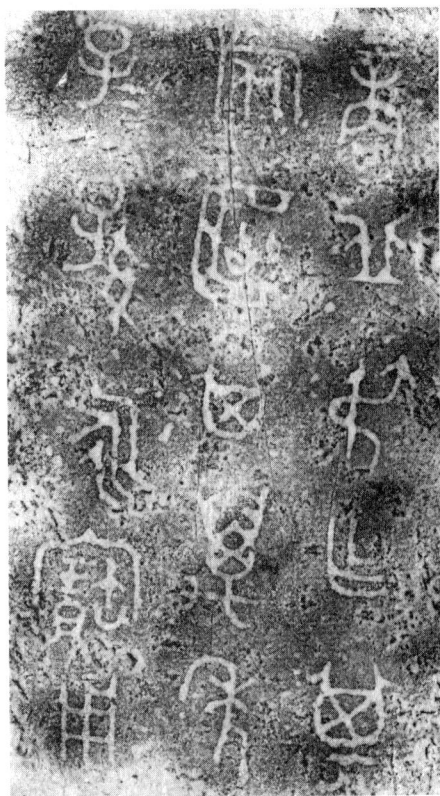

R.421b

A256　商丘弔簠

1. 陶齋 2.46—47

2. 三代 10.12.4—5　R.421〔集成 04559〕

3. 高 17.2, 口 27.3×22.3, 底 16.6×13.2

4. 器、蓋同銘三行十七字：

　　商丘弔乍其
　　旅簠, 其萬年
　　子子孫孫永寶用。

5. 春秋初期

6. 端方, 山中

7. 納爾遜 32.68.12—13

8. 此共兩器, 另一器見三代 10.12.2—3〔集成 04557—04558〕, 乃潘祖蔭舊藏。
　此器與十二雪 8—9 鑄子弔黑簠〔集成 04570〕極相似。商丘原爲地名, 此爲氏名, 應
　是宋遺。

A257

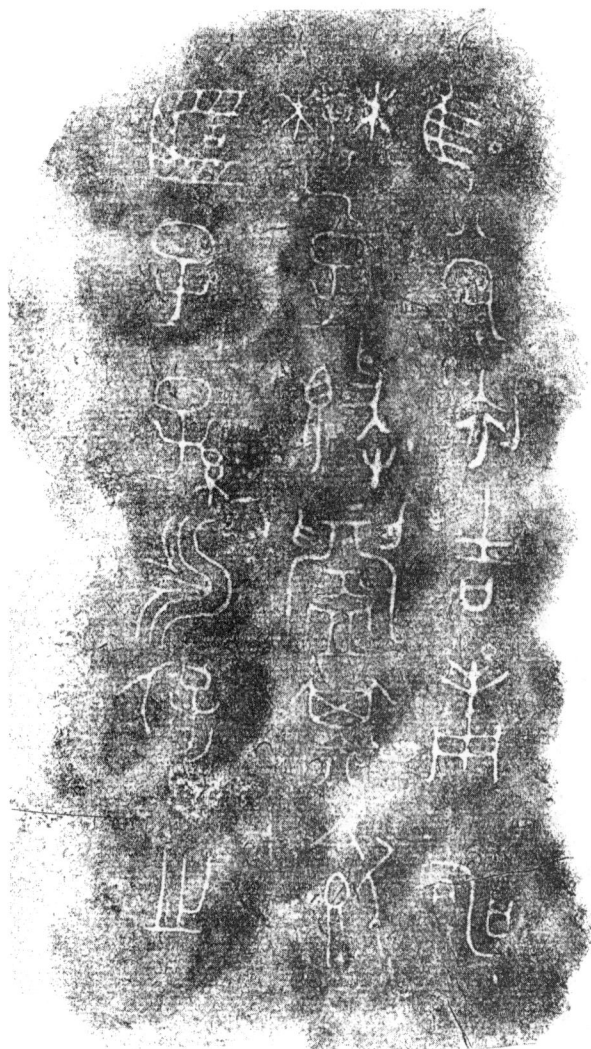

R.425

A257　楚子暖簋

1. 陶齋2.45, 獲古30
2. 三代10.15.3　R.425〔集成04576〕
3. 高3.6, 底24.3×16.9, 足28.6×21
4. 銘三行十九字:

佳八月初吉庚申,
楚子暖鑄其飤
臣, 子孫永保之。

5. 春秋晚期
6. 端方, 山中
7. 納爾遜32.68.11

8. 此器僅存全器之半, 且殘失其邊。同
銘之簋有:

（1）貞松圖1.39, 三代10.15.4〔集成
04577〕　殘器
（2）陶齋2.44, 獲古29, 三代
10.15.2〔集成04575〕　紐
約 山中商會

此器花文形制屬於新鄭的晚期,“庚
申”二字亦接近戰國字體。作器者是楚
國王子, 恐非熊元, 因時代不合。

A258.1

A258.2

A258

1. 菁華 178，戰國式 50，海外銅器
　　23，柏景寒 48—50

3. 高 18.6，寬 21.6，長 33.3

5. 春秋晚期

6. Parish-Watson

7. 芝加哥 24.242

8. 此器與以下諸器同其形制花文：

　　（1）—（3）　　新鄭 82，84，85

　　　　鄭國

（4）善齋 52　　許國

（5）十二 遵 8—10〔集成 04502〕

　　有銘，慶孫或齊國之慶氏

（6）武英 38　　曾國

以上鄭、許、曾、齊都是南土諸國，故
其器相似。芝加哥此器得於 1924 年，
在新鄭銅器出土的次年，恐係新鄭出
土而被盜賣出國的。

〔于省吾以爲此器可疑。〕

A258.3

A258.4

A259.1

A259.2

A259

1. 未著録

3. 高 22, 寬 23.8, 長 34.3

5. 春秋晚期

7. 羅比爾〔布侖代奇〕

8. 此器與A258幾乎相同, 惟稍大一些, 亦是新鄭式的, 可能新鄭或鄰近地點出土的。

A260

1. 菁華 177，戰國式 10

3. 高 26.6，寬 23.5

5. 春秋晚期

6. 山中

7. 紐約 25.20.2

8. 此豆是 1923 年山西 渾源縣 李峪村出土，原爲一對，其一見戰國式 9（2），與此相同而殘破。李峪器應屬於春秋之末，詳禹邘王壺考釋（燕京學報 21：207—229）和壽縣蔡侯墓銅器（考古學報 12：95—123）。舊日學者定此群銅器爲戰國，是錯誤的。

A261

1. 未著録

3. 高28，高至口沿21.5，口徑20

5. 春秋晚期

6. Fitz Hugh

7. 大學29.25.4

8. 此器與西清拾遺11一器相似。

A262

1. 盧目（1941）49

3. 高 25.4，口徑 18，寬 23

5. 春秋晚期

7. 盧 18

A263

1. 盧目（1941）59

3. 高 19.5，口徑 17.4，寬 21.5

5. 春秋晚期

7. 盧 87056〔布侖代奇〕

8. 此器之柎及蓋上之 "冠" 都是鏤空的，與 A269 相同。A263—268 都與李峪出土豆 （戰國式 4.2）相似。

A264

1. 未著録

3. 高 21.2，口徑 18.4×18.3，寬 22.7

5. 春秋晚期

6. 盧

7. 皮斯百 39.732.1

8. 與下器爲一對。

A265

1. 皮斯百 57

3. 高 21.2，口徑 18.7×18.4，寬 23

5. 春秋晚期

6. 盧

7. 皮斯百 39.732.2

A266

1. 未著録

3. 高 15, 口徑 16.1, 寬 17.1, 底徑 9.1

5. 春秋晚期

6. T. B. Blackstone

7. 飛爾德 177456

A267

1. 未著録

3. 高 16.5, 口徑 14.7, 寬 19

5. 春秋晚期

7. 盧 43.763A

8. 此爲一對, 另一器與此完全相同。

A268

A268

1. 未著録

3. 高 18.1

5. 春秋晚期

7. 克里夫蘭 16.15

8. 此器花文與商周 112 鼎相似。

A269

A269

1. 戰國式 36（2）

3. 高 18，口徑 17

5. 春秋晚期或戰國初期

6. 來遠

7. 紐約 16.89

A270

1. 盧目（1939）圖版十八, 32; 弗利亞 32 下

3. 高 15.1, 寬 18.9

5. 戰國晚期

6. 盧 81579

7. 弗利亞 39.41

8. 花文錯金, 或係洛陽 金村所出。

A271.1

A271.2

A271

1. 未著録

3. 高 19.6，寬 22.9

5. 戰國初期

7. 華爾特 64.2182

8. 此與下器是一對豆，圖文是用純銅鑲的。在此小器物上充滿了圖畫，可以分爲四部：
   （1）蓋“冠”上是馴獸圖，（2）蓋上是歌舞圖，（3）器腹上是狩獵圖，（4）校足上似
   是田園操作圖。此四部分似表示了獵、牧、農、樂四件事。參A774，800。

   此器圖文的製作，接近輝縣出土的鑑（媵稿13—14）和另一鑑（A843），應該定爲戰
   國初期。詳A722。

A271.3

A271.4

A271.5

A271.6

A272

1. 未著録

3. 高 19.6, 寬 22.9

5. 戰國初期

7. 華爾特 64.2181

8. 此器一耳殘缺一半, 餘同前器。

A273

1. 未著録

3. 高 18.5，寬 22.1

5. 戰國初期

6. Arnold Genthe

7. 賀費

A274

1. 未著録

3. 高 19.2, 寬 22.8

5. 戰國初期

7. 費城 26.30.25

8. 此器與輝縣出土之一器（賸稿 13）相似。

A275

1. 未著録

3. 高 35.5, 寬 27

5. 春秋晚期

7. 盧 41.12〔布侖代奇〕

A276

A276

1. 未著録

3. 高 17.7, 口徑 17.7, 寬 21.8

5. 戰國初期

6. Swan Va

7. 盧

A277

1. *Leventritt*：13

3. 高 22.9，寬 19.9

5. 春秋晚期

6. Leventritt

7. 司丹佛

A278

A278

1. 未著録

3. 高 7.7, 口徑 7.9, 底徑 5.1

5. 戰國晚期或漢

7. 盧

A279

A279

1. 未著録

3. 高 13.2，口徑 20

5. 戰國或春秋晚期

7. 聖路易 29.189.16

8. 此器失蓋。與泉屋 116，117 相似。

A280

1. 未著録

3. 高 28.3—9, 口徑 20.6, 寬 25.3

5. 戰國

6. J. Watson Webb

7. 耶魯 40.126

8. 此器一對, 録其一。

A281.1

A281

1. 菁華215，戰國式46（1）

3. 高27.1，高至頂23.7，寬28.4，口外徑20.1，口內徑18.9

5. 戰國中期

6. 端方，山中，Winthrop

7. 福格43.52.115

8. 端方在所置木匣上題記（1909年記）説此器出於寶雞縣。花文内原有的鑲嵌物都已剝落。懷履光所記相傳金村出土的三器，其中一器高至頂22.8厘米，與此器形制花文極爲相似。此器在子口上亦有花文，罕見。參A747。

A281.2

A282

A282

1. 未著録

3. 高 20.2, 寬 20.2

5. 戰國

7. 麥克阿爾平

8. 此器花文與洛陽220豆、洛陽222a錡、戰國式42錡相似, 均相傳金村出土的。

A283

1. 未著録

3. 高 16.9, 寬 15.5

5. 戰國

7. 乃布

8. 與前器相似。

A284

R.422b

A284　齊侯敦

1. 菁華 203

2. 奇觚 3.29,〔三代 8.35.1〕　　R.422〔集成 04645〕

3. 高 18.3, 寬 24

4. 器銘六行三十四字:

　　齊侯乍朕□

　　□孟姜善錞,

　　用旂眉壽, 萬

　　年無疆; 它它熙熙,

男女無碁，子子
孫孫，永寶用之。

5. 春秋晚期

6. 盛昱，J. C. Ferguson

7. 紐約 13.100.2

8. 所謂"齊侯四器"，相傳光緒十九年
（1893 年）出土于易縣。劉心源曰"癸
巳（1893）年冬見此敦及盤、盂、鼎在
廠肆，從賈人得拓本各一紙。居頃之，
四器爲盛昱購去，鼎銘乃仿刻者，删
之"（奇觚 3.29）。此四器後由美人福
開森售於紐約市博物館，並請人作齊
侯四器考釋一小册。鼎有花文，不與其
它三器同，其形制屬於春秋初期，蓋則後
配，銘乃僞刻，劉氏的鑒定是正確的。
銘文"朕"假作"賸"，其後二字乃齊女
孟姜所適之國。"它它熙熙男女無期"
亦見以下各器：

    （1）慶弔匜（薛氏 12.10）〔集成 10280〕
        "沱沱熙熙，男女無碁"

    （2）異公壺（薛氏 12.9）〔集成 09704〕
        "它它熙熙，□福無碁"

    （3）夆弔匜（善齋 99）〔集成 10282〕
        "它它熙熙，壽考無碁"

以上均是齊器，慶弔之器據古器物銘云
"此銘得於淄之淄川"，近年異白之器
出於黄縣。"無期"乃是齊語，西周晚
期師袁盤記齊師異鋟征淮夷"折首執
訊，無諆徒御"，亦用齊語。熙熙，金文
省火，荀子 儒效篇注云"和樂之貌"。
爾雅 釋訓云"佁佁，美也"。凡此疑皆
是齊語。
傳世敦之有銘者多齊、田器。此齊侯嫁
女之器而稱"善敦"乃盛食之器，洛陽

230 敦中尚有穀物的殘迹。士喪禮 鄭
玄注云"廢敦，敦無足者，所以盛米
也"，明堂位與内則注並謂敦是"黍
稷器"，周禮 玉府注云"古者以盤盛
血，以敦盛食"。其形全體（即蓋與器
相合）作圜狀或扁圜狀。少牢饋食禮
疏引孝經鉤命決曰"敦，規首，上下圜
相連"，爾雅 釋丘疏引孝經緯曰"敦
與簠簋容受雖同，上下内外皆圜爲
異"。敦之蓋如覆盂之形，所以爾雅 釋
丘曰"如覆敦者敦丘"，郭注云"敦，
盂也"；爾雅 釋丘又曰"丘一成爲敦
丘"，孫炎注云"形如覆敦，敦器似
盂"。廣雅 釋器曰"鏊，盂也"，公克敦
自名曰鏊，即鏊字之省。

敦疑是登或豆之變形，春秋有蓋豆去
校，與敦無異。

盛食之敦與水器的盤、匜自成一組，尚
有同時期的一組可相比較，該組是：

    （1）夆弔盤　貞松圖 2.35

    （2）夆弔匜　善齋 99乙

    （3）無銘之小器　善齋 99甲

此三器，據云"此匜下有小器盛之而無
字，小器下乃有盤，此前人所未知也"
（集古遺文 10.42）。此三器形制與齊
侯三器完全相同而有透過的鑲嵌純銅
的花文，可知所謂"小器"實是失蓋的
"敦"。其形近盂，急就篇 顏師古注云
"杆，盛飯之器也"。由此組合，亦可證
齊侯鼎之爲僞刻。

姜齊亡於公元前 379 年，此組銅器當
在此前，今定爲春秋晚期，亦可能已入
戰國。同組之盤、匜，與此同銘，詳 A
825，830。

A285

A285

1. 未著録

3. 高18, 口徑17.2, 寬24

5. 春秋晚期

7. 盧37408

A286

A286

1. 皮斯百69

3. 高17.3，口徑18.2，寬22.2

5. 戰國

7. 皮斯百39.433

8. 參看A107。

A287

1. 菁華27, 戰國式47

3. 高15.5, 口徑17

5. 戰國初期

6. J. C. Ferguson

7. 紐約13.100.7

8. 鑲嵌物已剝落。此等花文見於以下各壺：金村15, 翁塔利NB4320, A726, 戰國式
   83—84等。戰國式86之匜, 亦近此。近年唐山 賈各莊和壽縣 蔡侯墓出土春秋末戰
   國初銅器, 都有這種鑲嵌純銅的花文。

A288

1. 未著録

3. 高 18，寬 17.6

5. 戰國

6. Henry K. Schoch

7. 布侖代奇

A289

1. 金村 29, 盧目（1941）63

3. 高 13.2

5. 戰國晚期

7. 盧 18529

8. 此器錯金銀，傳洛陽 金村出土，詳A111。此器形制與菁華211一器相似。

A290

1. 未著錄

3. 長21，寬8.5

5. 殷

7. 羅比爾

8. 此器罕見，巴黎 盧孚博物館有一器與此完全相同。此器無花文的一面有兩小圈，一
　 在柄管中，一在匕身中。柄管空可以容木質之柄。

A291，292

1. 陶齋3.50, 柲禁26上

3. 長31

5. 西周晚期

6. 端方

7. 紐約24.72.17, 20

8. 此與柲禁無關, 詳A418。

A293

1. 未著録

3. 長 31.7

5. 西周晚期

6. 山中

7. 克里夫蘭 24.1031

8. 此器與陶齋 3.50（枳禁 26 上，今在紐約 24.72.17, 20）相似。陶齋二匕與枳禁一群無
關，詳 A418。此器傳河南出土。

A294—A297

1. 陶齋 3.51, 柉禁 26 下

3. 長 31

5. 西周晚期

6. 端方

7. 紐約 24.70.15, 16, 18, 19

8. 此四器與柉禁一群無關, 詳 A418。

陳夢家著作集

美國所藏中國銅器集錄

（訂補本）

中　册

中　華　書　局

考古學專刊
乙種第四十五號

中國銅器綜錄之一

美國所藏中國銅器集錄

（訂補本）

中　册

陳夢家　編著

中國社會科學院考古研究所編輯

温酒器

A298.1

A298.2

A298

1. 邺三 1.37a，卢目（1944）41

2. R.174〔集成 09121〕

3. 高 27.8，口径 15.1，宽 17.7

4. 铭一字，不识。可疑。

5. 殷

6. 尊古斋，卢 87041

7. 布侖代奇

R.174

R.178

A299　北斝

1. 未著録

2. R.178〔集成09120〕

3. 高27.3，口徑15.9

4. 銘一字：北

5. 殷

7. 盧87444〔辛辛那提〕

8. "北"字與金文之"北"略異，金文編所未録。此與下A300，301兩器，都是原無蓋者。

A300

1. 盧目（1939）圖版一, 6；皮斯百10

3. 高37.2，口徑16.4×15.9，寬18.7

5. 殷

6. 盧86281

7. 皮斯百39.731

A301

1. 未著録

3. 高33，口徑17

5. 殷

6. Kleijkamp

7. 魏格

8. 此器折斷一足。

A302.1

A302.2

R.187

A302　亯斝

1. 中國圖符 75, 柏景寒 5—7
2. 録遺 284　R.187〔集成 09146〕
3. 高 27.2, 口徑 17
4. 銘一字：亯
5. 殷
6. 通運
7. 芝加哥 46.4
8. 銘爲族名, 亦見以下諸器：
　　（1）爵　鄴二 1.30
　　（2）觚　三代 14.16.6〔集成 06739〕
　　（3）戈　三代 19.6.2〔集成 10744〕
　　（4）戈　布拉馬
此器形制與白鶴 18 一器相似, 惟後者無蓋。

A302.4

A302.3

A303　亞殼斝

1. 未著録

2. R.145〔集成09161〕

3. 高24.9，口徑15.4

4. 銘二字：亞（形中）殼

5. 殷

6. Winthrop

7. 福格43.52.118

8. 銘乃族名，亦見以下二器：

　　（1）殼　鄴二1.13

　　（2）觚　鄴三1.40〔集成06781〕

均傳安陽出土。菁華70一器，與此相似。

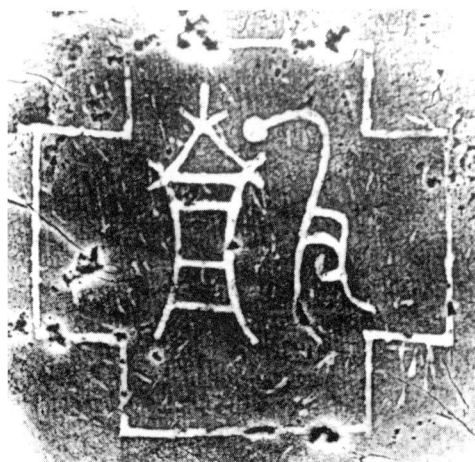

R.145

R.233

A304　戊斝

1. 菁華 66，弗利亞 4

2. 三代 2.3.8　　R.233〔集成 09152〕

3. 高 52.8，口徑 24.5，寬 30.5

4. 銘一字：戊

5. 殷

6. 盧

7. 弗利亞 23.1

8. 此類之斝通常皆無蓋。

A305　元斝

1. 長安 1.30
2. 三代 13.47.2　R.175〔集成 09108〕
3. 高 32
4. 銘一字：元
5. 殷
6. 劉喜海
7. 火奴魯魯 3810

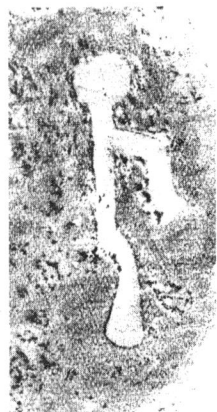

R.175

A306

R.226

A306　　嬰斝

1. 菁華 67

2. R.226〔集成 09123〕

3. 高 42.2，口徑 24.8

4. 銘一字：嬰

5. 殷

6. Higginson, Bigelow

7. 波斯頓 34.65

8. 銘乃族名，亦見以下諸器：

　　　（1）觶　　頌續 78〔集成 06043〕

　　　（2）鼎　　鐃齋 2〔集成 01094〕

　　　（3）鼎　　善齋吉金 1.9〔集成 01095〕

　　　（4）戈　　頌續 126〔集成 10674〕

　　　（5）戈　　頌續 127〔集成 10675〕

　　　（6）瓿　　三代 14.26.2〔集成 07133〕　“父己”

　　　（7）鼎　　三代 2.30.2〔集成 01689〕　“父己”

　　　（8）鼎　　三代 2.30.3〔集成 01690〕　“父癸”

　　（1）—（5）與此器同，（1）（4）均傳安陽出土。

A307　車毌爵

1. 未著録
2. R.456〔集成09197〕
3. 高50.8，口徑24.1，寬26
4. 銘二字：車毌
5. 殷
7. 盧〔納爾遜〕

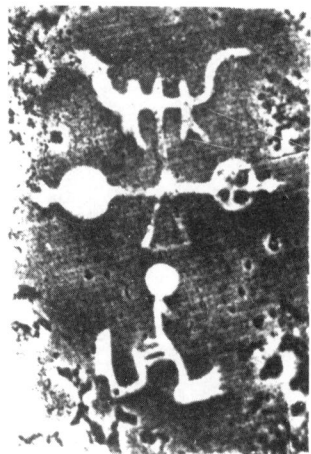

R.456

A308

1. 菁華 68，柏景寒 8

3. 高 51.5，口徑 23.5

5. 殷

6. Parish-Watson

7. 芝加哥 26.1599

8. 此器與傳安陽出土之一器（鄴三 1.35）相似。B. Laufer 在 *Archaic Chinese Bronzes* 圖版二著録此器云係江西省 龍虎山一古墓中出土。此説不可信。

A309

R.457

R.488p

A309　匿斝

1. 未著録

2. 録遺282　R.457（拓本），R.488（照相放大）〔集成09114〕

3. 失録

4. 銘一字：匿

5. 殷

7. 甘浦斯〔薩克勒〕

8. 本集A401尊及録遺398爵，與此同銘。

R.22

R.23d

A310

1. *Masterpieces*圖版二, 16

2. R.22〔集成09148〕

3. 高37.3, 口徑21, 寬24

4. 銘一字: ⊕

5. 殷

6. Kleijkamp

7. 魏格

8. 銘乃族名, 見於以下諸器:

（1）鼎　紐約43.27.2, 失圖, 拓本見
　　　R.23〔集成01152, A846（增）〕

（2）盤　鐃齋54, 傳安陽出土, 摹本見
　　　R.23d〔録遺479, 集成10010〕

（3）觚　録遺296〔集成06753〕

（4）爵　録遺379〔集成07717〕

（5）鼎　録遺29〔集成01151〕

此字象車輪形, 金文編所未録。

A311

1. 未著録

3. 高 30.5，口徑 18.3

5. 殷

6. Kleijkamp

7. <u>魏格</u>

A312

1. 未著録

3. 高36.9，口徑21.3

5. 殷

6. Michael

7. 奥爾勃來特 42.16.390

A313

1. 未著録

3. 高 30，口徑 17.8

5. 殷

7. 波斯頓 14.85

8. 上部破裂，曾經修復。一足破。

此等平底的斝，粗糙的銅質與深刻的花文，近來在<u>輝縣</u>、<u>鄭州</u>皆有出土。<u>安陽</u>亦有出土。<u>巖窟</u>24一器與此相似，亦傳<u>安陽</u>出土。

A314.1

A314

1. 鄴二 19—20；中國圖符 45, 73

3. 高 35.5, 寬 21.5×17

5. 殷

6. 尊古齋

7. 納爾遜 34.66

8. 兩柱兩足折斷, 修復。此類之斝通常皆有蓋。

A314.2

A314.3

A315.1

A315.2

A315　卿斝

1. 中國圖符 47, 72；遺寶 47；弗利亞 1—2

2. R.31〔集成 09195〕

3. 高 40.6，寬 25.1

4. 銘一字：卿

5. 殷

6. 盧

7. 弗利亞 35.12

8. 鄉組參 A12。

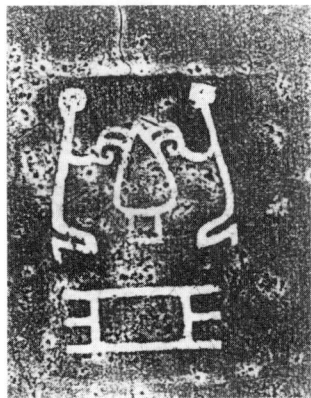

R.31

A315.3

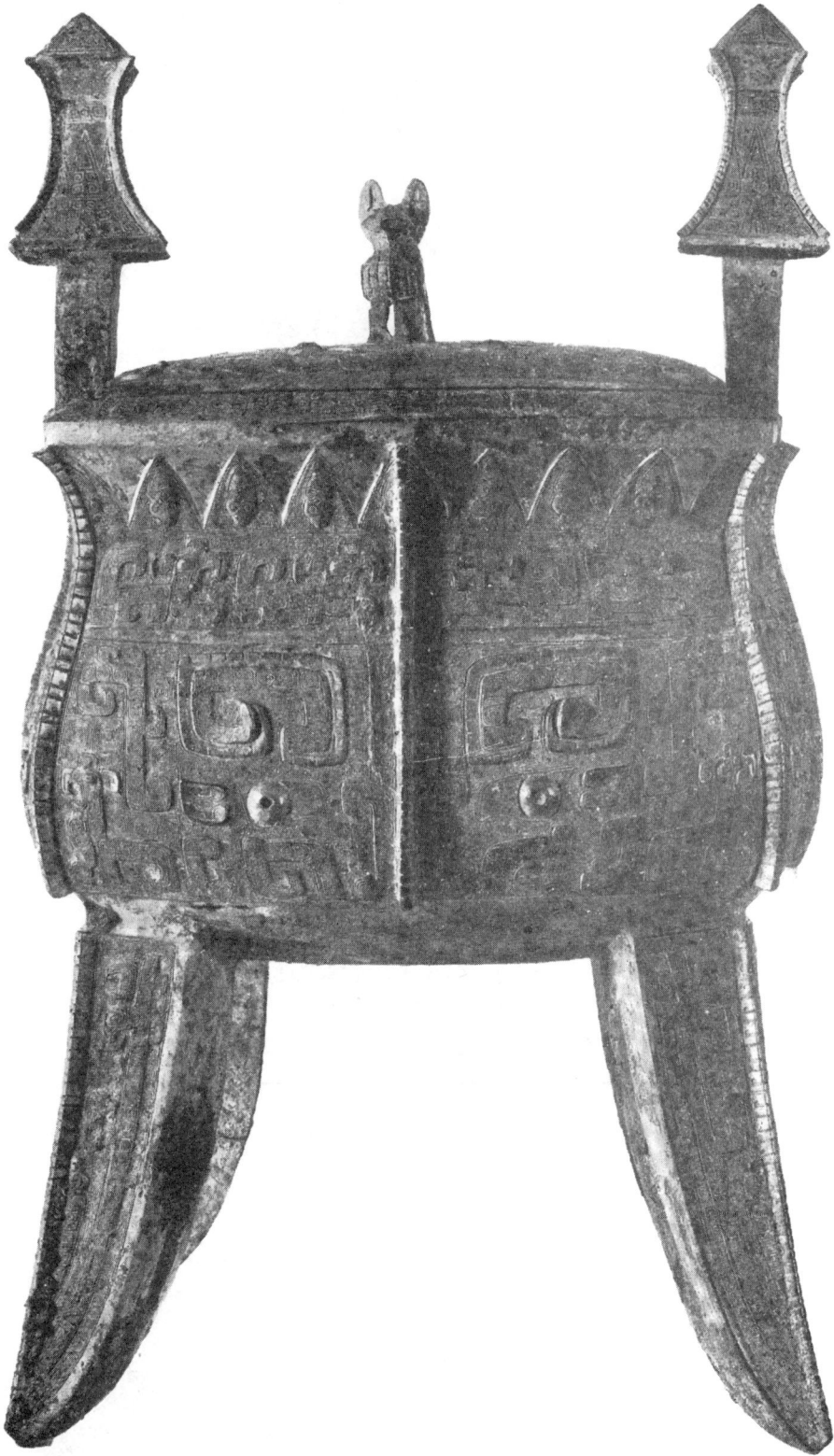

A315.4

A315.5

A316.1

R.167

A316

1. 中國圖符2, 23, 50；皮斯百11

2. R.167〔集成09106〕

3. 高22，口14.5×10.6，寬16

4. 銘一字，不識。

5. 殷

6. 盧

7. 皮斯百38.79

8. 此器失蓋，與鄴一1.21一器相似，後者傳安陽出土。銘乃族名，象人正面而立披髮之形，録遺34鼎〔集成01033〕與此同銘。三代6.1.2毁〔集成02916〕銘與此相似而手持一弓。從此之字，見録遺324, 356兩觚〔集成06930, 07254〕。

A316.2

A316.3

A317

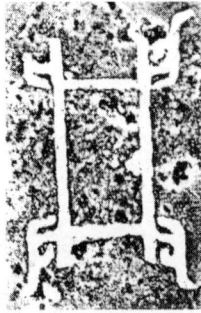

R.6

A317　興斝

1. 鄴三 1.37b；盧目（1940）圖版八，3；皮斯百 12

2. R.6〔集成 09128〕

3. 高 34.9，口 19.4×14.3，寬 23.2×21.4

4. 銘一字：興

5. 殷

6. 盧 86435

7. 皮斯百 43.1032

8. 此器失蓋。同銘之器如下：

  （1）壺　　A686〔録遺 220，集成 09465〕

  （2）壺　　A687〔録遺 219，集成 09466〕

  （3）爵　　A371〔集成 07464〕

  （4）爵　　三代 15.8.5〔集成 07462〕

  （5）觶　　續殷 2.51.2

  （6）瓢　　三代 14.15.3〔集成 05803〕

  （7）罍　　雙吉 1.22〔三代 18.19.5，集成 09949〕　　"×，辛"

  （8）爵　　三代 16.18.9〔集成 08616〕　　"父辛"

A318.1

A318

1. 未著録

2. R.458〔集成09141〕

3. 高30.5，寬17.1×13.7

4. 銘一字：矢（?）

5. 殷

7. 布恰德〔奧爾勃來特〕

8. 此器曾經修理。銘是矢中一環。

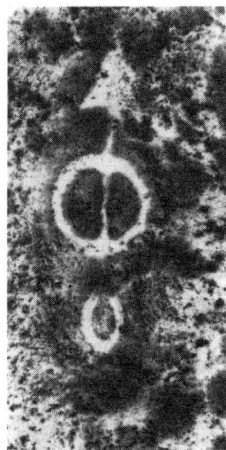

R.458

A318.2

A318.3

A319

1. 未著録
2. R.459〔集成09145〕
3. 高21.6，口徑15×11.6
4. 銘一字：⌂
5. 殷
7. 羅比爾

R.459

A320

1. 未著録

3. 失録

5. 殷

7. 羅比爾

A321

1. 未著録

3. 高34.7, 口徑19

5. 西周初期

7. 盧87246

8. 銘作"犬白乍父寶障彝", 乃是偽刻, 故不録。
　此器形制與寶蘊114及十二居27兩器相似。

A322

1. 陶齋 1.9, 菁華 8, 柉禁 20（2）

2. 三代 13.49.3　R.168〔集成 09191〕

3. 高 32.2, 寬 26.5

4. 銘二字, 不識。

5. 西周初期

6. 端方

7. 紐約 24.72.7

8. 此器與柉禁無關, 詳 A418。

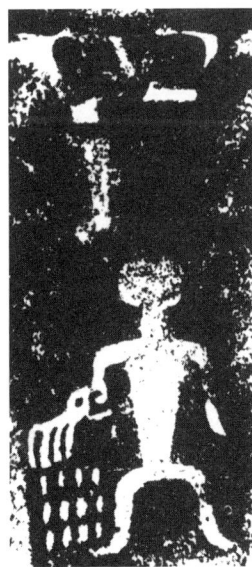

R.168

A323　父乙斝

1. 未著録

2. R.203〔集成09206〕

3. 高26.7, 口徑18.5

4. 銘三字：＊, 父乙

5. 西周初期

7. 魯本斯

8. 銘第一字是族名, 亦見以下諸器：

    （1）觚　鄴二1.23〔集成06927〕

    （2）觶　鄴三2.1〔集成06147〕

    （3）甗　善齋吉金3.29〔三代5.1.5, 集成00804〕

R.203

A324　中子辛盉

1. 未著録

2. R.98〔集成09415〕

3. 高17.8，口徑6.2，寬14.5

4. 銘七字：亞（形中）茟。乍中子
　　　　　　　　辛彝。

5. <u>殷</u>

6. <u>盧</u>

7. <u>康恩</u>〔<u>紐約</u>〕

8. 盉足通常作圓柱形，惟此作三棱形，與斝爵相同。

　 "中子"之稱，亦見A188。亞形中一字，亦見三代

　 15.14.5爵〔集成07709〕。

R.98

A325

R.260b

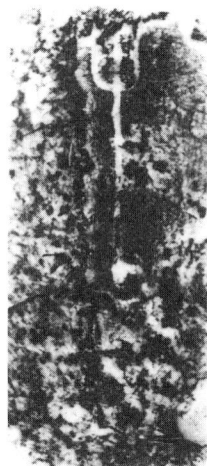

R.443

A325　史父癸盉

1. 皮斯百42
2. R.260（器），443（蓋）〔集成09361〕
3. 高29.5，寬19.5
4. 蓋、鋬下同銘三字：史，父癸
5. 西周初期
6. Heeramaneck
7. 皮斯百42.910
8. 此銘與A428尊同。

項下一帶花文與可定爲成王時之A230相似，然其腹外的鱗文則與西周晚期的無惠鼎（商周73）相似。但此鱗文亦見於西周初期之一壺（商周706），可知它早期已存在。我初見此器鱗文，頗疑是後刻花文，但再三審視，確是一時鑄作，遂斷爲真。〔于省吾以爲腹部花文僞刻。〕

A326

A326　父乙盉

1. 西甲 14.24, 盧目（1941）17

2. 三代 14.3a, b　R.237〔集成09343〕

3. 高28, 口徑10.5, 寬25

4. 蓋、鋬下同銘三字：堯, 父乙

5. 殷或西周初期

6. 清宮, 王錫棨

7. 盧 87131〔布命代奇B60B78〕

8. 銘第一字乃族名, 見於以下諸器：

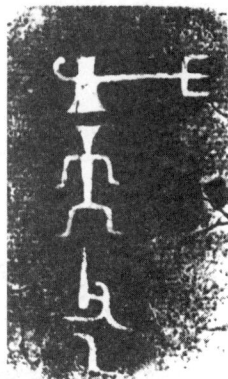

R.237a

   （1）鼎　三代 2.19.5〔集成01536〕

   （2）爵　三代 16.4.10〔集成08389〕

   （3）尊　A444〔集成05824〕

   （4）卣　A628〔集成05204〕

   （5）卣　見於紐約古肆

   （6）鼎　頌續1.3〔三代2.4.5, 集成01023〕

   （7）鼎　三代 2.4.6〔集成01021〕

   （8）鼎　三代 2.4.7〔集成01022〕

   （9）瓿　寶蘊107〔集成07066〕

   （10）爵　三代 15.11.2〔集成07395〕

   （11）爵　窓齋23.7.2〔集成07396〕

R.237b

   （12）爵　續殷 2.22.5〔集成08312〕

   （13）觶　續殷 2.48.11

   （14）鼎　三代 2.28.5〔集成01637〕　　"父辛"

   （15）瓿　善齋吉金4.31〔集成05344〕　　"父辛"

   （16）觶　續殷 2.59.5〔三代14.26.12, 集成07144〕　　"父辛"

   （17）尊　三代 11.21.3〔集成05826〕　　"父丁"並其它六字

   （18）鼎　善齋吉金1.22　　"父己"

   （19）尊　A436　　"父己"　　（疑偽刻）

   （20）爵　三代 16.3.7〔集成08366〕　　"且癸"

   （21）爵　三代 16.1.2—3〔集成08312, 08313〕　　"且乙"

以上（1）—（5）與A326同銘,（6）—（13）僅有族名一字,（14）—（21）則父祖名不同。此字象以戉伐去人首之形。

A327.1

A327.2

A327　父癸盉

1. 未著録

2. R.255〔集成 09363〕

3. 高 29.6，口 12.9×12

4. 鋬下銘三字：𠂤，父癸

5. 殷或西周初期

6. 盧，Winthrop

7. 福格 43.52.119

R.255b

A328　子父乙盉

1. 陶齋1.7, 菁華7, 枳禁20（1）

2. 三代14.2.5—6　R.110〔集成09338〕

3. 高28.4, 寬22.7

4. 蓋、鋬下銘三字: 子, 父乙

5. 西周初期

6. 端方

7. 紐約24.72.5

8. 此器與枳禁無關, 詳A418。

R.110a　　　　　R.110b

A329　送盉

1. 盧目（1941）圖版九, 22

2. R.314〔集成09424〕

3. 高31.6, 寬20.8, 長31.6

4. 蓋內鏨下二行八字：

　　　)((送乍厥考

　　　寶隣彝。

5. 西周初期（成王）

6. 盧86305

7. 紐約43.25.3

8. 大約在1931年前後有一群銅器在河南出土。其出土地點有三説：一以爲在濬縣，一以爲在汲縣（舊衛輝府），一以爲在輝縣的固圍村。此三地，都在衛都範圍以内。出土的銅器有以下四組：

R.314a　　　　　　　　　　R.314b

甲、<u>康侯</u>、<u>送</u>組
　　（1）康侯殷　西周銅器斷代〔集成04059〕
乙、<u>康侯</u>組
　　（2）斤　弗利亞45〔集成11812〕
　　（3）戈　雙吉2.40〔集成11779〕
　　（4）戈　雙吉2.41〔集成11778〕
　　（5）矛　<u>清華大學</u>, 見西周銅器斷代（六）圖版〔集成11450〕
　　（6）觶　在<u>英國</u>Herbert Ingram處〔集成06173〕
　　（7）罍　未見
丙、<u>沐白送</u>組
　　（8）卣　尊古2.14〔集成05364〕
　　（9）卣　賸稿29, <u>使華</u>11〔集成05363〕
　　（10）尊　尊古1.35〔集成05954〕
　　（11）甗　尊古2.25〔集成00899〕

　　（12）鼎　　三代3.16.3〔集成02344〕

　　（13）鼎　　録遺61〔集成01944〕

丁、送組

　　（14）盉　　A329

　　（15）盤　　西周銅器斷代（六）圖版，録遺490〔集成10078〕

　　（16）鼎　　三代3.5.6〔集成02177〕

　　（17）爵　　三代15.37.4〔集成08229〕

　　（18）爵　　三代15.37.5〔集成08230〕

　　（19）爵　　三代15.37.6〔集成08231〕

　　（20）觶　　三代14.54.3—4〔集成06480〕

以上的銘文，（1）最長，共四十二字。（2）—（7）僅“康侯”二字，（8）—（10）同銘，（12）（13）同銘較（8）—（10）省去“厥考”二字，（14）（15）同銘，（16）較（14）（15）省去“厥考”二字，爵文僅族名及“沐”二字。由（1）知康侯屬與沐司土送是兄弟，故同一族名。送爲司土，見（1）及（11）。所有的族名皆在銘首，惟有（1）在銘末，（2）—（7）康侯諸器無族名。（20）送字增“牛”字聲符，當較晚。

（1）係成王時器，（2）—（7）當與之同時，它們形制也較古。

（8）（9）兩卣與A603，606臣辰父乙卣形相近，亦是成王時的，但（8）（9）及（10）可能晚於（1），因（1）送爲司土而（8）—（10）已爲沐白。（11）銘送爲“沐白司土”，此器下部花文近於（14），它的時代應介於（1）與（8）—（10）之間。由此約略推定毁、甗和卣、尊的相對的次序。

由字體的不同，亦可約略推定諸器的先後。一、“沐”字從水從木從口或甘。（1）之水只作一筆灣形，“口”在“沐”的下部；（8）—（10）及（12）並爵銘，“水”字灣筆兩旁各有兩點，“口”在“木”字之下部。後式應較晚於（11）。二、“送”字象人之首轉向右側之形。（1）和（14）之人形的胸部，即“文”字的部分，是用交叉筆的；（10）則填實其胸；（8）（9）和（16）則胸部祇存一直筆。胸部的交叉、填實、直筆是先後的。（1）的“彳”向右延長，異於其它。三、“考”字的上端三橫畫，在（1）是略斜曲的而（8）（9）及（14）作平行形。後者較晚。四、“白”字在（12）上較其它各器爲扁。

就上所論，則此群銅器的先後次序約如下列：

（1）毁　　（2）—（5）兵器（6）觶（7）罍

（11）甗

（14）盉（15）盤　　（16）鼎

（10）尊（8）（9）卣　　（12）（13）鼎（17）—（19）爵　　（20）觶

雖有此先後，而全部是在成王時期以内。清代出土的有“康侯”字的銅器，有以下三器：

鼎　　三代3.30.3〔集成02504〕

鼎　　三代3.3.4〔集成02153〕

鬲　　寧壽12.26〔集成00464〕

A330　白秦盉

1. 兩罍 7.16

2. 三代 14.8.5　R.374〔集成 09399〕

3. 高 23，口徑 15.6，寬 27.5

4. 鋬下銘五字：白秦乍寶盉。

5. 西周中期（約共王）

6. 吳雲，費念慈，程洪溥，徐乃昌

7. 盧 87440

8. 蓋內有銘已磨滅。花文爲共王時流行的"顧龍"式。

R.374b

A331　士上盉

1. 善齋107, 弗利亞23

2. 三代14.12.2—3　R.305〔集成 09454〕

3. 高22.3, 寬21

4. 蓋內銘六行五十字：
   佳王大龠于宗周徝
   居鎬京年, 才五月
   既望辛酉, 王令士
   上眔史寅“宧于成周, 眚
   百生豚”眔賞卣鬯、貝, 用
   乍父癸寶隣彝。臣辰冊雈。

鋬下四字：臣辰冊雈。

5. 西周初期（成王）

6. 劉體智, 通運

7. 弗利亞33.2

8. 1929年, 有一大群銅器出土於洛陽馬坡。它們爲數甚多, 可惜都已分散。今據所可知的, 分爲以下各組：

　甲、士上組
　　（1）盉　A331
　　（2）尊　白鶴4, 白鶴選集18〔集成05999〕
　　（3）卣甲　善齋123, 白鶴選集19

R.305a

R.305b

〔集成05421〕

乙　本集A630

乙、父癸組

（4）盉　善齋吉金8.34〔集成03450〕

（5）鼎　貞松圖1.16〔集成02135〕

（6）卣　三代7.16.1—2〔集成03522〕

（7）卣　三代7.16.3—4〔集成03523〕

（8）卣　善齋55〔集成03342〕

（9）爵　A381

（10）爵　頌續87〔集成08066〕

丙、臣辰父乙組

（11）鼎　A51

（12）鼎　騰稿5〔集成02003〕

（13）鼎　翁塔利NB3226〔集

成02006〕

（14）鼎　三代2.46.8〔集成02004〕（上海劉佑）

（15）爵　三代16.33.6〔集成08995〕

（16）爵　三代16.33.7〔集成08996〕

（17）爵　善齋吉金4.46〔集成09542〕

（18）爵　善齋吉金4.47〔集成09558〕

（19）卣　A603

（20）卣　A606

（21）卣　A230

（22）卣　A230之二

（23）尊　懷履光拓本，高20，寬17.5

丁、父乙組

（24）鼎　三代2.19.8〔集成01531〕

（25）毁　商周262

（26）爵　巖窟1.41〔集成08385〕

（27）觶　三代14.42.4〔集成03167〕

（28）毁　A175

（29）尊　奇觚5.5〔集成05723〕　此器1892年出土

（30）毁　三代6.11.6〔集成03166〕　圈足下三足，高20，口17.5，寬24　劉體智舊藏，今在Musso處。

（31）毁　von der Heydt

戊、父辛組

（32）鼎　三代2.48.1〔集成01887〕

（33）鼎　三代2.27.3〔集成01633〕

（34）瓿　賸稿8，9；菁華100〔集成00924〕

（35）尊　三代11.21.7〔集成05835〕

己、臣辰先組

（36）壺　三代12.6.5—6〔集成09526〕

（37）毁　翁塔利NB4107〔集成03397〕

（38）盤　翁塔利NB4108〔集成10053〕

（39）盉　翁塔利NB4109〔集成09380〕

庚、先組

（40）爵　頌齋20

（41）爵　三代16.25.10〔集成08160〕

（42）爵　三代15.2.4〔集成07347〕

除上述外，本集A382，383“父乙，先”兩爵，又明義士尚記有兩器：

壺　Oeder　“臣辰先册父己”

壺　Hardt　“臣辰先册父辛”

以上族名可分爲兩系：

臣辰先　（1）—（6），（11）—（23），（35）—（39）

先　（8）—（10），（24）—（34），（40）—（42）

以上大都是1929年出土，亦有例外，如（29）奇觚云1892年李宗岱購於北京，則此群銅器有早年出土的。（35）銘作“小臣先、辰父辛”，可知“臣辰”是“小臣辰”之省，其以此爲族名猶“大保”之例，皆以官爲氏。

士上盉考釋，詳西周銅器斷代。

A332.1

A332　子蝠盉

1. 未著錄
2. 三代14.2.1（鋬下）　R.460〔集成未收〕
3. 高21.2
4. 銘在鋬下二字：子蝠
5. 西周初期
7. 羅比爾
8. 此器原蓋已失。新製一蓋並偽刻銘文。同
　　銘者詳A639。

R.460a

R.460b

A332.2

A333　囻盉

1. 未著録

2. R.301〔集成09382〕

3. 高18.2，口11.5×10.8，寬19.7

4. 蓋内銘四字：囻乍宗彝。

5. 西周初期（康王）

7. 布侖代奇〔B60B948〕

8. 此器與以下兩器形制文飾皆相近：

　　（1）白喬盉　　頌續56〔集成09430〕

　　（2）麥盉　　　西清31.31，泉屋101〔集成09451〕

（1）（2）都是康王時的，故此器亦同，詳西周銅器斷代。

R.301a

A334

R.390ap

A334　季嬴霝德盃

1. 未著録

2. R.390〔集成09419〕

3. 高28

4. 蓋内銘二行七字: 季嬴 霝德
　　　　　　　　　乍寶盃。

5. 西周中期

6. Bluett and Sons, Mrs. Harkness

7. 紐約46.55.1

8. 此器與以下兩器乃同一人所作:

　　（1）叚蓋　頌續41, 三代7.15.1〔集成03585〕　劉體智、容庚舊藏

　　（2）小鼎　三代3.6.4〔集成02157〕　陶祖光舊藏

　　乃嬴氏之女霝德所作。（1）（2）季嬴省去 “季” 字。猗文閣金文有壺銘六字。

A335

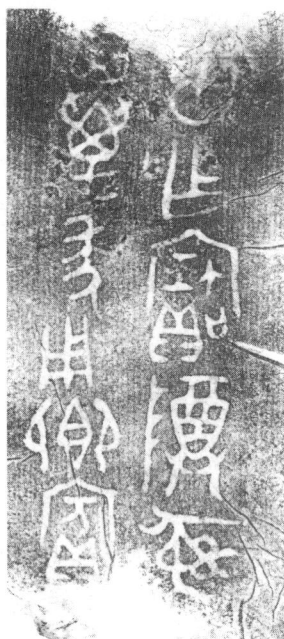

R.344a　　　　　　　　　　　　　R.344b

A335　甲盉

1. 西清31.36

2. 三代14.10.1—2　R.344〔集成09431〕

3. 高28.3, 口徑13.5, 寬23

4. 蓋内鋬下同銘二行十一字：

　　甲乍寶隣彝，

　　其萬年用鄉賓。

5. 西周初期

6. 清宮, 奕誌

7. 賀費

8. 作器者名象“甲”在匣中, 故亦是匣字。此字亦見以下諸器：

　　（1）方鼎　三代2.43.6〔集成01949〕　　“甲乍寶齋”

　　（2）毁　三代7.22.2〔集成03751〕　　“乍父甲寶毁……”

　　（3）毁　攈古2.1.12.3〔集成03632〕　　“寧遹乍甲姛隣毁”

　　恐所指是一字, “甲”字寫法相同。

　　“用鄉賓”亦見A222。

　　此器形制, 應在成、康之際。

A336

A336

1. 山中目（1944）755

3. 高27.2，寬41

5. 春秋初期

6. 山中

7. 布侖代奇

A337

A337

1. 未著錄

3. 高15.2，寬5，長17.8

5. <u>春秋</u>

7. <u>盧</u>

A338.1

A338.2　　　　　　　　　　　　　　　A338.3

A338

1. 戰國式63, 海外銅器28, 柏景寒62

3. 高25.4, 寬21

5. 戰國中期

6. 盧

7. 芝加哥30.366

8. 西甲14.27一盉之足與蓋與此同, 寧壽12.46一盉之足與此同。

A338.5

A338.4

A339.1

A339

1. 未著錄

3. 高 22.1, 寬 27

5. 戰國中期

6. Winthrop

7. 福格 43.52.92

A339.2

A340

1. 未著録

3. 高 26.5

5. 戰國

7. 乃布

A341

A341

1. 盧目（1941）56

3. 高 18.3，寬 28.3

5. 戰國

7. 盧 35.084〔布侖代奇〕

8. 此器與菁華 192 一器相似。

A342

A342

1. 未著錄

3. 高 14.3，寬 14.7

5. 西漢

7. 波斯頓 08.435

8. 此器與陶續 2.36 及善齋吉金錄 30 相似，後者銘文作於建始二年即公元前 31 年。

A343　鬲奞爵

1. 未著録
2. R.225〔集成08283〕
3. 高21.5，口18×8.5
4. 銘二字：鬲奞
5. 殷
7. 畢兹堡
8. 此器是1939年國民黨政府贈給
   畢兹堡大學的。

R.225

A344　宁得爵

1. 未著録

2. R.11〔集成08186〕

3. 高20.6，口18.3×7.7

4. 銘二字：宁得

5. 殷

7. 布侖代奇

8. 本集A463，464兩觚及白鶴譔集13方罍
   〔集成09775〕均與此同銘，均是族名。三代
   11.39.1—2罍〔集成09742〕及三代14.24.4
   觚〔集成07086〕則以"得"爲族名。

R.11

A345

1. 未著録

2. R.12〔集成08187〕

3. 高20.8，口18.2×7.6

4. 5. 7. 均同A344。

R.12

A346

1. 未著録

2. R.211〔集成 08070〕

3. 高 21.5，長 13.5

4. 銘二字：亼，癸

5. 殷

6. Leventritt

7. <u>司丹佛</u>

R.211

R.135

A347

1. 陶齋1.11，菁華5，柉禁16

2. 三代15.33.4　R.135〔集成07808〕

3. 高24.3，長22.8

4. 銘二字：亞（形中）×

5. 西周初期

6. 端方

7. 紐約24.72.9

8. 此器與柉禁無關，詳A418。
　　與此同銘者有以下諸器：
　　（1）觚　善齋吉金4.44，三代
　　　　　14.30.8〔集成07300〕
　　（2）爵　頌續90〔集成08854〕
　　（3）叔或觶　三代14.39.6〔集成
　　　　　03101〕
　　（4）鼎　貞松圖1.5〔集成01418〕

A348

1. 未著録

2. R.224〔集成08815〕

3. 高19

4. 銘二字，不識。

5. <u>殷</u>

7. <u>梅葉爾</u>

8. 銘之末字見一<u>商</u>戈（貞松圖2.53）。

R.224h

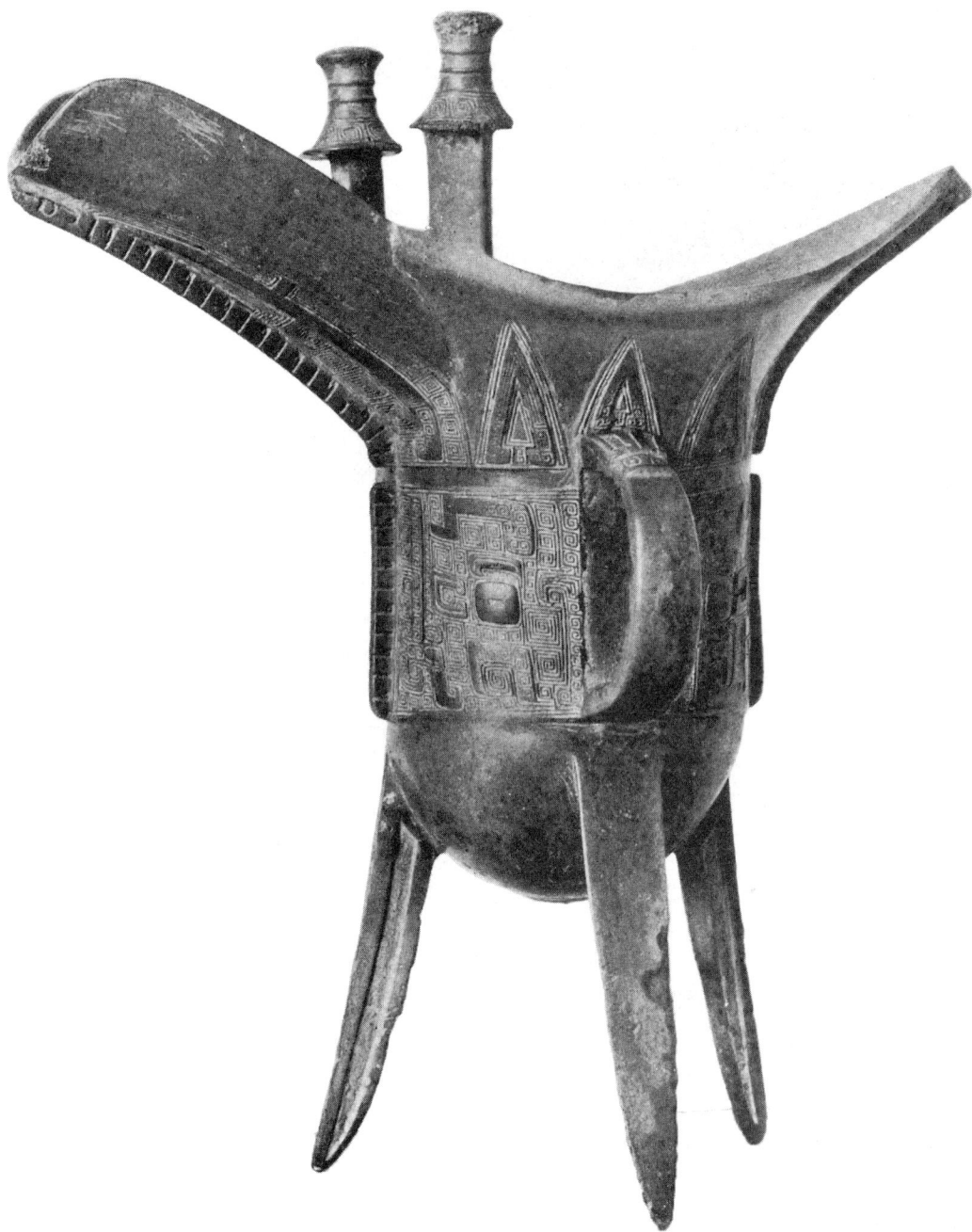

A349

1. 菁華58，弗利亞3

3. 高25.1，長22.5

5. 殷

6. Parish-Watson

7. 弗利亞25.3

8. 鋬下似有甚淺的刻文"父癸"二字。

A350　燒爵

1. 中國圖符21, 皮斯百13

2. R.239〔集成07397〕

3. 高23.5, 口17.2×8.1

4. 銘一字: 燒

5. 殷

6. 盧

7. 皮斯百39.434

8. 銘是族名, 即"堯"之繁體, 參A326。
   足經修整。

R.239

R.118

A351　子韋爵

1. 未著録

2. R.118〔集成08088〕

3. 高20.5, 長16.3

4. 銘二字: 子韋

5. 殷

6. Komor

7. 波斯頓46.396

8. 此與下器爲一對, 同銘者尚有以下諸器:

（1）鼎　貞松圖1.8〔集成01311〕

（2）鼎　本集R.511〔A886（增）〕

（3）爵　巖窟1.31〔集成08090〕　傳
　　　1941年安陽出土〔此即A352〕

（4）觚　三代14.21.5〔集成06902〕

（5）觚　羅比爾　本集R.117d〔見A352〕

R.117d

A352　子韋爵

1. 未著録
2. R.117〔集成08090〕
3. 高20, 口16×7.8
4. 銘二字: 子韋
5. 殷
6. A. F. Glathe, W. A. Klink
7. 泰生
8. 詳A351。

R.117

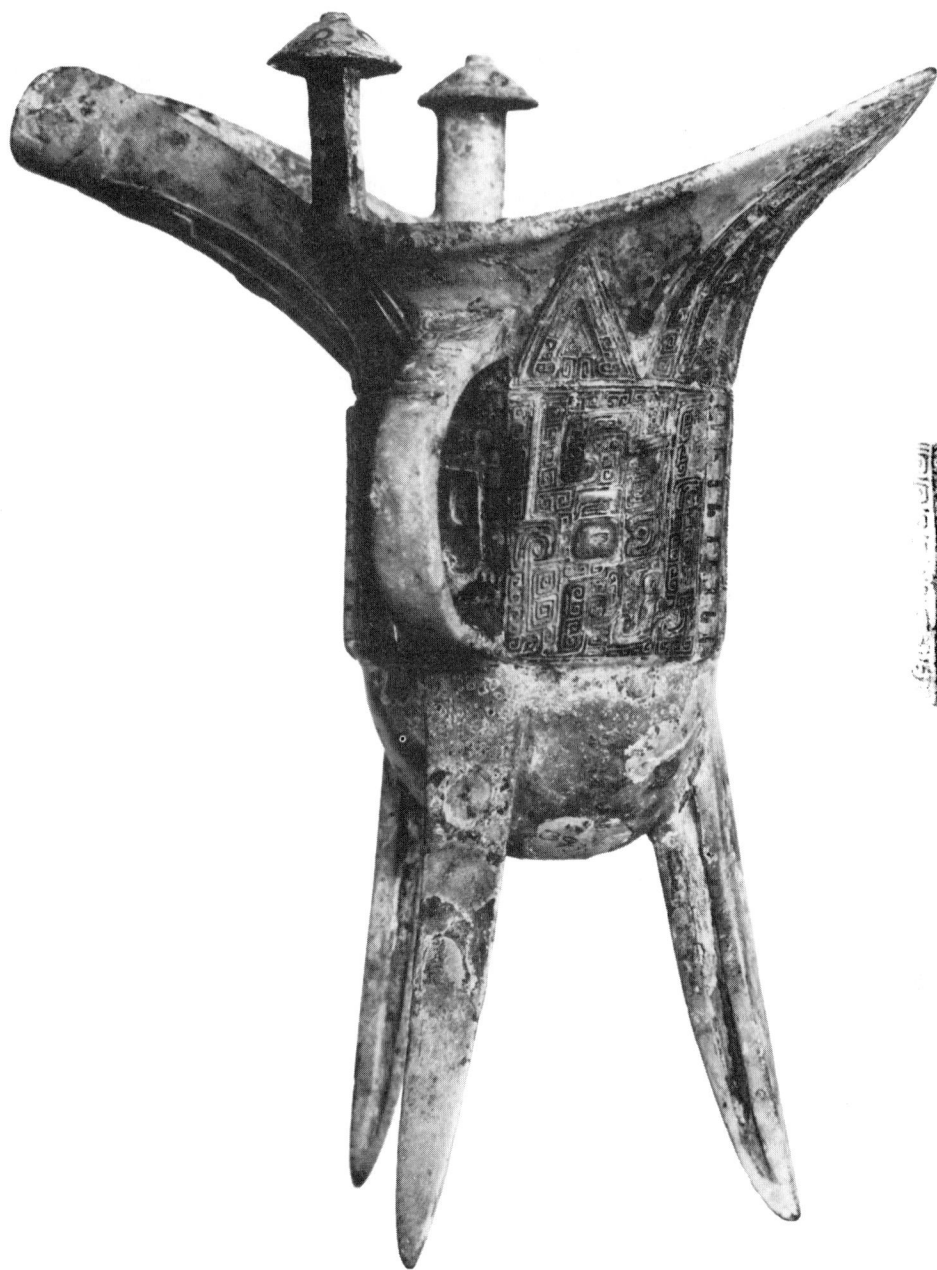

R.41

A353　或爵

1. 盧目（1940）圖版十九，7
2. R.41〔集成07639〕
3. 高19.3，口16.6×8.1
4. 銘一字：或
5. 殷
6. 盧81424
7. 康恩〔紐約〕
8. 銘乃族名，疑即職字。同銘者有以下諸器：
   （1）鼎　雙古1.2〔集成01208〕
   （2）瓿　A469
   （3）瓿　A487

A354

1. 未著録

2. R.81〔集成 08753〕

3. 高 22.3, 長 19.6

4. 銘三字: 齊嫄×

5. 殷

7. 乃布

8. 最後一字, 同於 A159。此與下器爲一對。

R.81

A355

1. 未著録

2. R.82〔集成 08754〕

3. 高 22.2，口 19.8×8.4

4. 同 A354

5. 殷

7. 肖希〔福格 54.118〕

8. 足經修整。

R.82

A356　弔車爵

1. 未著録
2. R.461〔集成 08253〕
3. 高 19.7, 長 16.2
4. 銘二字：弔車
5. 殷
7. 火奴魯魯 79.1
8. 此器與 A472 同銘。

R.461

A357

1. 未著録

2. R.52〔集成08240〕

3. 高20.3，口15.8×7.7

4. 銘二字：×簾

5. 殷

7. 布侖代奇

8. 此族名與A39同。

R.52

A358　子矢爵

1. 未著録
2. R.112〔集成08098〕
3. 高19，口16.3×7.6
4. 陽文銘二字：子矢
5. 殷
7. 畢兹堡
8. 同A343。足折斷。

R.112

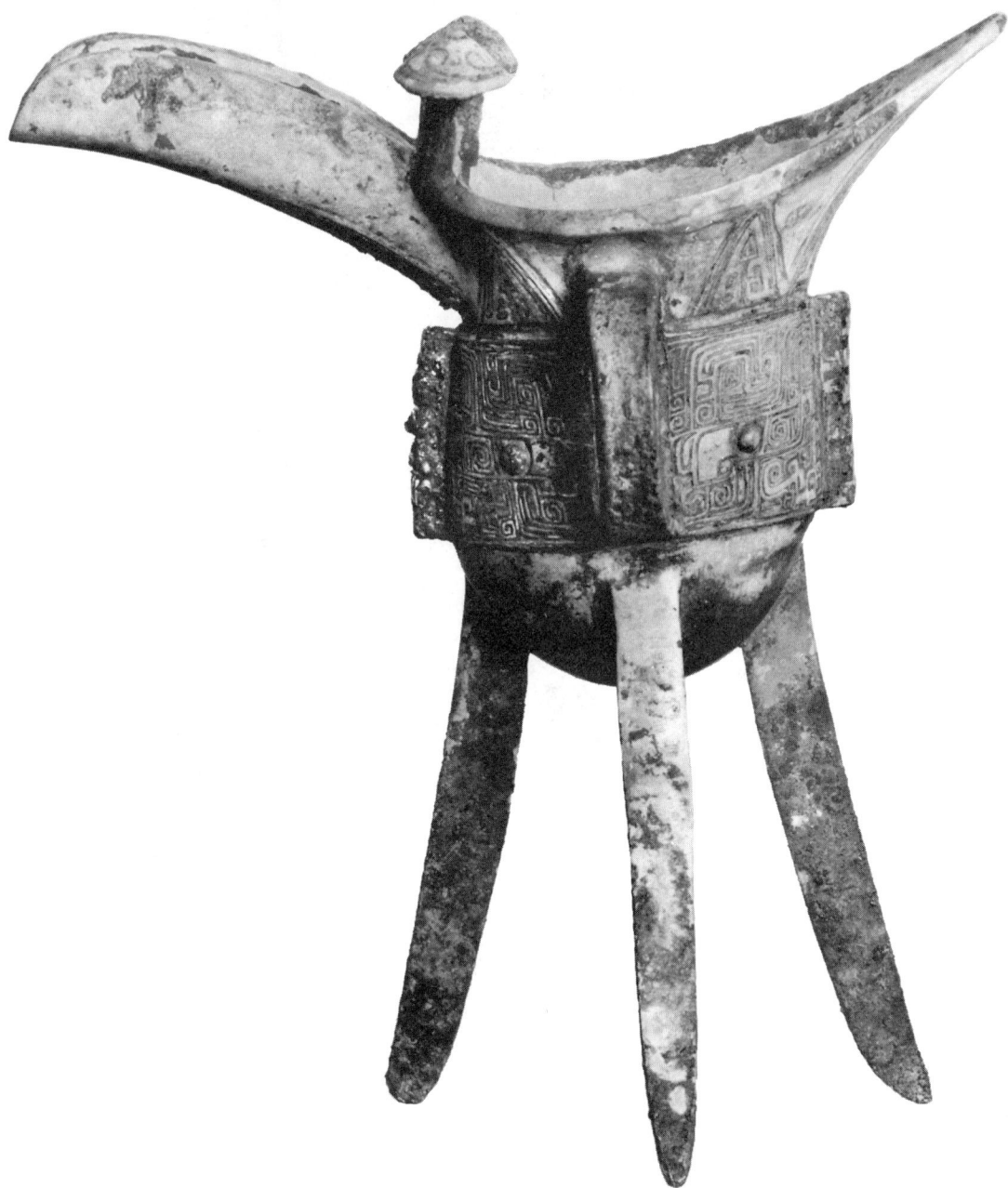

A359.1

A359.2

A359

1. 未著録

3. 高20，長17.8

4. 有銘失録，是 "亞弜" 二字。

5. 殷

6. 山中

7. 西雅圖Ch6.13

8. 足經修整。與A21同銘。三代15.33.2弦文爵〔集成07821〕，亦同銘。

A360

1. 未著録
2. R.121〔集成08096〕
3. 高22.7，口16.2×8.2
4. 銘二字：子□
5. 殷
6. Kleijkamp
7. 魏格

R.121

A361　尢爵

1. 未著録

2. 録遺408　R.96〔集成07336〕

3. 高26.5

4. 銘一字：尢

5. 殷

7. 盧87404

8. 銘乃族名，參A174。

R.96

A362

1. 未著録

2. 小校 6.30.3　R.182〔集成 08201〕

3. 高 23.5

4. 銘二字: 止×

5. 殷或西周初期

6. 盧 86938

7. 姚〔薩克勒〕

R.182

A363

1. 未著録
2. R.249〔集成08434〕
3. 高21.9, 口17.5×8.2
4. 銘四字：×乍父乙
5. 殷或西周初期
7. 郝布金斯（借陳波斯頓311.40）
　〔趙不波〕

R.249

A364　册爵

1. 盧目（1940）圖版十九，33

2. R.99〔集成07576〕

3. 高25.7，口18.2×7.5

4. 銘一字：册

5. 殷

7. 盧81420

8. 盧所藏同銘一爵，高20.9，口18×7.5，銘
見本集R.100〔A854（增）〕。泉屋78（三
代15.8.7）〔集成07575〕爵與此同銘。

R.99

A365

1. 未著録

3. 高 24.2, 口 18.3×9.2

5. 殷或西周初期

6. Higginson

7. 福格 44.57.33

A366　旛爵

1. 未著録

2. R.76〔集成07646〕

3. 高 22.4

4. 銘一字：旛

5. <u>殷</u>

6. A. B. Hartman

7. <u>火奴魯魯</u> 4817

8. <u>柏弗羅</u>之<u>韓姆林</u>有一器與此同銘，高 20.5，口
   18.5×7.6，銘文見本集 R.75〔A855（增）〕。

R.76

A367

1. 未著録
2. R.58〔集成07656〕
3. 高21.2，口19×7.8
4. 銘一字：𢦏
5. <u>殷</u>
6. George G. Booth
7. <u>客蘭布羅克</u>37.24
8. 銘文參A2。

R.58

A368

1. 未著録

3. 高 19.5，長 17.2

5. 殷

6. 山中, Caroline Pitkin McCready

7. 勃洛伊特

A369

1. 未著録
2. R.208〔集成08435〕
3. 高18.5，口16.5×8.2
4. 銘三字：父乙，×
5. 殷
6. Higginson
7. 福格44.57.2

R.208

A370.1

A370.2

A370　南爵

1. 未著録

2. R.26〔集成07465〕

3. 高19.9, 長16.2

4. 銘一字：南

5. 殷

7. 盧6.002

8. 銘文參A69。

R.26h

A371　興爵

1. 未著録

2. R.8〔集成07464〕

3. 高22，口20×8.4

4. 銘一字：興

5. 殷

6. Kleijkamp

7. 魏格

8. 同族名諸器，參A317。

R.8

A372　父丁爵

1. 未著録
2. R.65〔集成08484〕
3. 高21.5
4. 銘三字：𠦪，父丁
5. <u>殷</u>
7. <u>羅比爾</u>

R.65

A373　父癸爵

1. 未著録

2. 續殷 2.32.3　R.210〔集成 08722〕

3. 高 20.5

4. 銘三字：冝，父癸

5. 殷

7. 華爾特 54.2184

R.210h

A374

R.74

A374　覃爵

1. 未著録

2. R.74〔集成08259〕

3. 高17.2

4. 銘一字：覃

5. <u>殷</u>

6. Kleijkamp

7. <u>博特蘭</u>40.27

8. 此器傳1940年<u>安陽</u>出土。同銘的有以下諸器：

  （1）斝　<u>善齋</u>167〔集成09200〕

  （2）觚　A465，477

  （3）觶　<u>巖窟</u>1.58〔集成06384〕　　"父乙"　　傳<u>安陽</u>出土

  （4）觚　<u>善齋吉金</u>4.19〔集成05165〕　　"己"

  （5）觶　<u>三代</u>14.43.10〔集成06396〕　　"父丁"

  （6）爵　<u>三代</u>16.7.1〔集成08884〕　　"父丙"

  （7）壺　<u>三代</u>12.2.6　　"父丁"

〔（5）即（7），爲壺。〕

A561卣銘的族名，較此稍複雜。

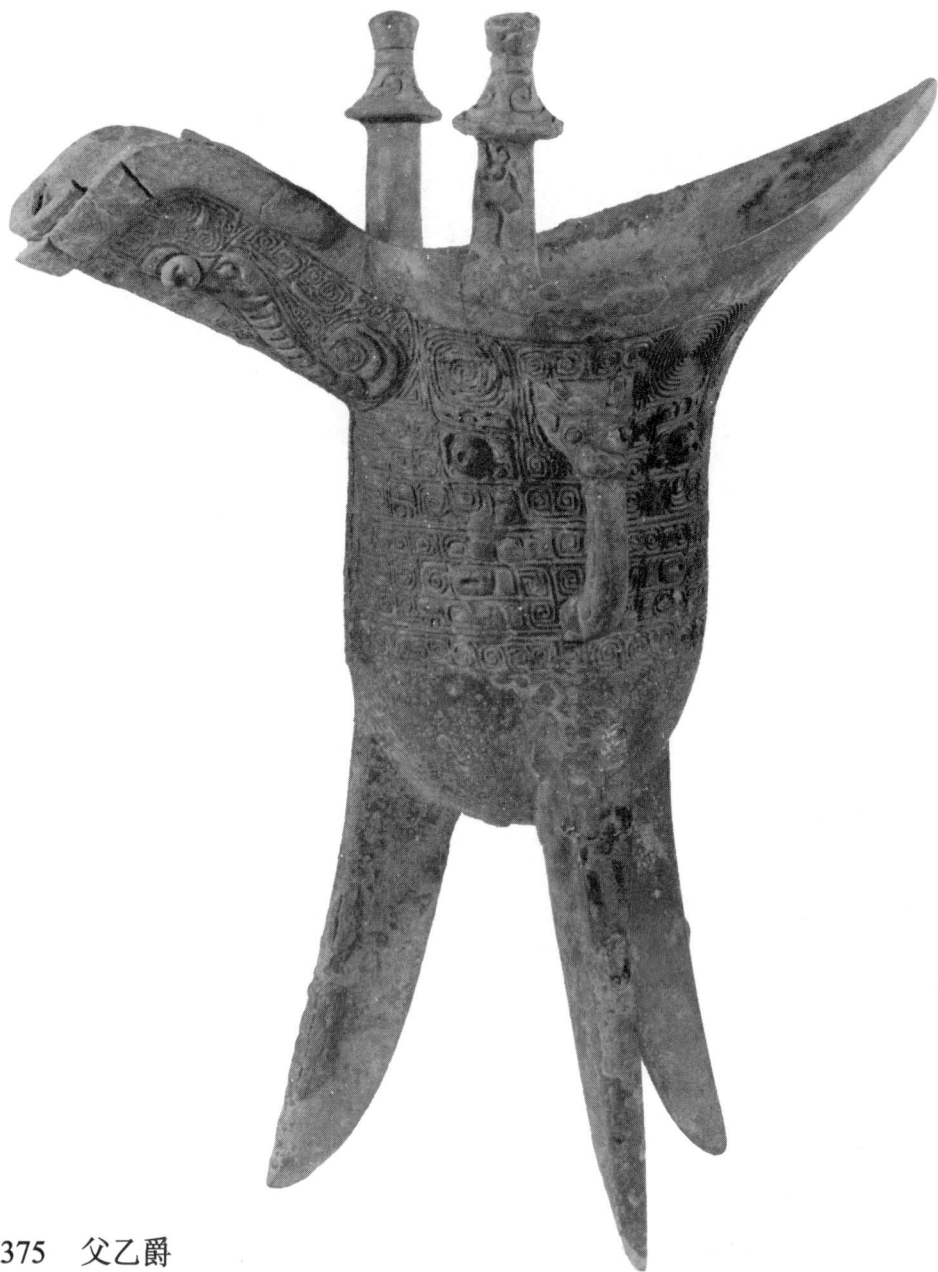

A375　父乙爵

1. 未著録

2. R.214〔集成07900〕

3. 高20.8，口16.5×7.5

4. 柱上銘二字：父乙

3. 殷

6. Kleijkamp

7. 魏格

8. 此器與菁華60一器相似。

R.214

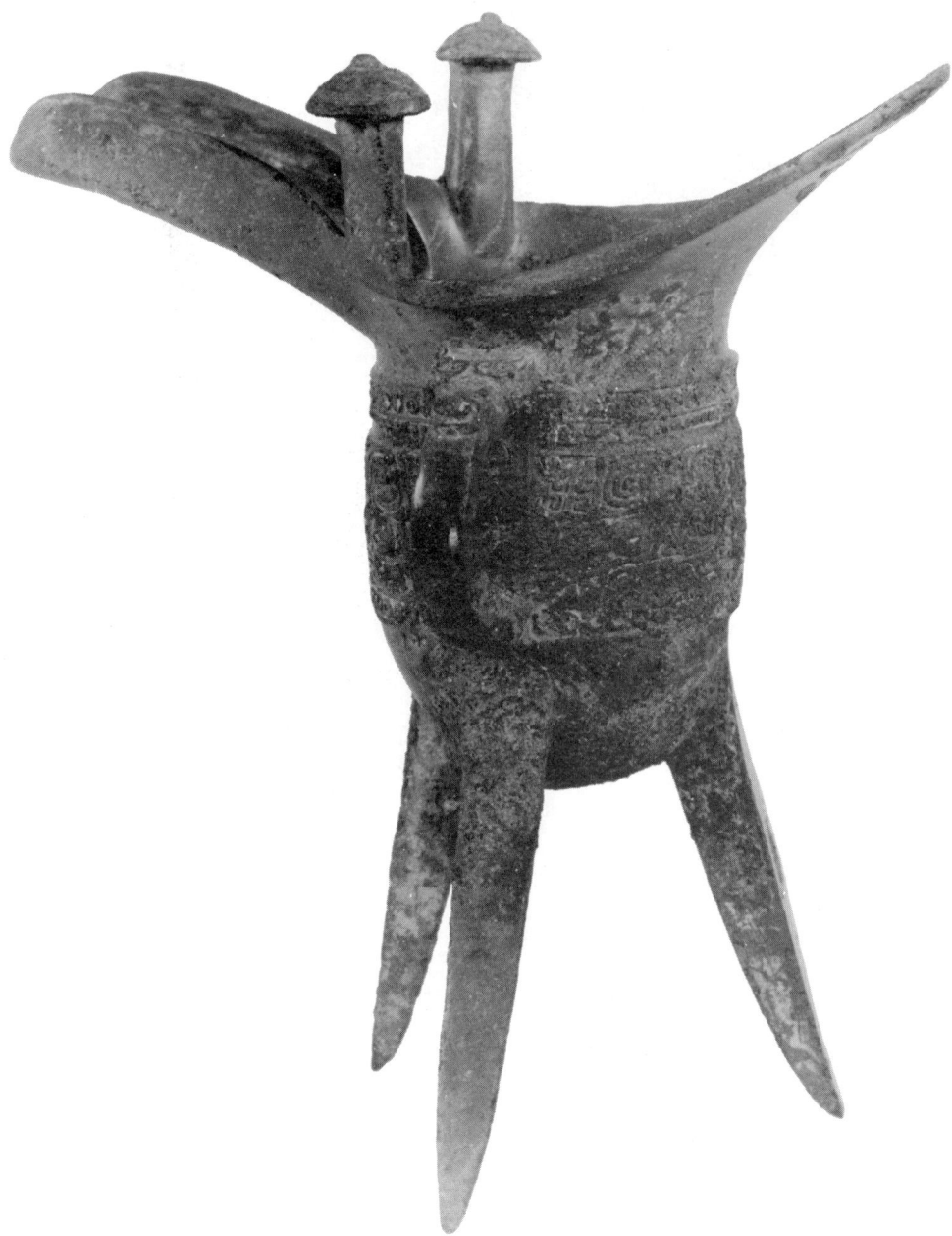

A376

1. 未著録

2. R.198〔集成08028〕

3. 高19.5, 口16.2×8

4. 銘二字: 丁×

5. 殷

7. 魏格

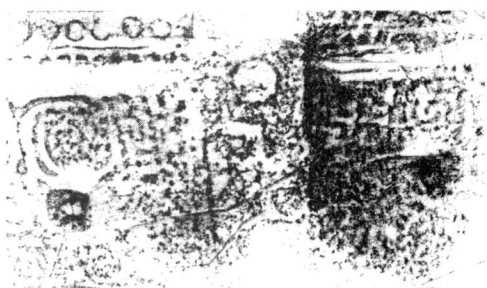

R.198

A377

1. 未著録
2. R.250〔集成 07695〕
3. 高 22.5
4. 銘一字：人
5. 西周初期
6. 通運
7. 克里夫蘭 30.303
8. 此器花文銘文與濬縣 18
   一器相似。

R.250

A378　大亥父辛爵

1. 何母斯目11
2. R.193〔集成08944〕
3. 高21.5，長17.7
4. 銘四字：大亥，父辛
5. 西周初期
7. 何母斯B14

R.193

A379　父丁爵

1. 善齋吉金 6.37
2. 三代 16.29.3　R.248〔集成 08908〕
3. 高 22.7, 口 17.8×8.2
4. 銘四字：×冊, 父丁
5. 西周初期
6. 劉體智, Michael
7. 奧爾勃來特 42.16.279

R.248

A380

1. 未著録

2. 三代16.30.4　R.37〔集成08963〕

3. 高21，口17×7.8

4. 銘三字：響（柱下），父癸（柱上）

5. 殷或西周初期

7. 魏格

8. 同族銘者，詳A12。

R.37h

A381　兂父癸爵

1. 未著録

2. R.312〔集成08671〕

3. 高20.5

4. 銘三字：兂，父癸

5. 西周初期（成王）

6. Leventritt

7. 司丹佛

8. 此係臣辰組之一，詳A331。

R.312

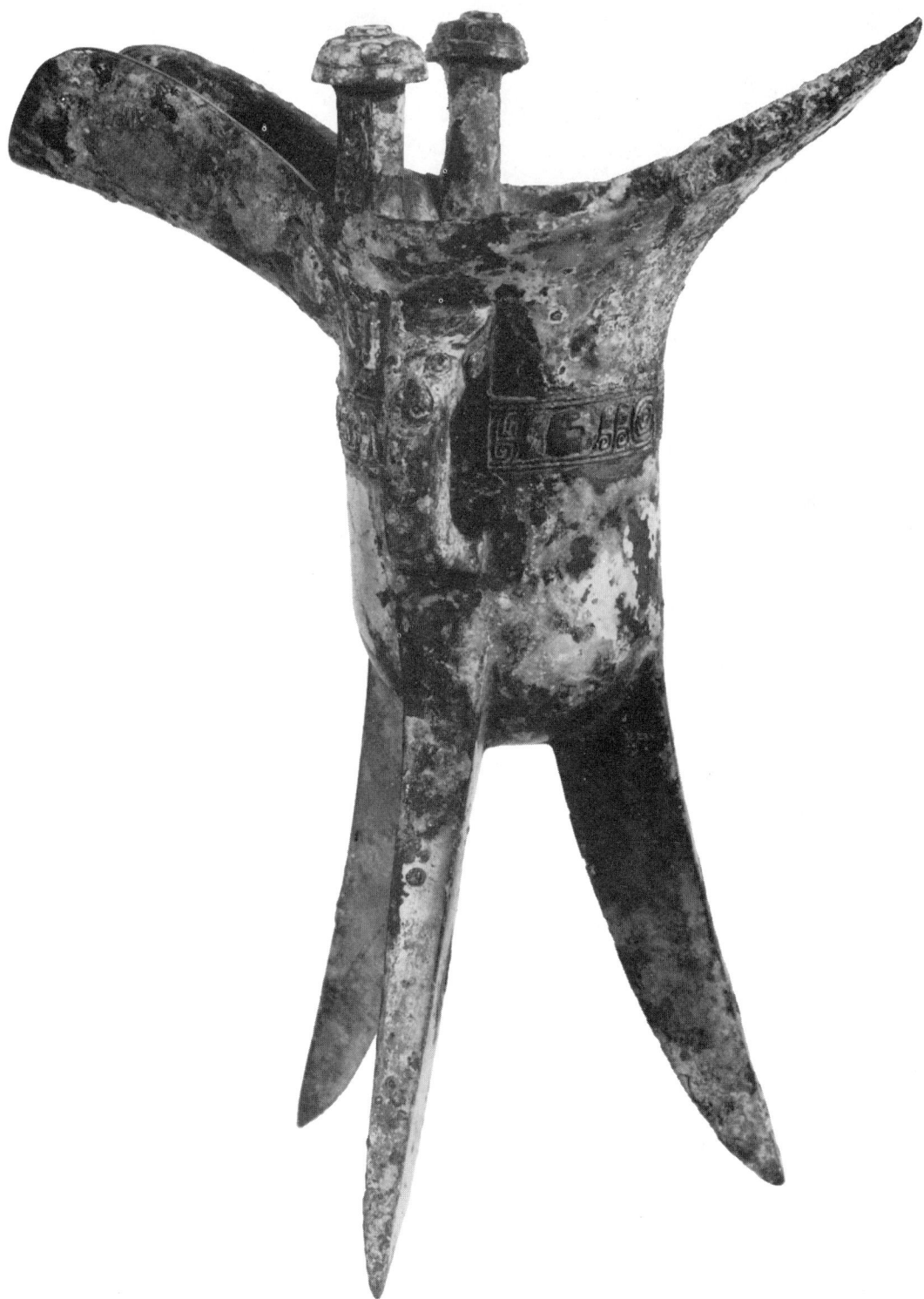

A382.1

A382.2

A382　父乙兇爵

1. 未著録
2. R.463〔集成08387〕
3. 高21.6, 長18.3
4. 銘三字: 父乙（柱上, 鑄）　兇（尾内, 刻）
5. 西周初期（成王）
7. 火奴魯魯3809
8. 此與下器是臣辰組的銅器, 詳A331。
　　此器的族名鑄後刻在尾内, 是罕見之例。

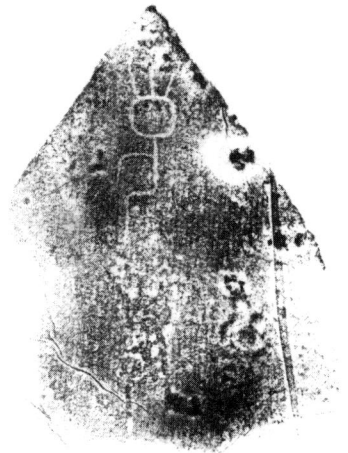

R.463

A383　父乙兇爵

1. 未著録

2. R.464〔集成 08388〕

3. 高 21.2，長 17.1

4. 銘三字: 父乙（柱上）　兇（尾内）

5. 西周初期（成王）

7. 火奴魯魯 3808

8. 此與前器爲一對，但尾内族名是鑄的，與 A382 之爲
   刻成的不同。

R.464

A384　史旨爵

1. 未著録

2. R.373〔集成09041〕

3. 高22

4. 銘五字: 史旨（柱上）　乍（柱下）　寶彝（鋬下）

5. 西周初期

7. 盧

8. 銘文分三處, 乃罕見之例。青山莊36有 "旨乍寶隋彝"
　〔集成05814〕, 似爲約略同時之作, 或是一人。

R.373

A385　父辛爵

1. 未著録

2. R.285〔集成08659〕

3. 高20，口16.7×7.8

4. 柱上銘三字：乍父辛

5. 西周初期

6. Worch

7. 侯希蘭

8. 花文近於A84，85。

R.285

A386

1. 未著録

3. 高18.5，口14.7×7.2

5. 殷

7. 魏格

8. 此與下器僅有弦文，與以下相傳
安陽出土者相似：

（1）鄴二1.25

（2）鄴二1.31

（3）翁塔利NB3216

（4）遺寶50（2）

（5）巌窟1.47

（6）巌窟1.48

（7）頌續92

A387

1. 未著録

3. 高17.5，口16.2×7.5

5. <u>殷</u>

7. <u>魏格</u>

8. 参A386。

A388　丙爵

1. 未著録

2. R.462〔集成 07664〕

3. 高 22.2，口 19.6×8.9

4. 銘一字：丙

5. 殷

7. 杜克

R.462

A389

1. 未著録

3. 高19, 長19

5. 殷或西周初期

7. 何母斯B20

8. 此器與支那工藝圖鑒18一器相似, 皆有蓋而無柱。

A390

1. 未著錄

3. 高 11.8，口 10.5×5.3

5. 殷

6. 盧

7. 康恩

8. 盧處尚有一器，與此相同。近年輝縣和鄭州的殷代遺址內常有發現。此類平底爵，粗糙而形小，乃是明器。

A391　鉛爵一

1. 未著録
2. R.257〔集成 07991〕
3. 高 21.5
4. 銘一字：
5. 殷或西周初期
7. 納爾遜 32.185.6
8. 形態學 65.1—7 一組鉛器，今在荷蘭 Dr. Philips 處。1948 年曾爲清華大學購藏鉛器一組，近年河南亦有出土。大多數是西周初期的明器。

R.257

A392　鉛爵二

1. 未著録

2. R.256〔集成 08496〕

3. 高 22.6，口 19.7×8.1

4. 銘三字：ㄚ，父丁

5. 殷或西周初期

7. 布拉馬

8. 攗古 1.2.16.3—4 兩銅爵，與此同銘。

R.256

A393

R.186a　　　　　　　　　　　　　　R.186b

A393　遽從角

1. 已著録, 見F。

2. R.186〔集成08307〕

3. 高22.8, 寬16.7

4. 蓋内鋬下同銘二字: 遽從

5. 殷或西周初期

6. 劉體智, Harkness

7. 紐約46.55.2

8. 此角共二, 曾藏劉體智, 著録於:

　　（1）尊古3.10, 善齋165〔集成08308〕

　　（2）尊古3.11, 善齋166〔集成08307〕

　（2）蓋一角殘破, 已修復。紐約蓋銘是（2）, 似此器經尊古齋售於劉氏經倫敦古玩商Bluett而入於Harkness。

　除此二角外, 同銘者尚有以下諸器:

　　（1）—（5）鼎　三代2.14.2—6〔集成01480, 01492—01495〕

　　（6）甗　十二居20〔集成03725〕

　　（7）爵　集古遺文續3.7.1

A394.1

A394.2

A394

1. 西清26.46, 陶續2.12, 菁華56

2. 三代16.42.4　R.133〔集成07797〕

3. 高26, 長20

4. 蓋内銘二字: 亞（形中）𠚕

5. 殷

6. 清宮, 端方, Holmes

7. 紐約43.24.1

8. 紐約市博物館尚有一器與此相同而銘異, 頗可懷疑,
   因此未收入此集中。

R.133a

A395　且癸角

1. 陶齋1.12，菁華6，柲禁17（2）

2. 三代16.45.2　R.107〔集成08848〕

3. 高19.8

4. 銘四字：册，且癸

5. 殷或西周初期

6. 端方

7. 紐約24.72.13

8. 此器與柲禁無關，詳A418。

R.107b

A396　長隹壺角

1. 善齋161, 菁華64

2. 三代18.20.1—2　R.258〔集成08817〕

3. 高24.4, 長22.8

4. 蓋內銘三字: 長隹壺

5. 殷或西周初期

6. 劉體智

7. 穆爾1014〔耶魯〕

8. 此器與白鶴17（白鶴選集20, 高24.2）〔集成 08816〕是一對。本集A404尊與之同銘同花文, 由 此知 "壺" 不指器名, 乃是族名。菁華76一卣, 與 此花文相同, 可能亦是同人所作。
   〔于省吾以爲銘文可疑。〕

R.258a　　　　R.258bh

A397　父甲角

1. 未著録
2. 三代16.42.2　R.212〔集成07873〕
3. 高15，寬11.5
4. 銘二字：父甲
5. 殷
6. 劉體智
7. 魯本斯
8. 此器平底，與平底之斝、爵皆是明器。

R.212

盛酒器

A398

1. 盧目（1940）圖版七, 19

2. R.207〔集成 05501〕

3. 高 22.7, 口徑 26

4. 銘一字, 不清。

5. <u>殷</u>

7. <u>盧</u> 86541

R.207h

A399

1. 皮斯百28
2. R.21〔集成05482〕
3. 高30.8，口径33.1，底径18.6
4. 铭一字，不识。
5. 殷
6. 通运
7. 皮斯百40.6
8. 铭文详A159。

R.21

A400　 䵼尊

1. 菁華 31
2. R.32〔集成 05577〕
3. 高 33.4, 口徑 31
4. 銘一字：䵼
5. 殷
6. 山中, Higginson
7. 波斯頓 34.67
8. 此器與遺寶 38 一器相似。此組銅器, 詳 A12。

R.32

A401　匿尊

1. 盧目（1941）22

2. R.180〔集成05545〕

3. 高32，口徑34.5，底徑20.4

4. 銘一字：匿

5. 殷

7. 盧86537

8. 同銘之器，詳A309。

R.180

A402　宁尊

1. 未著録

2. R.16〔集成05495〕

3. 高 39.7, 口徑 35.5

4. 銘一字: 宁

5. 殷

6. 盧 87106

7. 紐約 43.25.1

8. 同銘之器, 詳A78。

R.16

A403

1. 未著録

3. 高 36.8

5. 殷

7. 羅勃兹

8. 西清 5.36 一器與此相似。

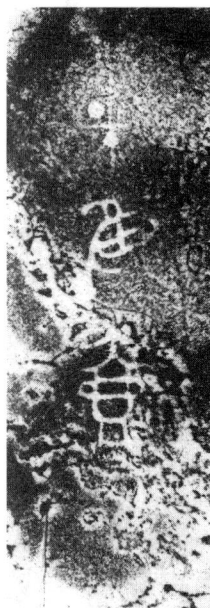

A404　長隹壺尊

1. 菁華 30

2. R.259〔集成 05695〕

3. 高 24，口徑 20.9

4. 銘三字：長隹壺

5. 殷或西周初期

6. Winthrop

7. 福格 43.52.93

8. 同銘之器，詳 A396。此器項上之蟬與 *Bone Culture of Ancient China* 108A 之蚌蟬相似。

R.259

A405

1. 菁華18，弗利亞18

3. 高35.3，寬27.9

5. 殷或西周初期

6. Parish-Watson

7. 弗利亞25.2

A406　忻册𡧛尊

1. 盧目（1941）24
2. R.102〔集成05689〕
3. 高38.5，口徑25.6
4. 銘三字：忻册𡧛
5. 殷或西周初期
7. 盧87098
8. "册𡧛"族名，亦見A60，513，514。第一字亦是族
　　名，與A307第二字恐係一字，象人背持一斤。
　　此器形制與故宫34.16及泉屋26兩器相似。

R.102

R.93

A407　天尊

1. 未著録

2. R.93〔集成05441〕

3. 高26.3，口徑21.4，底徑14.6

4. 銘一字：天

5. 殷

6. Kleijkamp

7. 魏格

8. 三代15.2.1爵〔集成07325〕，與此同

銘。

凡所見此類形制的陶尊十數，都是安陽出土的，翁塔利有四，米里阿波里斯有一，其後在北京古肆又見數器。1953年考古研究所在安陽大司空村發掘所得，亦有此陶尊，見考古學報第九册安陽大司空村發掘報告圖版叁之2。

A408　父己尊

1. 山中目（1943）66
2. R.206〔集成 05526〕
3. 高 25.3，口徑 19.7
4. 銘二字在底下：父己
5. <u>殷</u>
6. <u>山中</u>
7. <u>布侖代奇</u>
8. 此器傳<u>河南省</u>北部出土。

R.206

A409　亞獏尊

1. 未著録

2. R.146〔集成05736〕

3. 高29.7, 口徑23.1

4. 銘四字：亞（形中）獏, 父丁

5. 殷

6. 盧87477

7. 弗利亞44.1

8. 亞獏是一族名, 此族所製銅器有以下各組：

R.146

R.146d　　　　　　　　　　　　　　R.146e

甲、<u>亞獏</u><u>父丁</u>組

　　（1）尊　　A409

　　（2）鼎　　<u>夢續</u>1.4（<u>丁樹楨</u>、<u>羅振玉</u>舊藏）〔<u>集成</u>01842〕

　　（3）鼎　　<u>饒齋</u>3　傳<u>安陽</u>出土〔<u>集成</u>01844〕

　　（4）鼎　　<u>盧</u>，本集R.146e〔A873（增）〕，高19，口徑18.5〔<u>集成</u>01841〕

　　（5）鼎　　<u>三代</u>2.38.6〔重出，即（3）〕

　　（6）角　　<u>盧</u>，本集R.146d〔A874（增）〕，一對〔<u>集成</u>08894〕

　　（7）角　　同（6）〔<u>集成</u>08895〕

　　（8）斝　　<u>巖窟</u>1.24　傳1940年<u>安陽</u>出土〔重出，即（12）〕

乙、<u>亞獏</u><u>父丁</u>卲其組

　　（9）二祀卲其卣　　<u>癡庵</u>12，<u>鄴三</u>1.32，<u>錄遺</u>275〔<u>集成</u>05412〕（今在<u>故宮</u>）

　　（10）四祀卲其卣　　<u>錄遺</u>274〔<u>集成</u>05413〕（<u>張效彬</u>舊藏，今在<u>故宮</u>）

　　（11）六祀卲其卣　　<u>錄遺</u>273　"<u>亞獏</u>"無"<u>父丁</u>"〔<u>集成</u>05414〕（今在<u>故宮</u>）

丙、<u>亞獏</u>組

　　（12）斝　　<u>巖窟</u>1.24　傳1940年<u>安陽</u>出土〔<u>集成</u>09164〕

　　（13）觶　　Appolo October, 1946（Herbert Ingram藏）

丁、<u>亞獏</u><u>父辛</u>組

　　（14）卣　　<u>西清</u>16.22〔<u>集成</u>05086〕

由此可知此群銅器有出土於<u>清</u>代者，如（2）及（14）。由（9）（10）與（11）知省去
"<u>父丁</u>"之"<u>亞獏</u>"可能仍是一時之作。<u>宋</u>代<u>薛</u>氏卷一之<u>亞</u>（形中）犬父丁鼎〔<u>集成</u>
01845〕，則與<u>巖窟</u>1.52觚〔<u>集成</u>07284〕同銘，後者亦傳1940年<u>安陽</u>出土。
此群銅器有出土於<u>安陽</u>的，應可確定爲<u>殷</u>器。

A410　茍父己尊

1. 未著録
2. 三代 11.9.7　R.465〔集成 05741〕
3. 高 29.9, 口徑 20.9, 底徑 15
4. 銘三字：茍, 父己
5. 殷
6. 潘祖蔭
7. 盧〔薩克勒〕
8. 此銘第一字是族名, 亦見尊古（1.38, 今在清華大學）
   段〔集成 03106〕及其它許多器。本集 A539 亦同此族
   名。此尊獸口與 A55 鼎相近。器經修理。

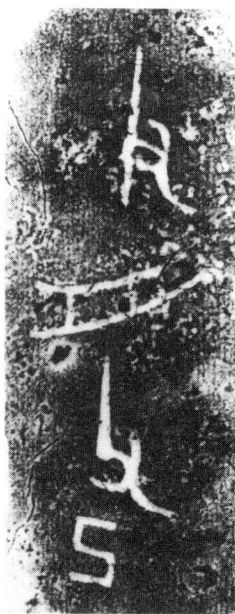

R.465

A411　史父壬尊

1. 未著録
2. R.466
3. 高 29.9，口徑 23.5，底徑 15.2
4. 銘三字：史，父壬
5. <u>殷</u>
7. <u>盧</u>

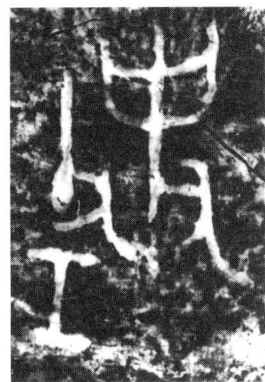

R.466

A412

1. 未著録

2. R.467〔集成05634〕

3. 高24.1

4. 銘三字: 父丁, ×

5. <u>殷</u>

7. <u>布恰德</u>〔瑞列堡〕

8. 第三字族名, 詳A159。

R.467

A413　亞龏父辛尊

1. 未著録

2. R.147〔集成 05747〕

3. 高 33

4. 銘四字：亞（形中）龏，父辛

5. 殷

6. 盧 87100

7. 孟台爾·爵克曼

R.147

A414

1. 未著録
2. 三代11.9.4　R.269〔集成05644〕
3. 高27.6，口徑24
4. 銘三字：𣄴，父己
5. 殷或西周初期
6. 許延暄
7. 波斯頓07.513
8. 此器與泉屋23一器甚相似。

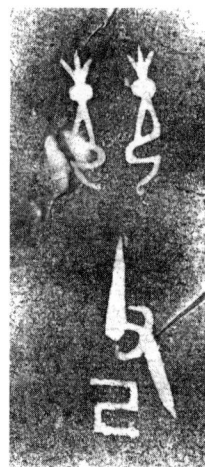

R.269

A415

1. 皮斯百27
2. R.176〔集成05443〕
3. 高31.1, 口徑24.9, 底徑15.2
4. 銘一字在底下：兇
5. 殷
6. Bluett and Sons
7. 皮斯百40.1098
8. 三代14.13.8 一觚〔集成06549〕與此同銘。

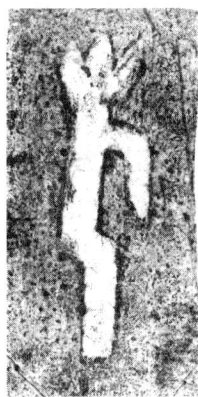

R.176

A416

1. 未著録
2. R.19〔集成05481〕
3. 高34.8，口徑22.8，底徑14.6
4. 銘一字在底下
5. <u>殷</u>
6. George G. Booth
7. <u>客蘭布羅克</u>39.102〔<u>薩克勒</u>〕
8. 銘文參A159。此器之形已接近於觚。

R.19

A417　析父乙尊

1. 菁華13, 賸稿30, 杕禁27（1）

2. 三代11.7.2　R.192〔集成05617〕

3. 高32.8, 口徑27.6

4. 銘三字在底下: 析, 父乙

5. 殷或西周初期

7. 波斯頓12.820

8. 此器與三代14.41.6一觶〔集成06228〕同銘。銘
　　第一字是族名, 詳金文編附下28b, 疑是析字。

R.192

A418　鼎尊

1. 陶齋1.6，菁華2，柉禁4

2. 三代11.1.8　R.276〔集成05496〕

3. 高34.8

4. 銘一字在底下：鼎

5. 西周初期

6. 端方

R.276

7. 紐約 24.72.4

8. 端方在陶齋卷首"柉禁全圖"下云"右器於光緒辛丑（公元1901年）秋陝西 鳳翔府 寶鷄縣 三十里鬥鷄臺出土"。

此組十三器並其它七器今均在紐約市博物館, 其目如下:（1.2等是陶齋卷頁）

（1）柉禁	1.2	24.72.1	
（2）鼎卣	1.3	24.72.3	A589
（3）鼎卣	1.4	24.72.2	A590
（4）勺	1.4	24.72.8	A806
（5）鼎尊	1.6	24.72.4	A418
（6）盉	1.7	24.72.5	A328
（7）觚	1.8	24.72.10	A494
（8）斝	1.9	24.72.7	A322
（9）爵	1.11	24.72.9	A347
（10）角	1.12	24.72.13	A395
（11）父乙觶	1.10	24.72.6	A532
（12）父甲觶	1.13	24.72.12	A545
（13）觶	1.14	24.72.11	A546
（14）匕己觶	3.29	24.72.14	A547
（15）—（16）匕	3.50	24.72.17, 20	A291, 292
（17）—（20）匕	3.51	24.72.15, 16, 18, 19	A294—297

柉禁全圖見陶齋1.1, 菁華1, 柉禁2—3。據此全圖, 則（14）—（20）乃後加, 而六匕實是西周晚期的形制。

（1）—（13）, 祇有（2）（3）（5）是同銘的,（4）據端方說是在卣中的, 則此四件自成一組, 屬於禁。其它各件應是寶鷄附近出的, 它們的時代是:

（1）—（5）,（14）	西周初期
（6）,（7）,（12）,（13）	西周初期或更早
（8）—（11）	西周更早
（15）—（20）	西周晚期

鼎是族名, 亦見以下各器:

父己尊	泉屋22〔集成05648〕
觚	貞松圖1.53〔集成07019〕
父乙尊	三代11.14.3〔集成05731〕

A418與父己尊花文相似, 乃一家之器。在十三件之列的, 有些也可能和禁是一墓出的。

A419

1. 盧目（1940）圖版十六, 27

3. 高 27.5, 口徑 21.2, 底徑 14.5

5. 西周初期（成王）

7. 盧 86320〔布侖代奇〕

8. 此器花文近於 A208。

R.336

A420　見尊

1. 菁華 14，海外銅器 36，柏景寒 23
2. R.336〔集成 05812〕
3. 高 29.1，口徑 21.6
4. 銘五字：見乍寶隣彝。
5. 西周初期
6. 盧，Higginson，山中
7. 芝加哥 36.138
8. 日本 住友氏所藏一卣（菁華 75，形態學 39.2下）〔集成 05196〕與此同銘。善齋 51 甗〔集成 00818〕亦見所作。

R.336p

A421

1. 未著録

2. R.300〔集成05830〕

3. 高25

4. 銘二行六字：乍父戊
　　　　　　　寶隣彝。

5. 西周初期

6. 通運

7. 克里夫蘭38.13

8. 此器與可定爲成王時的一尊（商周515）相似。傳此器
　出土安陽，不可信。

R.300

A422

1. 盧目（1941）34

3. 高30，口徑21.7

5. 殷或西周初期

6. 盧86418

7. 赫伊特（借陳柏弗羅42102a）

A423

1. 菁華 17, 皮斯百 27

2. R.279〔集成 05576〕

3. 高 22.7, 口徑 20.7, 底徑 12.3×12.9

4. 銘一字：𤔲

5. 西周初期

6. 盧 16607

7. 皮斯百 32.431

8. 何母斯舊藏一方彝一觥，與此同銘，花文形制亦同，
　見 A647, 665, 今歸紐約市。它們應是一組。此組銅
　器據云 1926 年出土於河南。

R.279

A424　父辛尊

1. 未著録
2. 小校 5.10.2　　R.61〔集成 05658〕
3. 高 26.5
4. 銘三字：𐬹，父辛
5. 殷
6. 盧
7. 斯特勞斯
8. 此器與菁華 22，恒軒 51 兩器相似。

R.61

A425

1. 菁華 21

3. 高 27.2，口徑 22.8

5. 殷

7. 羅勃茲

8. 項下一帶獨角獸文飾，銅器僅見。故宮新得一卣，亦如此。

R.338

A426　父丁尊

1. 尊古 1.32

2. R.338〔集成 05829〕

3. 高 25，口徑 19.8

4. 銘二行六字：乍父丁寶
　　　　　　　彝隮。

5. 西周初期

6. 尊古齋

7. 盧 C3

8. 此銘末二字與通常的"隮彝"相倒。金
　文的"隮"通常是加於名詞之前的限制
　詞，但此處似可釋爲器名之"尊"。三代
　11.19.1，11.19.6，11.21.1〔集成 06448，
　05810，05828〕，11.30.5 都是屬於尊類的
　（但未見器形），都似以"尊"爲名。

A427

1. 未著録

2. R.364〔集成05709〕

3. 高27.2, 口徑21.2

4. 銘三字: 乍寶彝

5. 西周初期

7. 麥克里奧特

8. 此器鳥文與前器同, 但同時又有獸面文。

R.364

A428　史父癸尊

1. 盧目（1941）36
2. R.261〔集成05666〕
3. 高29
4. 銘三字：史，父癸
5. 西周初期
6. 盧81833
7. 費利浦斯
8. 此器與本集A325盉、A602卣同銘。

R.261

A429

1. 未著録

3. 高24.2，口徑20.3，底徑13.9

5. 殷或西周初期

7. 盧87407

A430　父庚尊

1. 菁華19, 何母斯目1

2. R.352〔集成05832〕

3. 高28.5, 口徑22.8, 底徑15.2

4. 銘二行八字：□□乍父庚
　　　　　　　寶隣彝。

5. 西周初期（約成王）

7. 何母斯B27

8. 此器與沐白迮尊相似，參A329的記述。

R.352h

A431

1. 未著録

3. 高24.1，口徑19.3

5. 西周初期

7. 艾立克生

A432

1. 未著録

3. 高 24.6，口徑 19.9

5. 西周初期

7. 盧 82022

A433

1. 未著録

3. 高 24.2，口徑 19.4

5. 西周初期

7. 盧 81575

8. 此器與善齋131相似，後者乃成王初期器。

R.351h

A434　且丁尊

1. 未著録
2. R.351〔集成 05793〕
3. 高 25.1，口徑 21.3，底徑 13.8
4. 銘殘存二行五字：乍且丁隣
　　　　　　　　　彝。
5. 西周初期
7. 蘭登・貝內特

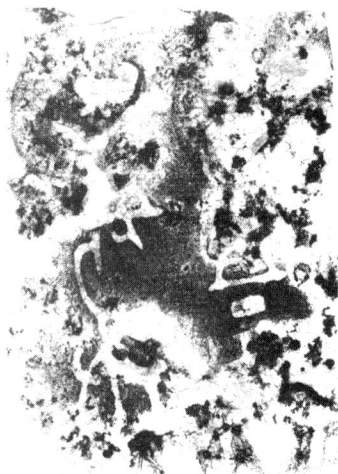

R.351

A435　亞耳尊

1. 未著録
2. 三代 11.23.8　R.264〔集成 05865〕
3. 高 23，口徑 18.4
4. 銘三行七字：亞耳
　　　　　　　乍且丁
　　　　　　　隋彝。
5. 西周初期
6. 葉志詵，潘祖蔭
7. 盧 86437〔紐約某氏〕
8. 亞通常爲氏族的稱號，此銘似爲官職。

R.264

A436

1. 未著録

3. 高 24.9, 口徑 19.5, 底徑 13

5. 西周初期

7. 納爾遜 46.29

8. 有銘三字, 同于善齋吉金 1.22〔集成 00155〕, 疑係偽刻。此器銅質不佳, 望之可疑。

A437　厥子尊

1. 未著録
2. R.353〔集成05903〕
3. 高21.2，口徑19.1
4. 銘二行八字: 厥子乍父辛
　　　　　　　寶隣彝。
5. 西周初期
6. F. H. Hirschland
7. 紐約45.124
8. 此銘之"厥子"猶它器之"乃孫"，均不著私名。

R.353

A438

R.318

A438　卿尊

1. 澂秋 26

2. 三代 11.26.3　R.318〔集成 05889〕

3. 高 24.2，口徑 20.2

4. 銘二行七字: 卿乍厥考
　　　　　　　　寶隮彝。

5. 西周初期（成王）

6. 吳式芬，陳承裘，Winthrop

7. 福格 43.52.94

8. 此器花文與濬縣 12 一尊相似。

　卿所作器，舊皆陳氏所藏，今已分散，其目如下:

　　　（1）尊　　澂秋 26　　A438

　　　（2）卣　　澂秋 37　　A567

　　　（3）卣　　澂秋 36〔集成 05258〕

　　　（4）觚　　澂秋 40〔集成 07292〕

　　　（5）殷　　澂秋 15〔集成 03948〕

　　　（6）鼎　　澂秋 4〔集成 02595〕

（1）—（3）同銘，惟（2）（3）之蓋銘省去 "寶" 字。（4）—（6）皆爲父乙而作，似早於

（1）—（3）。餘詳西周銅器斷代。

A439　吏尊

1. 未著錄

2. 小校 2.36.3　　R.345〔集成 05817〕

3. 高 24.7, 口徑 21.3

4. 銘二行五字: 吏乍小
　　　　　　　　　旜彝。

5. 西周初期

7. 波斯頓 17.825

8. 西清 9.8 一觶〔集成 06460〕與此同銘。

R.345

A440

1. 未著録

2. R.381〔集成05972〕

3. 高 19.5，口徑 19

4. 銘四行十六字：□□乍其
　　　　　　　　爲厥考宗
　　　　　　　　彝，用匄壽，
　　　　　　　　萬年永寶。

5. 西周中期

6. 姚, H. D. Chapin

7. 奧斯古

8. 此銘甚異。我手拓之時，覺其不僞。

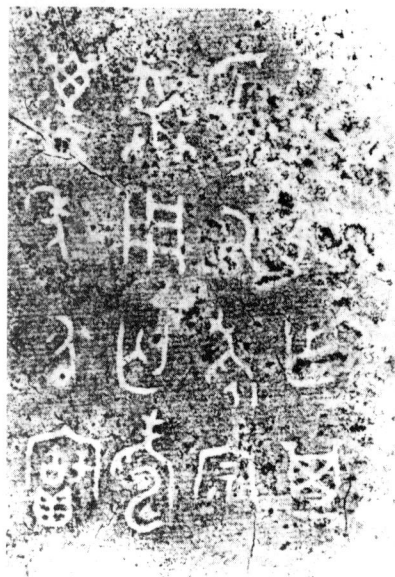

R.381

A441.1

A441.2

A441

1. 未著録

3. 高20.5，口徑19.5

4. 銘爲重銹掩没。

5. 西周初、中期

6. 姚，H. D. Chapin

7. 奥斯古

8. 此器花文同於A427，但形制稍晚。

A442.1

R.360h

R.493p

A442　獸尊

1. 菁華 23
2. R.360（摹本），R.493（照相放大）〔集成 05902〕
3. 高 18.2，口徑 17.8
4. 銘二行八字：獸乍父庚
　　　　　　　　寶障彝。弓。
5. 西周初、中期
6. 〔管估〕
7. 大學 29.25.1
8. 此器花文與 A441 相近似。

A442.2

A443　明尊

1. 未著録
2. 三代 11.12.6　R.347〔集成 05693〕
3. 高 17.6, 口徑 17.4, 底徑 11.8
4. 銘三字: 明乍旅
5. 西周初期
7. 盧 81414〔紐約某氏〕

R.347

A444　父乙尊

1. 未著録

2. R.238〔集成05824〕

3. 高19, 口徑17

4. 銘二行六字: 乍父乙
　　　　　　　寶彝。兇。

5. 西周初期

7. 乃布

8. 此器與A628同銘。參A326。此器銘拓不清。

R.238

A445　殳赤尊

1. 菁華 26
2. R.289〔集成 05816〕
3. 高 19，口 18×17.3
4. 銘二行五字：殳赤乍
　　　　　　　寶彝。
5. 西周初期
6. Higginson
7. 福格 44.57.30

R.289

A446

1. 未著録

3. 高 20.3

5. 西周初期

7. 穆爾 1003

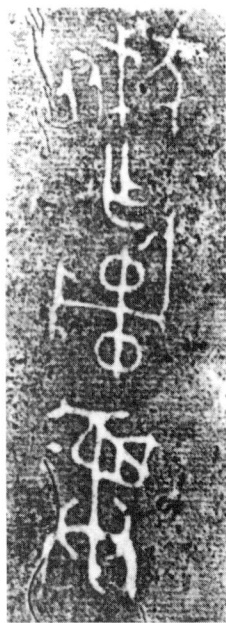

A447　狀尊

1. 盧目（1941）25
2. 三代 11.17.1　R.340〔集成 05775〕
3. 高 19.6，口徑 16.5
4. 銘四字：狀乍旂彝。
5. 西周初期
7. 盧 86947〔薩克勒〕
8. 三代 13.6.7, 13.7.1—2〔集成 05119〕兩卣，與此同銘。

R.340

A448

R.366h

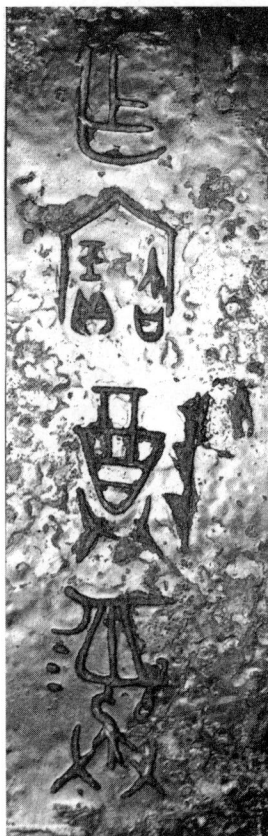

R.492p

A448

1. 菁華 27

2. R.366（摹本），R.492（照相放大）〔集成 05784〕

3. 高 23.5，口徑 21.4

4. 銘四字：乍寶障彝

5. 西周初期（約康王）

6. 盧

7. 大學 C352

8. 西甲 5.25 一尊與此同形制、花文並同銘，泉屋 32 一器〔集成 05787〕與此同銘而花文介乎此器與西甲一器之間。

　　此器與效尊相似，後者可定爲康王時器，詳西周銅器斷代。

A449

1. 善齋126

2. 三代11.19.7　R.298〔集成05821〕

3. 高18.5, 口徑17.5, 底徑12.5

4. 銘二行五字：□乍從
　　　　　　彝。□。

5. 西周初期（約康王）

6. 劉體智, A. B. Hartman

7. 火奴魯魯4736

8. 此類分尾長鳥式花文, 流行於康王時。

R.298

A450

1. 支那古銅器集 10, 菁華 29
2. R.361〔集成 05946〕
3. 高 17.8, 口徑 17.5
4. 銘二行十四字：

　　　□乍父癸寶隣

　　　彝，其孫孫子子永用。

5. 西周初期（約康王）
6. Kashima Iwazo, Walter Scott Fitz
7. 波斯頓 17.2273
8. 參 A449。

R.361

A451　屯尊

1. 未著録
2. R.376〔集成 05932〕
3. 高 19.5，口徑 19.4
4. 銘二行八字：屯乍兄辛
   寶障彝。㐅。
5. 西周初期（成、康）
6. Higginson
7. 福格 44.57.26
8. 最後一字是族名，象人左右各牽一馬，另一野豕形獸在其胯下。字不可釋。同族名者有以下諸器：

R.376

（1）尊一　　　A453　　　"父丁"
（2）方彝　　　録遺506〔集成09872〕　　　"父丁"
（3）（4）鼎　三代3.27.1—2〔集成02509, 02510〕　　　"屯"　"父己"
（5）（6）段　善齋61, 62〔集成03714, 03715〕　　"辦"　"父己"
（7）觶　　　三代14.44.11〔集成06408〕　　　"父己"
（8）（9）段　善齋59, 60〔集成03459, 03458〕
（10）尊二　　A451　　　"屯"　　"兄辛"
（11）卣　　　A623　　　"屯"　　"兄辛"
（12）尊三　　西清9.40〔集成05803〕　　　"父辛"
（13）罍　　　録遺211〔集成09796〕

由（3）（4）與（5）（6），知屯與辦乃是兄弟，同是父己之子，則兄辛當是屯、辦之兄。（12）之父辛疑是屯、辦之子輩所以稱屯、辦之父辛。（1）之父丁可能是父己之父而屯、辦之祖，因（1）的花文比較老，屬于成王時。由此可推測此組銅器可能分爲三個時期：

甲、（1）—（2）　　屯之父己爲父丁，即屯之祖丁
乙、（3）—（7）　　屯、辦爲父己
　　（10）—（11）　屯爲兄辛
丙、（12）　　　　屯子爲父辛

以上三個先後時期，大約都在成、康之世。銅器中先後世次的關係，以此組爲最可玩味。

A452　隹尊

1. 盧目（1940）圖版十一, 24

2. 三代 6.41.1　R.266〔集成 05901〕

3. 高 20.2, 口徑 17.5

4. 銘二行八字：隹乍父己
　　　　　　　寶彝。戉箙。

5. 西周初期

7. 盧 38.229〔薩克勒〕

8. 銘末二字乃族名, 亦見以下諸器：

　　（1）卣　　三代 13.1.1—2〔集成 05047〕　　"且乙"

　　（2）卣　　三代 13.1.4〔集成 06386〕　　"父乙"

　　（3）觶　　續殷 2.53.9

　　（4）甗　　三代 5.4.3〔集成 00846〕　　"父癸"

　　（5）尊　　攗古 1.1.12.3

（3）（4）之"戉"字有秘而此器並（1）（2）無之, 由此可證此器的"戉"是戉字。

R.266

A453

1. 雙古 1.12; 盧目（1940）圖版十二, 26
2. 三代 11.25.3　R.378〔集成 05898〕
3. 高 18.4
4. 銘二行七字: 乍父丁
　　　　　　　寶隣彝。╳。
5. 西周初期（成王）
6. 于省吾, 盧
7. 費利浦斯
8. 此器屬於屯組, 詳A451。

R.378

A454　叔尊

1. 未著録

2. 失拓

3. 高28，口徑16.5，中部9.5

4. 銘四字：<u>叔</u>乍寶彝。

5. <u>西周</u>初期

7. <u>盧</u>

8. 此器甚奇，形似尊而無底，上下都是空的，銘在較大的一口。"叔"字作𣞶。因其似尊，故附於此。

A455　戈觚

1. 未著録
2. R.47〔集成06689〕
3. 高29.2，口徑15.2
4. 銘一字：戈
5. 殷
6. Leventritt
7. 司丹佛

R.47

A456　車觚

1. 未著録
2. R.156〔集成06751〕
3. 高32.7，口徑17.5
4. 銘一字：車
5. 殷
7. 馬薩

R.156h

A457　車涉觚

1. 未著録
2. R.160〔集成07040〕
3. 高29.3, 口徑16.7
4. 銘二字: 車涉
5. 殷
6. 盧87475
7. 弗利亞43.9
8. 續殷附6.7一器與此同銘。

R.160p

A458

1. 未著録

3. 高27.5，口徑16

5. 殷

6. Kleijkamp

7. 魏格

8. 中部斷折。

A459

1. 未著録

2. R.202〔集成07136〕

3. 高29.4, 口徑16.6, 底徑9.5

4. 銘三字: 丰, 父己

5. 殷

7. 派克

8. 銘第一字是族名, 見於以下諸器:

    （1）鼎　考古圖1.21〔集成01660〕　安陽出土

    （2）觚　三代14.20.1〔集成06820〕　銘同（1）

    （3）鼎　三代2.12.7

R.202

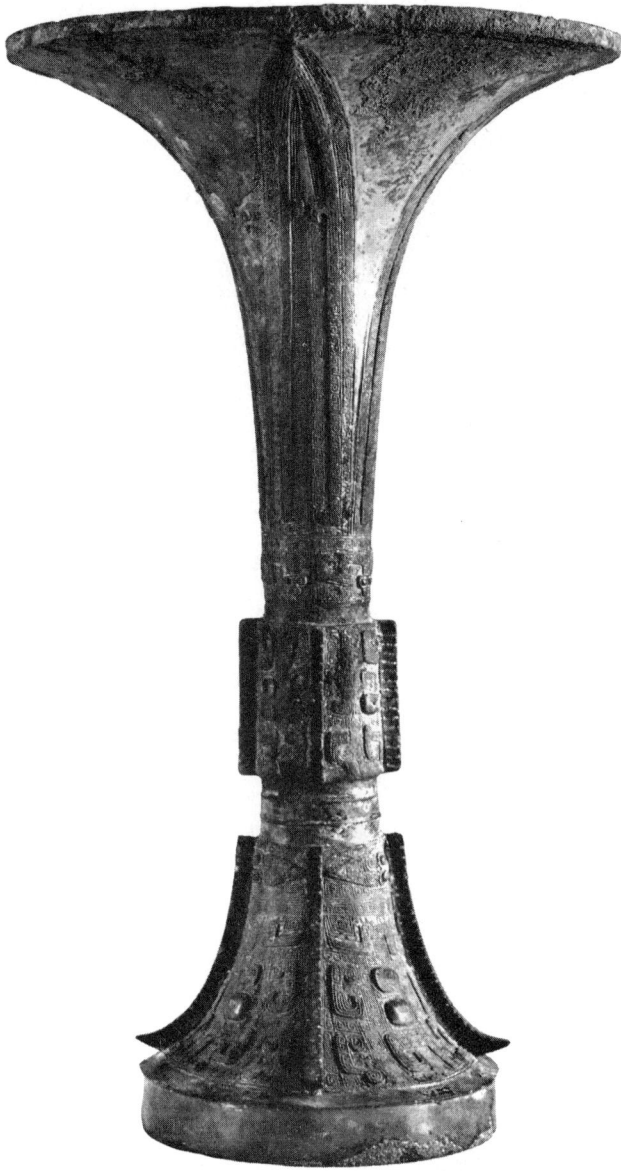

A460　癸酉觚

1. 海外銅器 44, 柏景寒 12
2. R.79〔集成 06841〕
3. 高 31.2, 口徑 17.5
4. 銘二字: 癸酉
5. 殷
6. 盧
7. 芝加哥 37.2
8. 夢續 3 一鼎〔集成 01680〕銘 "酉, 父癸", 故知此 "癸" 是
　"父癸" 之省。"酉" 是族名, 詳金文編附下 55b。

R.79

A461　⿰爻瓜觚

1. 鄴一1.23, 海外銅器45, 中國圖符43

2. 三代14.13.10　R.34〔集成07003〕

3. 高27, 口徑15.8, 底徑9

4. 銘一字: ⿰爻瓜

5. <u>殷</u>

6. <u>尊古齋</u>

7. <u>納爾遜</u>34.244

8. 同銘之器, 詳A12。

R.34

A462　子雨觚

1. 未著録

2. R.115〔集成 06913〕

3. 高 28.8，口徑 15.8，底徑 9.5

4. 銘二字：子雨

5. 殷

7. 郝克斯

8. 同銘之器，詳 A81。

R.115p

A463　宁得觚一

1. 未著録

2. R.9〔集成07025〕

3. 高28.5, 口徑15.5

4. 銘二字: 宁得

5. 殷

6. 山中

7. 布侖代奇〔B60B777〕

8. 此器與A344, 464同銘。白讃13（三代11.39.1—2）方
彝〔集成09742〕與此同銘。

R.9

A464　宁得觚二

1. 雙古1.34, 中國圖符42, 弗利亞10
2. R.10〔集成07026〕
3. 高28.4, 口徑15.6
4. 銘二字: 宁得
5. 殷
6. 于省吾, George Abe
7. 弗利亞40.3
8. 此與前器爲一對。

R.10

A465

1. 未著録

2. R.468〔集成07015〕

3. 高26，口徑15.5，底徑16.5

4. 銘一字：罩

5. <u>殷</u>

7. <u>盧</u>〔<u>薩克勒</u>〕

8. 此器與A374，477同銘。

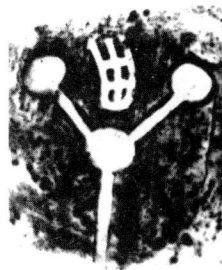

R.468

A466

1. 未著録

3. 失録

5. 殷

7. 盧

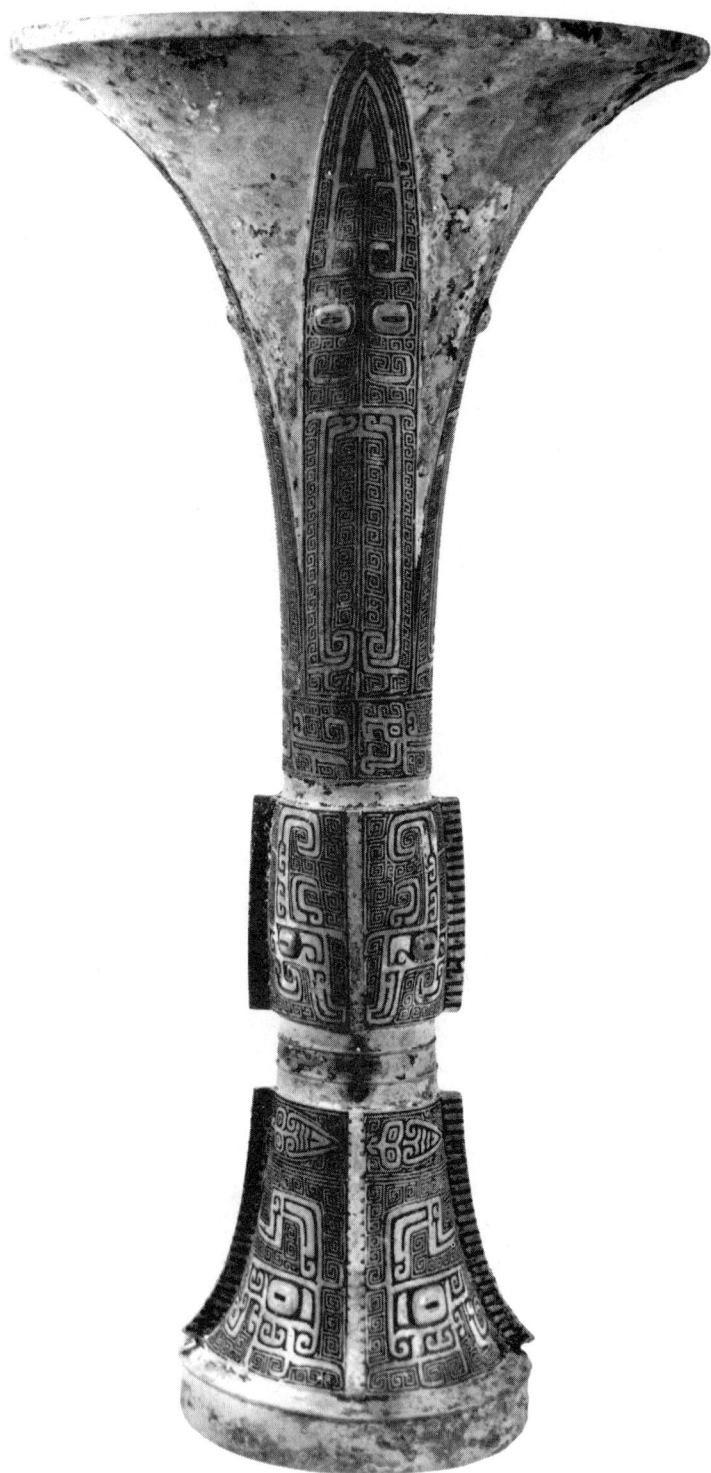

A467

1. 未著録

3. 高 31.7, 口徑 16.5, 底徑 8.3

5. 殷

7. 盧

A468

R.134

A468　亞橐瓠

1. 未著録

2. R.134〔集成06986〕

3. 高30.5, 口徑16.5

4. 銘二字: 亞（形中）橐

5. 殷

6. 盧87321

7. 杜克

8. 同此族名的有以下諸器:

  （1）執鐘　　西甲17.30, 三代18.7.5〔集成00386〕

  （2）角　　　善齋164〔集成07794〕

  （3）角　　　三代16.41.4〔集成07793〕

  （4）鼎　　　泉屋1〔集成01424〕

  （5）爵　　　續殷2.3.11〔集成07794〕

  （6）卣　　　鄴一1.20〔集成05271〕

  （7）鼎　　　鄴三1.12〔集成01362〕

  （8）罍　　　兩罍1.7

以上（1）—（5）並A468同銘,（6）—（8）銘較長。（7）銘使此族名與奰族名（A12）相繫聯。（6）（7）傳安陽出土。

A469　或觚

1. 盧目（1939）圖版十, 2
2. R.42〔集成06713〕
3. 高29.8, 口徑17
4. 銘一字: 或
5. 殷
7. 盧81423〔印地安那波里斯〕
8. 同銘之器, 見A353, 487。

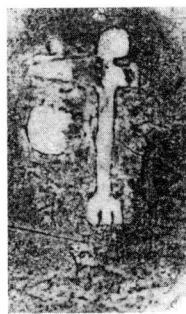

R.42

A470

1. 未著録

3. 高 32.3

5. 殷

7. 盧 6.050

A471

1. 未著録

3. 高 29.6，口徑 14.8

5. 殷

6. Komor

7. 波斯頓 46.780

A472　弔車觚

1. 中國圖符 28
2. R.161〔集成 07049〕
3. 高 32, 口徑 15.5, 底徑 8.3
4. 銘二字: 弔車
5. 殷
6. A. B. Hartman
7. 火奴魯魯 161
8. 此器與 A356 同銘。

R.161

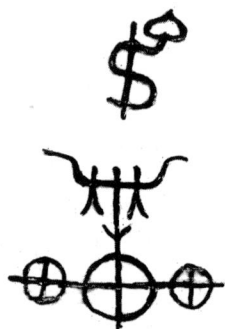

R.161h

A473

1. 未著録

2. R.77〔集成06757〕

3. 高32.6，口徑15.7，底徑8.9

4. 銘一字：酉

5. 殷

7. 聖路易29.66.37

8. 鄴三1.35一斝〔集成09144〕與此同銘，傳安陽出土。

R.77

A474

1. 未著録

3. 高 32.5，口徑 17.8，底徑 9.7

5. 殷

7. 布侖代奇

A475　力冊父丁觚

1. 中國圖符27, 皮斯百25
2. R.106〔集成07233〕
3. 高29.8, 口徑16.6
4. 銘四字: 力冊, 父丁
5. 殷
6. 盧
7. 皮斯百38.486

R.106

A476

1. 未著録

2. R.169〔集成06575〕

3. 高29.6，口徑16.8，底徑9

4. 銘一字，不識。

5. 殷

7. 派克

R.169　　　　　R.169h

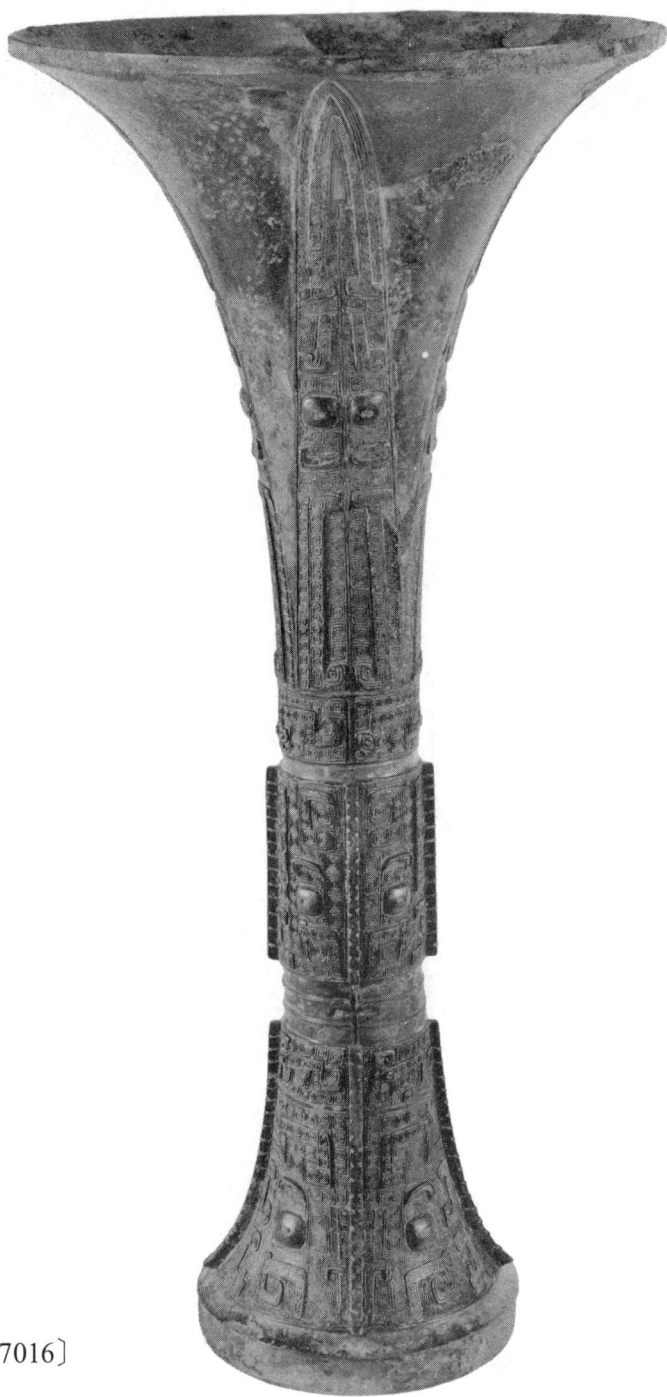

A477

1. 未著録
2. R.73〔集成 07016〕
3. 高 32.3
4. 銘一字：罩
5. 殷
6. 盧 86532
7. 明肯郝夫
8. 此器與 A374，465 同銘。

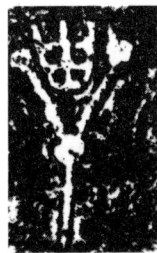

R.73

A478

1. 未著録

3. 高29.8，口徑17

5. 殷

7. 華爾特54.2183

A479

1. 未著録

3. 高 30.5，口徑 16.9

5. 殷

6. Kleijkamp

7. 魏格

A480

1. 未著録

3. 高30.5, 口徑16.6

5. 殷

6. Kleijkamp

7. 魏格

A481

1. 未著録

2. R.149〔集成07181〕

3. 高31.5，口徑16.2，底徑8.8

4. 銘三字：亞（形中）木，守

5. 殷

6. 盧 81576

7. 戴維斯

R.149

R.253

A482

1. 未著録

2. R.253〔集成07237〕

3. 高30.3, 口徑16.5

4. 銘四字：入戋, 父丁

5. 殷

7. 克來肥斯

8. 銘第二字係兩戈正反相交, 頌齋2.31（三代16.8.6）
　〔集成08465〕一爵同銘而無第一字。

R.253h

A483

1. 未著録

3. 高 30.3，口徑 16.5

5. 殷

7. 克來肥斯

A484

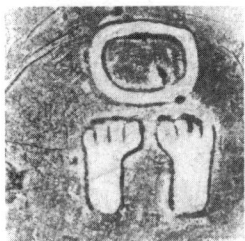

R.4

A484　　昷瓿

1. 未著録

2. R.4〔集成06636〕

3. 高31.7, 口徑17, 底徑10

4. 銘一字: 昷

5. <u>殷</u>

6. A. B. Hartman

7. <u>火奴魯魯</u>4735

8. 此器傳<u>安陽</u>出土, 合金中錫與銀的成分甚多。

　　銘乃族名, 亦見以下諸器:

　　（1）瓿　<u>善齋吉金</u>4.3, <u>三代</u>14.15.5〔集成06636〕

　　（2）殷　<u>柉林</u>10, <u>續殷附</u>2.1〔集成02949〕

　　（3）殷　<u>西清拾遺</u>11

　　（4）鳥獸尊　A670

　　（5）尊　<u>泉屋</u>17〔集成05755〕　較長銘

　　（6）尊　<u>三代</u>11.19.5〔集成05809〕　較長銘

A485　亞隻觚

1. *Revue des Arts Asiatiques* 8:3:160

2. R.126〔集成 06982〕

3. 高 30, 口徑 16.5, 底徑 9

4. 銘二字: 亞隻

5. 殷

6. O. Karlbeck, Robert Woods Bliss

7. 盧〔辛辛那提〕

8. 傳安陽 大司空村出土。

R.126

A486　宁戈觚

1. 未著録

2. R.50〔集成07009〕

3. 高28.2

4. 銘二字: 宁（形中）戈

5. 殷

7. 盧4.1449

R.50

A487　或觚

1. 中國圖符14; 盧目（1940）圖版五, 6

2. R.43〔集成06714〕

3. 高26.4, 口徑15.3, 底徑9.3

4. 銘一字: 或

5. 殷

6. 盧81588

7. 康恩〔紐約〕

8. 同銘之器, 見A353, 469。

R.43h

A488

1. 盧目（1940）圖版六, 16

3. 高25.9, 口徑14.7, 底徑8.9

5. 殷

6. 盧86441

7. 巴拉德

8. 此器與A505觚的足部都是鏤空的。翁塔利NB4033, 4034兩觚傳出土安陽 大司
　 空村。此類觚可以信爲安陽的, 但此器有銘二字, 乃僞刻。

A489

1. 未著録

3. 高28.2，口徑16.3

5. 殷

7. 伏克

A490

1. 未著録

3. 高 28，口徑 16.4

5. 殷

7. 伏克

A491

1. 未著録

3. 高30.7, 口徑16.5

5. 殷

7. 赫龍

8. 破, 修復。此器未見, 可疑。

A492　戈觚

1. 未著録

2. R.45〔集成06688〕

3. 高27.8

4. 銘一字：戈

5. 殷

7. 梅葉爾

R.45h

A493

1. 未著録

3. 高 27.8，口徑 12.6

5. 殷

7. 乃布

R.247

A494　匕己觚

1. 陶齋1.8，柉禁17.1
2. 三代14.27.10　R.247〔集成07219〕
3. 高20.8，口徑12.7
4. 銘四字：亞(形中)×，匕己
5. 西周初期（約成王）
6. 端方
7. 紐約24.72.10
8. 此器與柉禁無關，詳A418。

此器與三代14.50.6觶及三代5.4.2甗〔集成05049，00843〕同族名。

此器與卿觚（澂秋40）花文相同，後者乃成王時器。

A495　史見觚

1. 菁華 52

2. 續殷 2.62.11　R.335〔集成 07279〕

3. 高 21.8，口徑 12.6

4. 銘二行六字：史見乍
　　　　　　　　父甲彝。

5. 西周初期

7. 畢德威爾

8. 此器與 A597 同銘。此銘在觚的口內，與通常在足內者不同。

R.335

A496.1

A496.2

A496

1. 未著録

3. 高29.2, 口徑16, 底徑10.1

5. <u>殷</u>

7. <u>火奴魯魯</u>3471

8. 足内有突起的花文, 與A506同。

A497

1. 未著録

2. 失録

3. 高 17.2

4. 銘不詳

5. 殷

6. 盧

7. 戴維斯

A498

1. 未著録

3. 高28.2，口徑16.3

5. <u>殷</u>

6. Gumps

7. <u>西雅圖</u>Ch6.39

A499

1. 未著録

3. 高25，口徑14，底徑8.7

4. 有銘與否，不詳。

5. 殷

6. 山中

7. 丹佛

A500　文觚

1. 盧目（1941）44
2. R.171〔集成06797〕
3. 高25.2
4. 銘一字：文
5. 殷
7. 盧86416〔薩克勒〕

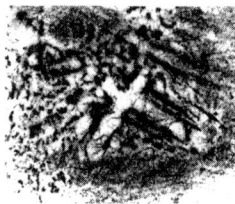

R.171

A501

1. 未著録

3. 高18.5, 口徑11

5. 殷

7. 盧87035A

A502

1. 未著録

3. 高 18.6，口徑 11.3

5. 殷

7. 盧 87035B

A503　子乂觚一

1. 未著録。

2. R.119〔集成06900〕

3. 高23.3, 口徑14, 底徑8.2

4. 銘二字: 子乂

5. <u>殷</u>

6. Higginson

7. <u>福格</u>44.57.27

8. 此器口與足有破痕。與下器是一對。

R.119

A504　子乂觚二

1. 未著録
2. R.120〔集成06901〕
3. 高23.4，口徑14.2，底徑8.3
4. 銘二字：子乂
5. 殷
6. Higginson
7. 福格44.57.28

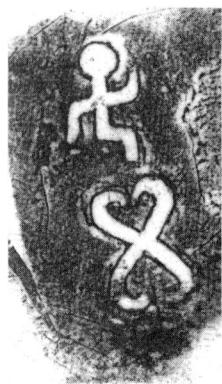

R.120

A505　婦觚

1. 未著録

2. R.29〔集成06522〕

3. 高25.6

4. 銘陽款一字：婦

5. 殷

7. 盧7.91〔薩克勒〕

8. 此器與A656觥同銘。鏤空製法，同A488觚。

R.29

A506

1. 菁華55

3. 高26.9，口徑15.6

5. 殷或西周初期

6. Parish-Watson

7. 加得納

8. 足内有突起的花文，同A496。

A507

R.86

A507　弔龜且癸瓠

1. 未著録

2. 猗文閣金文　R.86〔集成07218〕

3. 高26.5, 口徑14.2

4. 銘四字: 弔龜, 且癸

5. 殷

6. Kleijkamp

7. 魏格

8. 弔龜是族名, 亦見以下諸器:

    (1) 觶　三代14.50.5〔集成07218〕　與A507同銘

    (2) 殷　三代7.9.5—6〔集成03426, 03427〕　"父丁"

    (3) 鼎　鄴一1.10

    (4) 鼎　鄴二1.6

    (5) 斦　鄴一2.11.1—2

    (6) 戈　雙吉2.4〔集成10862〕

    (7) 戈　*BMFEA*, No.2, pl.2

    (8)(9) 爵　頌齋17, 18〔集成08228, 08224〕

    (10)(11)(12) 爵　三代15.36.8, 9; 15.37.3〔集成08227, 08225, 08226〕

    (13) 罍　癡庵23

以上(3)—(13)都衹有族名二字,(3)—(9)傳1928—1929年安陽出土。鼎與爵花
文相異。

A508

1. 未著録

3. 高 27.3，口徑 16，底徑 9.5

5. 殷或西周初期

6. J. Watson Webb

7. 耶魯 40.127B

A509

1. 未著録

3. 高25.3，口徑14.9，底徑8.8

5. 殷或西周初期

6. George G. Booth

7. 客蘭布羅克37.12

A510

1. 未著錄

3. 高 27, 口徑 16.2

5. 殷

7. 密西根 羅馬尼亞正教會

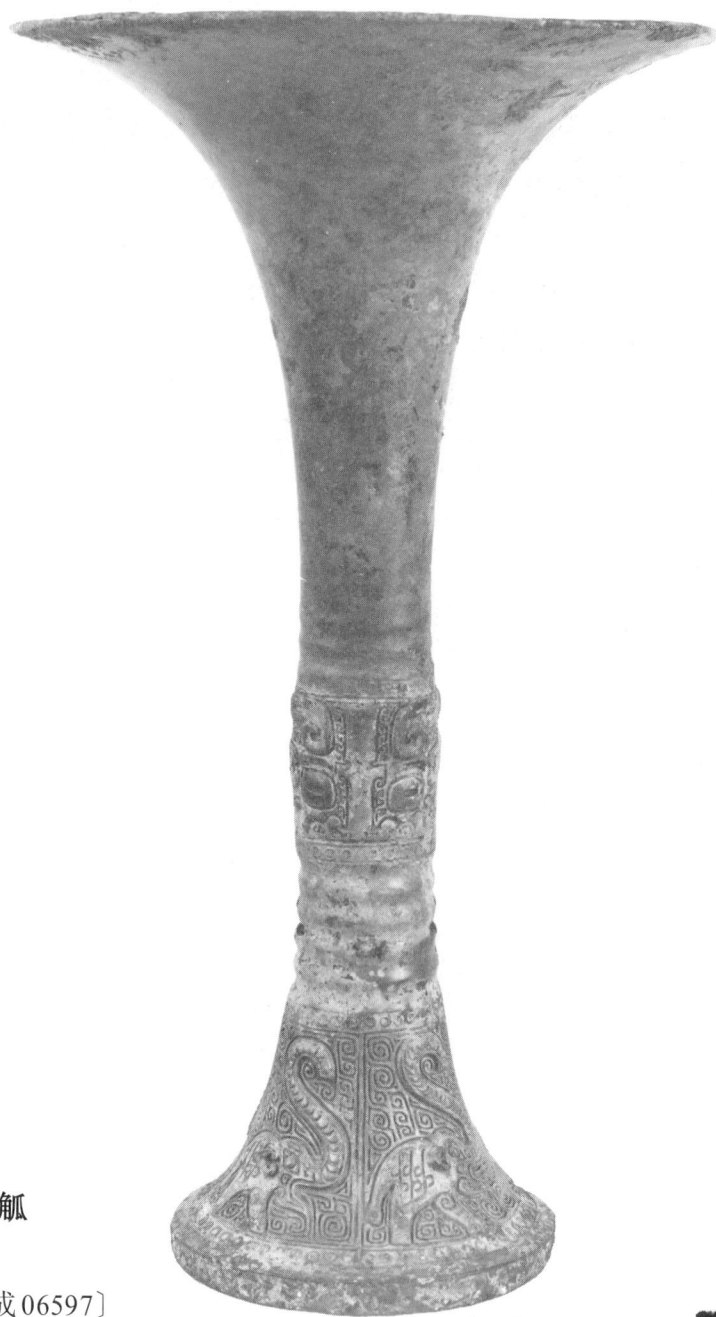

A511　友觚

1. 未著錄

2. R.218〔集成06597〕

3. 高28，口徑15.8

4. 銘一字：友

5. 殷

7. 盧87476〔出光〕

8. 此器細長而有象文，安陽出土。故宮及瑞典京城遠東博物館
   亦藏有同形制的（中國圖符51）。錄遺185尊〔集成05451〕與
   此同銘。

R.218

R.177

A512　媓觚

1. 未著録

2. R.177〔集成06523〕

3. 高24.7, 口徑13.9

4. 銘一字: 媓

5. 殷

6. Kleijkamp

7. 魏格

8. 銘陽款, 乃是女姓。此字金文編所
　未録。
　此器乃明器。

A513　忻册亯觚一

1. 未著録
2. R.103〔集成 07167〕
3. 高 22, 口徑 14
4. 銘三字: 忻, 亯册
5. 殷或西周初期
7. 霍布金斯 (借陳波斯頓 312.40)
8. 族名, 詳 A406。與下器是一對。

R.103

A514　忻册酉觚二

1. 未著録

2. R.104〔集成07168〕

3. 高22.2，口徑13.9

4. 銘三字：忻，酉册

5. 殷或西周初期

7. 霍布金斯（借陳波斯頓313.40）

8. 與前器是一對。

R.104

A515

1. 未著録

2. R.469〔集成07150〕

3. 高24.7, 口徑15.2

4. 銘三字; ×, 父辛

5. 殷

7. 杜克

8. 銘第一字族名, 左從未, 右爲獸形。

R.469

A516

1. 未著録

2. R.179〔集成06574〕

3. 高18，口徑12.5

4. 銘一字，不識。

5. 殷

6. Kleijkamp

7. <u>魏格</u>

8. 銘不識，<u>金文編</u>所未録。

R.179

A517　戈且丁觚

1. 未著録

2. R.470〔集成07178〕

3. 高28.2，口徑15.8，底徑8.9

4. 銘三字：戈，且丁

5. <u>殷</u>

6. Chester D. Tripp

7. <u>芝加哥</u>46.252

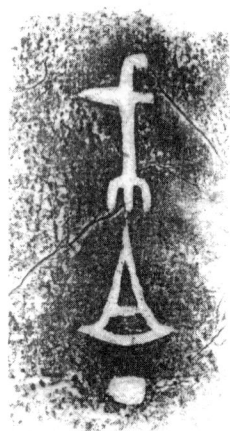

R.470

R.132a

R.132b

A518

1. 弗利亞 15

2. R.132〔集成 06164〕

3. 高 18，寬 8.9

4. 器蓋同銘二字：亞（形中）甾

5. 殷

6. 盧 13195

7. 弗利亞 38.6

8. 同此族銘的見以下諸器

   （1）尊　雙古 1.13〔集成 05567〕

   （2）鬲　三代 5.13.4〔集成 00455〕

   （3）尊　續殷 1.50.10

   （4）尊　續殷 1.50.11

A519

1. 盧目（1941）6

3. 高 17.5，口 7.8×7.1

5. 殷

6. 盧 81847

7. 康恩〔紐約？〕

A520

1. 未著録

3. 失録

5. <u>殷</u>

7. <u>盧</u>36.051

A521　亞夨父乙罍

1. 未著録

2. R.143〔集成06377〕

3. 高20.2

4. 銘四字：亞（形中）父乙，夨

5. 殷或西周初期

7. 盧87438〔布侖代奇B60B92〕

8. 此族名，詳A523。

R.143

A522 箙觶

1. 中國圖符 12，皮斯百 30
2. R.54〔集成 06052〕
3. 高 20.8，口 12.3×9.1
4. 銘一字在器口內：箙
5. 殷
6. 盧
7. 皮斯百 39.730
8. 此器與鄴三 1.15，16〔集成 01216，01217〕兩鼎同銘，該兩
   鼎均傳安陽出土。

R.54b

A523

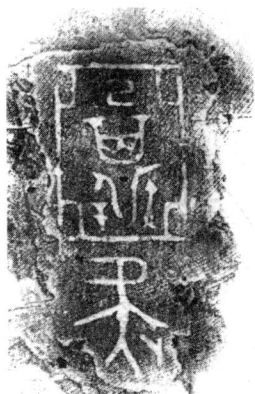

R.142a

A523　亞夨其侯妣辛觶

1. *Masterpieces*圖版三, 21

2. R.142〔集成06464〕

3. 高18.8, 口9.9×8.3

4. 器蓋同銘六字: 亞（形中）豈戻 匕辛。夨。

5. 殷

6. Kleijkamp

7. 魏格

8. 亞夨是殷與西周初一個重要的族名, 已見于A47, 521, 亦見于A642。此族名的寫法
　　可分四數:
　　甲、夨字的上筆和亞字的下筆相連接的:
　　　　（1）方彝　A642
　　　　（2）（3）爵　鄴二1.26, 30〔集成07776〕
　　　　（4）尊　遺寶37〔集成05570〕
　　　　（5）罍　遺寶38〔集成09762〕
　　　　（6）斝　遺寶48〔集成09157〕
　　　　（7）（8）瓿　翁塔利NB4033, 4034〔集成06965, 06966〕（銘在口外）
　　　　（9）盤　鄴二1.36, 使華17〔集成10023〕
　　　　（10）（11）執鐘　鄴二1.1—2〔集成00380, 00381〕
　　　　（12）鈴　巖窟2.66〔集成00415〕
　　　　（13）矛　鄴一2.5
　　　　（14）（15）戈　巖窟2.9, 29〔集成10833, 10831〕
　　　　（16）斨　巖窟2.62A〔集成11794〕

  （17）尊　三代11.3.7—8〔集成09762〕

  （18）毁　三代6.5.11〔集成03090〕

  （19）斝　三代13.47.6〔集成09156〕

  （20）（21）鼎　三代2.7.11—12〔集成01432〕

  （22）—（25）觚　三代14.19.2—5（其一見泉屋90）〔集成06959—06962〕

  （26）—（31）爵　三代15.16.1—3, 15.16.6—8〔集成07782, 07775, 07778,
   07779〕

  （32）壺　三代12.2.2—3〔集成09747〕

  （33）執鐘　攗古1.1.19.1

  （34）—（37）器　三代10.46.1—4〔集成04653〕

乙、夨字在亞字外而不相連的：

  （38）觶　A521

  （39）尊　濬縣15, 16

  （40）角　三代16.46.7〔集成09099〕

  （41）（42）爵　三代16.33.3—4〔集成09000, 09001〕

丙、夨字在亞字內的

  （43）鼎　A47

  （44）觶　三代14.35.6〔集成06306〕

丁、亞夨分書而在亞字內有“其”或“冒厌”的：

  （45）觶　A523　　“匕辛”

  （46）卣　本集R.144〔A868（增）〕

  （47）鼎　巖窟1.8〔集成02262〕

  （48）斝　鄴三1.36〔集成09245〕

  （49）爵　巖窟1.46〔集成09075〕

  （50）卣　陶齋2.35〔集成05294〕　　“母辛”

  （51）毁　三代7.9.4〔集成03505〕　　“父乙”

  （52）毁　三代6.32.2〔集成03504〕　　“父乙”

  （53）亞盂　三代14.10.7—8〔集成09439〕　　北京出土, 匽侯所作　　“父乙”

  （54）毁　三代7.8.7〔集成03359〕　　“父戊”

  （55）毁　三代6.27.4〔集成03429〕　　“父己”

  （56）卣　三代13.34.5〔集成05377〕　　“且丁”

以上（2）—（16），（47）—（49）傳安陽出土，（10）（11）（33）的執鐘祇見於殷器，都可以確定爲殷代的。（39）（53）分別出土於濬縣和北京，乃西周初期的衛、燕之器。（46）—（54）其侯作其，省去侯字。錄遺489則亞（形中）冒侯而無夨。

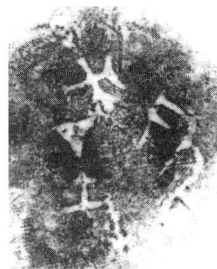

R.28a

A524　帚嫡觶

1. 未著録

2. R.28〔集成 06143〕

3. 高 12.5，口 7.5×6

4. 器、蓋同銘二字：帚嫡

5. 殷

7. 麥克阿爾平

8. 帚即婦；啇是姓，從女，字書所無，金文編所未録。

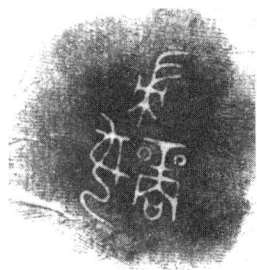

R.28b

A525

1. 未著録

2. R.313〔集成06508〕

3. 高21, 口徑12

4. 銘三行十三字：ǎ般貝宁, 用

　　乍父乙寶

　　隣彝。隽册。

5. 西周初期

7. 魯本斯

8. 此器拓本不精, 其首四字應是作器者名。巖窟1.52瓶
　〔集成07284〕銘曰 "×。遂般宁用乍父辛寶隣彝", 可
　備參考。

R.313

A526.1

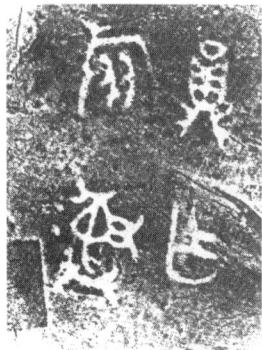 

R.327a　　　　　　　　　　　R.327b

A526　員觶一

1. 盧目（1941）55
2. R.327〔集成 06432〕
3. 高 15.3，口徑 8.6
4. 銘二行四字：員乍
　　　　　　　　旅彝。
5. 西周初期（成王）
6. 盧 87065A
7. 戴維斯〔聖路易〕
8. 員作者尚有以下諸器：
　　（1）鼎　善齋吉金 2.30〔集成 01751〕　　"員乍貞"　弦文、素鼎
　　（2）壺　善齋吉金 4.44〔集成 09534〕　　"員乍壺"　素、貫耳、長壺
　　（3）盂　三代 14.5.10，録遺 291〔集成 09367〕　　"員乍旅"
　　（4）尊　三代 11.12.5〔集成 05692〕　　"員乍旅"
　　（5）卣　A629　　"員乍夾"
　　（6）卣　三代 13.37.1—2〔集成 05387〕
　　　　　　　　員從史旟伐曾，
　　　　　　　　員先内邑，員孚
　　　　　　　　金，用乍旅彝。

其形制、文飾、銘文内容，都是成王時的。形態學 39.3 所録尊與卣，其文飾與此觶
同，或爲員器。卣與觥 17a 卣，文飾亦近此，傳山東出土，有銘不詳。

三代 11.31.5 尊〔集成 05965〕員爲父壬作器。夢續 24 員父尊（素、弦文）與攈古
1.3.54.4 員父段〔集成 03564〕乃山東 陳介祺、吳式芬舊藏，疑與員爲一人。

A526.2

A527

R.326a　　　　　　　　　　R.326b

A527　員觶二

1. 盧目（1941）55

2. R.326〔集成06431〕

3. 高15.3, 口徑7.4

4. 銘同A526

5. 西周初期（成王）

7. 盧87065B〔布侖代奇B60B58〕

8. 餘詳前器。

A528.1

A528.2

A528

1. 未著録

3. 高 10.8，口 5.7×4.4

5. <u>西周</u>初期

7. <u>盧</u>

R.471a

R.471b

A529　龔母子觶

1. 未著録
2. R.471〔集成06349〕
3. 高15.9，口7.6×7，底徑7
4. 蓋内銘三字：龔母子
   足内銘二字：龍子
5. 殷或西周初期
7. 盧〔安大略博物館 薩克勒藏品〕

8. 足内銘可疑。録遺一書中見有此銘者八
   器，可分三組：
   　甲、龔母　録遺121殷，340卣，362觶
   　　　　〔前二重，集成03083，06152〕
   　乙、龔子　録遺525勺〔集成09914〕
   　丙、子龔　録遺37鼎，38鼎，122殷
   　　　　〔集成01306，01307，03078〕

A530

1. 未著録

2. R.185〔集成06034〕

3. 高13.3, 口8.2×7.5, 底6.6×5.9

4. 銘一字, 不識。

5. <u>殷</u>

6. George G. Booth

7. <u>克蘭布羅克</u>37.6〔<u>薩克勒</u>〕

R.185

A531　父甲觶

1. *Kinas Konst* 圖版五（左上）
2. R.213〔集成未收〕
3. 高 14.2，口 10.7×8.2
4. 銘二字在底下：父甲
5. <u>殷</u>
7. <u>乃布</u>
8. 銘疑後刻。

R.213

A532　天父乙觶

1. 陶齋1.10，菁華41，柉禁21.1

2. 三代14.40.9　　R.94〔集成06217〕

3. 高14.5

4. 銘三字：天，父乙

5. 殷或西周初期

6. 端方

7. 紐約24.72.6

8. 此器與柉禁無關，詳A418。與A202毁同銘。

R.94

A533　帚亞弜觶

1. 鄴二 1.15A

2. R.127〔集成 06346〕

3. 高 11.8，口 12.4×9.2

4. 銘三字：帚亞弜

5. 殷

6. 尊古齋, Burchard

7. 乃布〔福格 54.119〕

8. 銘文參 A21。

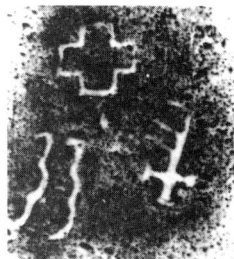

R.127

A534

1. 未著録

3. 高8.4，口8.4×5.9

5. 殷或西周初期

7. 乃布

A535　白觶

1. 未著録
2. R.472〔集成06503〕
3. 高13.3，口8.8，寬12
4. 銘二行七字：白乍厥取
　　　　　　　　寶隟彝。
5. 西周初期（後半部）
7. 布侖代奇〔B60B658〕
8. 傳世白所作有數器，不知是否一人，待考。取即且
　　（祖字），詳西周銅器斷代。

R.472

A536　亻觶

1. 未著錄

2. R.230〔集成06084〕

3. 高12

4. 銘一字：亻

5. 殷或西周初期

6. Komor, Thacher

7. 戴維斯

8. 銘疑是亇字。此器足甚高，與亞獏觶相似，參A409。我所見
   傳安陽出土的灰陶器，有此類形式。銘乃族名，參A239。

R.230

A537　辰父乙觶

1. 未著録

2. R.267〔集成06239〕

3. 高13, 口8.4×7.1, 底徑7.3

4. 銘三字: 辰, 父乙

5. 殷或西周初期

7. 韓姆林（借陳柏弗羅Ch19）

R.267　　　　　　　　R.267h

A538

1. 未著録

3. 高9.7，口6.1×5.3，底5.9×4.9

5. 殷或西周初期

6. Kleijkamp

7. 魏格

A539

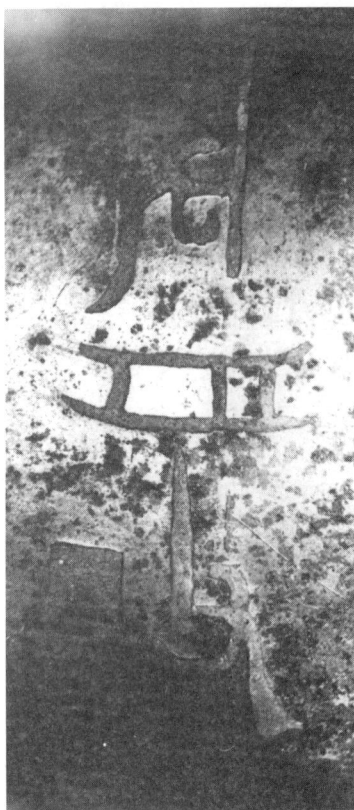

R.287p

A539　莙父丙觶

1. 未著録
2. R.287（照相放大）〔集成06388〕
3. 高10.6，口7×6
4. 銘三字：莙，父丙
5. 西周初期
6. 〔管佑〕
7. 大學29.25.2
8. 族名，參A410。

R.18a

A540　宁觶

1. 未著錄

2. R.18〔集成 06050〕

3. 高 17.5，口徑 7.3

4. 陽文銘一字：宁

5. 殷

6. Howard Back

7. 貝克曼

8. 同銘之器，詳 A78。

A541

1. 未著録

3. 高12.5

5. 殷

7. 盧87313

A542

1. 未著録

2. R.473〔集成 06364〕

3. 高 12.1，口徑 6.7，寬 8.9

4. 銘一字：䚘

5. 殷

7. 杜克

8. 此族名恐係 A374 的繁體。

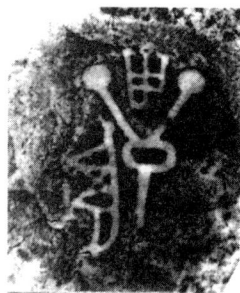

R.473

A543

1. 未著録

2. R.229〔集成 06498〕

3. 高 15, 口徑 6.9, 寬 7.5

4. 陽文銘六字右行: □□□年父己

5. 殷

6. 山中, Thomas D. Stimson

7. 西雅圖Ch6.24

8. 此銘自左至右行, 是較少見的行款。

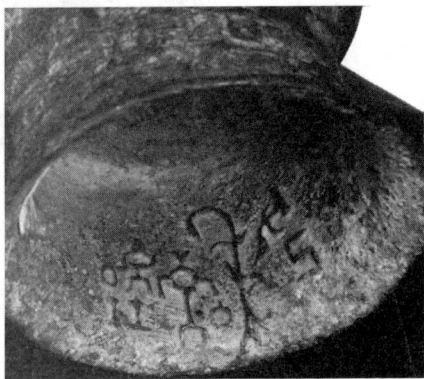

R.229p

A544

1. 未著録

3. 失録

5. 殷或西周初期

7. 盧

A545

1. 陶齋 1.13，菁華 4.2，枳禁 21.2

2. 三代 14.40.8　R.242〔集成 06215〕

3. 高 14.5，口徑 7

4. 銘三字：酉，父甲

5. 西周初期

6. 端方

7. 紐約 24.72.12

8. 此與枳禁無關，詳A418。此器原有蓋，失群，蓋銘見三代 14.40.7 及小校 5.76.6〔集成 06215.1〕。後者有其全形拓本，不但花文與器相同，口徑亦相符合。

R.242

A546

1. 陶齋 1.14，柉禁 23.3
5. 西周初期
6. 端方
7. 紐約 24.72.11
8. 此與柉禁無關，詳 A418。

A547　妣己觶

1. 陶齋 3.29，柲禁 23.4

2. 三代 14.54.2　R.246〔集成 06482〕

3. 高 12.6

4. 銘二行七字：乍妣己彝，
　　　　　　　　中，亞（形中）址

5. 西周初期

6. 端方

7. 紐約 24.72.14

8. 此與柲禁無關，詳 A418。此器甚殘破。

R.246

A548

1. 未著録

3. 高14，口徑7.6，底徑7.4

5. 殷或西周初期

6. Kleijkamp

7. 魏格

A549

1. 未著錄

3. 高 12.1，口徑 7.2

5. 西周初期

7. 麥克阿爾平

8. 圈足外偽刻一字。

A550

1. 未著録

3. 高 17.5，口徑 8

5. 殷

7. 梅葉爾

A551

1. 未著録

3. 高19.8，口徑8.6

5. 殷

7. 辛科維奇

A552

1. 未著録

2. R.234〔集成06185〕

3. 高18.8，口徑8.3

4. 銘二字：𣪘羊

5. 殷

7. 布侖代奇

8. 三代5.13.2尊〔集成00444〕銘與此同。

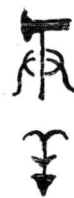

R.234h

A553

1. 未著録

3. 失録

5. 殷

7. 甘浦斯

R.71

A554

1. 未著録
2. <u>三代</u>11.8.8　R.71〔<u>集成</u>06255〕
3. 高17, 口15×12.5, 寬23
4. 銘三字：<u>龖</u>, 父丁
5. <u>殷</u>
6. <u>葉志詵</u>, <u>盧</u>87441
7. <u>布侖代奇</u>〔B60B631〕
8. 銘第一字是最常見的族名, <u>宋</u>人釋爲
   "析子孫"的。許多銅器皆有此族名,
   下列與此器同銘諸例：<u>三代</u>2.23.4,
   6.14.6, 11.8.7, 14.25.10〔<u>集成</u>01572,
   03170, 05629, 07109〕；<u>集古遺文</u>2.12.4
   〔<u>集成</u>01573〕；<u>西乙</u>5.4；<u>善齋吉金</u>4.28
   〔<u>集成</u>05260〕；<u>澂秋</u>49。

R.303

A555　白旛觶

1. 盧目（1941）26

2. R.303〔集成06478〕

3. 高17.3，口15×12.5，寬23

4. 銘二行六字：白旛（?）乍
　　　　　　　　寶隋彝。

5. 西周初期

6. 盧87061

7. 布侖代奇

8. 此器原有蓋，同銘之器如下：

　　（1）蓋　三代11.22.7，十二居26—27〔集成06477.1〕　程洪溥、吳式芬、周進舊藏

　　（2）器　三代11.22.8〔集成06477.2〕　程洪溥、吳式芬舊藏

　　（3）蓋　三代13.18.1〔集成06478.1〕　程洪溥、潘祖蔭舊藏

　　（4）器　三代13.18.2〔集成06478.2〕　程洪溥、潘祖蔭舊藏

　　（5）蓋　三代13.18.3〔集成06478.1，重出，與（3）同〕

　　（1）高10，口徑左右14.7前後12厘米，花文與A555相同，以之置於A555之上正相合。大約同此形制的共三器（器與蓋），A555之蓋應是（5）。此器有兩耳，有似卣之蓋，故或以爲卣或爲以尊。此器無提梁，不能稱卣。此器口部橢圓，亦不能稱尊。鄴三1.20一器似此，但其口是圓是橢，未詳。此類器名難定，今暫附於此。

A556.1

A556.2

A556

1. 未著録

3. 高18.6, 寬19.5

5. 殷

7. 盧昆斯

8. 傳安陽出土, 是可信的。此器在簡樸式中, 最爲可愛。圈足上突起龍文。器身尚殘
　　存包裹的織物遺痕。失蓋。

A556.3

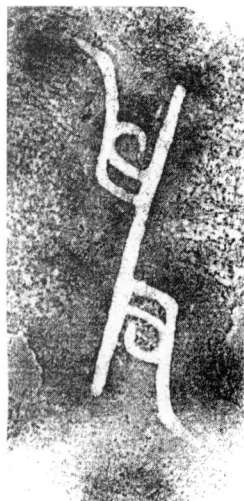

R.219b

A557　妥卣

1. 西清16.28, 攀古1.33, 陶續1.38, 獲古8
2. 三代12.36.2　R.219〔集成04738〕
3. 高31.2, 腹徑22.8
4. 銘一字：妥
5. 殷
6. 清宮, 潘祖蔭, 端方, 山中
7. 納爾遜32.68.44
8. 此器在西清中原有蓋, 同銘。同銘之

器如下：
（1）斝　遺寶49〔集成09126〕
　　　傳安陽侯家莊出土
（2）瓹　西清30.11
（3）爵　三代15.8.3〔集成07459〕
（4）觚　十六1.5
（5）戈　巖窟2.30〔集成10684〕
　　　傳1943年安陽出土

A558

1. 陶齋 2.30

2. 三代 13.3.3—4〔集成 05065〕

3. 高 30.3, 腹徑 22.8

4. 銘四字: 立𤰔, 父丁

5. 殷

6. 端方, 山中

7. 納爾遜 32.68.8

8. 銘可疑, A581 與此同銘。

A559.1

A559.2

R.111a

R.111b

A559　小子乍母己卣

1. 盧目（1941）30

2. R.111〔集成 05176〕

3. 高 21.5，口 10.2×7.2，寬 16.5

4. 器、蓋同銘五字：小子乍母己

5. 殷

6. 盧 86944

7. 布侖代奇

8. 録遺 258 卣，與此同銘。本集 A11 "小子乍父己" 鼎，可以參閲。

A560.1

A560.2

R.188a

R.188b

A560　王乍弄卣

1. 未著録
2. R.188〔集成 05102〕
3. 高 20.2，寬 13
4. 器、蓋同銘四字：王乍妢弄
5. 殷
7. 乃布
8. 此器與支那工藝圖鑒10（商周626）之"告亞"卣相似，後者係1930年安陽出土，同
   出土的有一毁（頌齋7）與二鼎（三代2.8.5—6）〔集成 03247, 01410, 01411〕。
   此器銘之王應是殷王，第三字疑是王之后妃的姓。弄是弄器，亦見本集A674, 840, 841。

R.80a

A561

1. 未著録

2. R.80〔集成05156〕

3. 高34.8，寬26.4×17

4. 器、蓋同銘三字：羀，父丁

5. 殷

7. 侯希蘭

8. 此銘的族名同於A374所列，但兩旁各有一中。

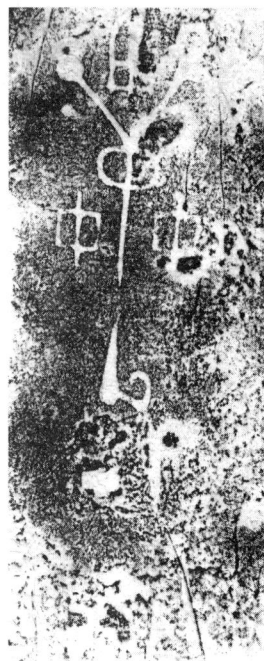

R.80b

A562.1

A562.2

R.63ap

A562

1. 卣與觥 30
2. R.63〔集成 04729〕
3. 高 20.2
4. 銘一字：𠂤
5. 殷或西周初期
6. Parish-Watson
7. 華生〔斯通夫人〕
8. 此器傳 1927 年出土河南。

A563

1. 未著録

3. 高26, 寬17.3×13.2

5. 西周初期（約成王）

7. 盧86676

8. 失提梁。此器與A614、濬縣15卣與A329逆盉有相同的花文, 應是西周初期的。
   A329可定爲成王時。

R.281a

A564

1. 未著錄

2. R.281〔集成05002〕

3. 高26.3，寬24.6×17.7

4. 器、蓋同銘三字：×，兄丁

5. 西周初期

6. Higginson

7. 福格44.57.14

8. 銘第一字族名象人左右提貝貫形。A193，601
   與此同銘。在盧處見一尊亦同銘，見本集R.522
   〔A897（增）〕。

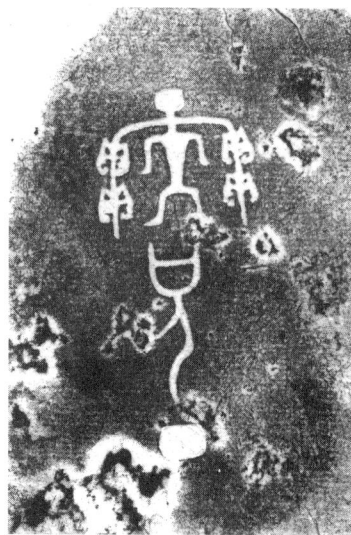

R.281b

R.66a

R.66b

A565

1. 未著録

2. R.66〔集成 04986〕

3. 高 32.5，寬 24.6×14.5

4. 器、蓋同銘三字：舟，父辛

5. 殷或西周初期

6. Winthrop

7. 福格 43.52.120

8. 同銘者有以下諸器：

    （1）觶　雙吉 1.48〔集成 06312〕

    （2）卣　善齋 21〔集成 01145〕

    （3）鼎　寶蘊 21〔集成 01652〕

    （4）爵　善齋吉金 6.9〔集成 07693〕

以上諸器花文均與此器不同。

A566.1

A566.2

A566　父癸卣

1. 未著録

2. R.286〔集成04836〕

3. 高29，寬25.6×16.7

4. 器、蓋同銘二字：父癸

5. 西周初期

7. 盧〔亞洲協會〕

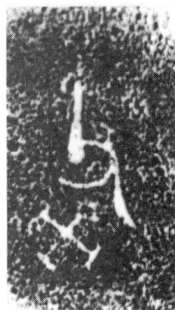

R.286a

R.286b

A567

R.319a

R.319b

A567　卿卣

1. 澂秋 37

2. 三代 13.20.4, 6　R.319〔集成 05259〕

3. 高 29.5, 寬 23×16.2

4. 蓋銘二行六字：卿乍厥
　　　　　　　　　考障彝。

　器銘二行七字：卿乍厥考
　　　　　　　　寶障彝。

5. 西周初期（成王）

6. 陳承裘, Winthrop

7. 福格 43.52.114

8. 同銘同形之另一卣見澂秋 36〔集成 05258〕，吳式芬、陳承裘舊藏，較此器略大。卿組，詳 A438。

A568

1. 皮斯百17

3. 高25.7, 寬20×12.3

5. 西周初期（成王）

6. 盧18592

7. 皮斯百36.757

8. 此與前器形制、花文、色澤均相同。

A569

1. 未著録

2. 三代 13.8.3—4　R.474〔集成 05127〕

3. 高 20.3，寛 19×14.3

4. 器、蓋同銘二行四字：乍寶
　　　　　　　　　隋彝。

5. 西周初期

6. 潘祖蔭

7. 盧

8. "乍"字，蓋文反書。

R.474a　　　　　　　　R.474b

A570.1

A570.2

A570　牛卣

1. 中國圖符 57
2. R.184〔集成 04790〕
3. 高 22.8，寬 20.2×16.5
4. 器、蓋同家銘一字：牛
5. 殷
7. 杜克
8. 銘乃族名，象牛首形，參 A27。

R.184a

R.184b

A570.4

A570.3

A571

1. 中國圖符 58

3. 高 16.5, 寬 13.2×10

5. 殷

6. Florance Waterbury

7. 紐約 43.28

A572

1. 中國圖符 59—60
2. R.172〔集成未收〕
3. 高 18.3，寬 17.1
4. 銘二字，可疑。
5. 殷
7. 盧 87319

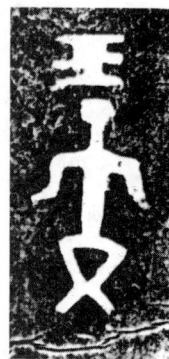

R.172b

A573.1

A573.2

A573

1. 皮斯百29

3. 高17.8，宽15.2×10.8

5. 殷

6. 卢

7. 皮斯百

A573.3

A573.4

A574.1

A574

1. 中國圖符62，弗利亞11—12

3. 高24，寬21×16.5

5. 殷

6. 盧87515

7. 弗利亞42.14

8. 此器與皮斯百24非常相似。

A574.2

A574.3

A575.1

A575.2

A575

1. 中國圖符61, 皮斯百23
2. R.217〔集成04791〕
3. 高17.2, 寬14.5×11.8
4. 器銘一字：丸（?）
5. 殷
6. 盧
7. 皮斯百37.190
8. 此銘象又（手）執丸形，疑是丸字。三代2.4.10鼎〔集成01090〕銘同。
   此器與相傳安陽出土二器（鄴二1.8，鄴三1.34）相似。

R.217b

A576.1

A576

1. 盧目（1924）6

3. 高 20.5，寬 21×15.5

5. 殷

7. 盧 6

A576.2

A577.1

A577

1. 山中目（1938）1

3. 高 16.4，寬 15.4×12.2

5. 殷

6. Winthrop ，〔李文卿〕

7. 福格 43.52.102

A577.2

A578

1. 未著録

3. 高 29.7，寬 25.3

5. 殷

7. 盧

8. 失提梁。蓋銹合未開。表面碧緑如玉，初以爲極佳。以針刺之如粉，疑經估人塗飾。

A579.1

| R.138a | R.138ah | R.138b | R.138bh |

A579

1. 皮斯百14

2. R.138〔集成05203〕

3. 高21.2，寬18.9×12

4. 器、蓋同銘六字：亞（形中）窗父乙 畗煤

5. 殷

6. 盧

7. 皮斯百36.43

8. 亞與末一字是族名，亦見以下諸器：

　　（1）鼎　尊古1.16〔集成01420〕

　　（2）鼎　三代2.9.1〔集成01419〕

　　（3）尊　三代11.3.12〔集成05568〕

"父"前一字，殷與西周初常見到，其用法有三：（1）義爲作，如博古8.15，三代2.47.6，
鄴一1.20，三代6.43.2；（2）義爲賜，如雙吉1.32，陶續1.30，西清13.6；（3）義爲所
賜，如A646令方彝。

A579.2

A580

R.191

A580　　追丞卣

1. 西清15.24, *Kinas Konst*圖三（右下）

2. 三代13.28.4—5　　R.191〔集成05318〕

3. 高34.9, 寬28.4

4. 器、蓋同銘二行八字：追丞乍文
　　　　　　　　　　　　父丁障彝。

5. 西周初期

6. 清宮, 劉體智, Higginson

7. 波斯頓34.63

8. 此器的蓋的獸面面向左右而器腹的獸面面向前後, 這是很特異的。獸氏A26和支那古銅器集45兩卣, 與此花文相同而兩器的蓋與器腹的獸面俱面向前後, 與此不同。此器"彝"字的兩圓點在字下, 與一般的在左上的不同, 長安1.4一器的彝字二點在字上, 都是例外。

A581

1. 懷米1.26

2. 三代13.3.1—2　　R.92〔集成05064〕

3. 高至蓋頂33

4. 器、蓋同銘四字：立𣂪，父丁

5. <u>殷</u>

6. <u>曹載奎</u>，<u>盧</u>86432

7. <u>羅賓生</u>〔薩克勒〕

8. 與A558同銘而器形花文迴異。

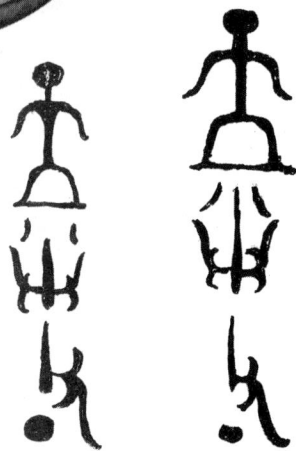

R.92ah　　　　　R.92bh

A582.1

A582.2

R.329a

A582

1. 攀古 2.27

2. 三代 13.29.5—6　R.329〔集成 05326〕

3. 高 29，寬 22×17

4. 器、蓋同銘二行: 白禮乍厥室
　　　　　　　　　　寶隣彝。

5. 西周初期

6. 潘祖蔭

7. 盧 87026

8. 此與下器同銘。

R.329b

A583

R.330a

R.330b

A583

1. 盧目（1940）圖版十五，28
2. 三代13.29.7—8　R.330〔集成05327〕
3. 高39，寬30.5×22
4. 器、蓋同銘，參A582，器多一族名。
5. 西周初期
6. 陳介祺，劉體智
7. 盧86417〔薩克勒〕
8. 此器與A582同，惟較大而已。
   此器銘文與A582大致相同，其相異
   者有三點：（1）此器右行而前器左行，
   （2）此器"乍"字倒書，（3）此器器
   銘在銘末多一族名"网"。關於（1）
   （2），可知鑄器者不是書銘之人，所以
   他把"乍"字倒了，並且將正書而左行

的行款變爲反書而右行的行款。但倒書
的只是一個"乍"字，而反書的是整個
銘文的其他七個字。由此可知作範時的
銘文大約是分塊摹上去的，製範以前應
有可以照摹的寫本。

此器器銘末一字（介於兩行之下中）
乃一族名，亦見於寶蘊38瓿和三代
13.21.1—2卣〔集成05249〕，金文編誤
以爲"五"字。金文"五"字兩橫畫在上
下，而此兩橫畫在左右，是有分別的。
此字應是网（即網）的初文，亦見卜辭
（殷虛書契前編8.7.3）。兩罍6.39段銘
有此字，乃是人名。銘器記數，始於戰
國，西周尚無其事。

A584.1

R.15

A584　鳶卣

1. 弗利亞16, 17
2. R.15〔集成04787〕
3. 高36.1, 寬26.7
4. 器、蓋同銘一字：鳶
5. 殷
6. 盧
7. 弗利亞40.11
8. 同族名之器，詳A7。

A584.3

A584.2

A585.1

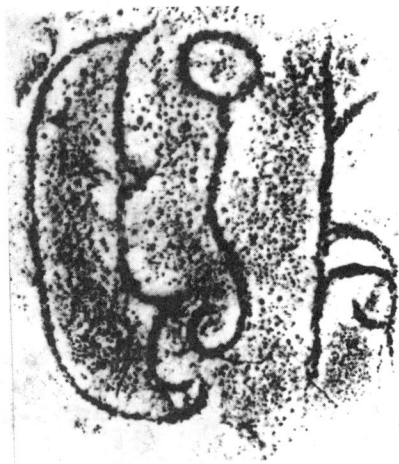

R.69a　　　　　　　　R.69b　　　　　　　　R.69c

A585　文睍父丁卣

1. 山中目（1938）23

2. R.69〔集成 05155〕

3. 高 21.7, 寬 13.5×11.6

4. 器、蓋同銘四字：文睍, 父丁

　　器底下陽文一字：畞

5. 殷

6. 盧, Winthrop

7. 福格 43.52.89

8. 二祀、四祀切其卣兩器都是在蓋內、器內、器底下三處有銘文, 與此器同。此類形
　　式, 比較少見。此器底下陽文一字, 或許是工師所記。
　　器、蓋之銘與 A171 段銘相同, 兩器花文相異。故宮有一鼎同銘。鼎銘與段銘都是直
　　行, 父丁二字較粗於族名。此卣器銘與蓋銘布局不同, 族名橫列。

A585.2

A586

1. 菁華73, 卣與觥14, 何母斯目5

3. 高22.7, 寬20.1

5. 殷

7. 何母斯B82

8. 此器或傳安徽出土, 或傳溫州出土, 俱待考。菁華73及何母斯目6所載玉器十五件, 云
　 出土時在此器中, 亦待考。

　 〔1963年6月, 湖南寧鄉黃材出土卣、罍、鼎一組。卣亦有玉器在內。卣與此相近,
　 亦失提梁。〕

A587

1. 何母斯目4

3. 高27.2，寬21.5

5. 殷

7. 何母斯B29

A588 舌卣

1. 尊古 2.10, 中國圖符 68
2. R.1〔集成 04767〕
3. 高 24.5
4. 器、蓋同銘一字：舌
5. 殷
6. 尊古齋, George Eumorfopoulos, Spink
7. 烏士特 40.18
8. 此器與皮斯百 16 亞胄卣極相似。
   同銘之器，詳 A61，多是安陽出土的。

R.1a

A589.1

A589　鼎卣一

1. 陶齋1.3，朹禁6—9，卣與觥3—5
2. 三代12.37.1—2　　R.275〔集成04745〕
3. 高46.4，口17.3×12.9，寬29；座21×17
4. 器、蓋同銘一字：鼎
5. 西周初期
6. 端方
7. 紐約25.72.3
8. 鼎組，詳A418。此器甚朽。

R.275a

R.275b

A589.3

A589.2

A590.1

R.274a

R.274b

A590　鼎卣二

1. 陶齋 1.4，柉禁 10—15，卣與觥 6—9
2. 三代 12.37.3—4　　R.274〔集成 04746〕
3. 連座高 47；器高 36，寬 25.5；座高 11.5，寬 20.7
4. 器、蓋同銘一字：鼎
5. 西周初期
6. 端方
7. 紐約 24.72.2
8. 此器有一可以分離的方座，座之上有一突起之處，所以坐卣的圈足。此器甚朽，同於前器。
   鼎組，詳 A418。

A590.2

A590.3

A591.1

A591

1. 未著録

3. 高 35.5, 寬 22.8

5. 西周初期

6. Higginson

7. 波斯頓 34.66

8. 此器爲 1929 年寶鷄縣出土的一群銅器之一，詳 A26。黨毓坤所得一器，較此及下器
　爲小：高 33.9，口徑 14.3×11.1。

A591（2）

1. 菁華71, 弗利亞29
3. 高50.9, 寬34.8
5. 西周初期
6. 盧
7. 弗利亞30.26
8. 此器大於前器，屬於一組，詳A26。

A592

1. 盧目（1941）35

3. 高32，寬13.6×13.3

5. 殷

6. 盧87129

7. 赫伊特（借陳柏弗羅42133）

8. 器身有殘存的織物遺痕，如A556。

A593

1. 皮斯百19

3. 高30.6，寬14×13.8

5. 殷

6. 盧

7. 皮斯百37.189

A594　曾告卣

1. 未著録
2. R.475〔集成04872〕
3. 高29.9，口徑9.5
4. 銘二字在底下：曾告
5. 殷
7. 布恰德〔薩克勒〕

R.475

A595

1. 中國圖符 65，皮斯百 20

3. 高（不連蓋）21.7，口徑 6.5，寬 12.6×10.6

5. 殷

6. 盧

7. 皮斯百 37.1794

8. 失提梁，蓋不屬此器，乃是張冠李戴。其原來形象當與 A594 相似。

A596.1

A596

1. 皮斯百22

3. 高32.7, 高（不連蓋）23, 寬12.9×12.7

5. 殷

6. 盧

7. 皮斯百41.1328

8. 器腹是方的, 安陽出土的尚有它器如此。

A596.2

R.334a

R.334b

A597　史見卣

1. 善齋吉金 3.29

2. 三代 13.23.1—2　R.334〔集成 05305〕

3. 高 22.5，口 11.8×9，寬 15.2

4. 器、蓋同銘二行七字：史見乍父
　　　　　　　　　甲隣彝。

5. 西周初期

6. 劉體智

7. 布侖代奇〔B60B719〕

8. 與 A495 觚同銘。形制與武英 127
　　極相似。

A598

1. 未著録

2. 不詳

3. 失録

5. 殷或西周初期

7. 不知所在

A599.1

A599.2

A599　夾卣

1. 未著録

2. 三代13.26.3—4　　R.265〔集成05314〕

3. 高38

4. 器、蓋同銘二行八字：夾乍父辛
　　　　　　　　　　隣彝。亞（形中）㝡。

5. 西周初期

6. 盧

7. 賽車爾〔納爾遜〕

R.265a

A600　肇父辛卣

1. 皮斯百18

2. 三代12.54.7—8　R.159〔集成03090〕

3. 高25.3，高至器口18.3，口徑8，寬12.3×12

4. 器、蓋同銘三字：肇，父辛

5. 西周初期

6. 盧86422

7. 皮斯百40.44

8. 三代14.26.11觚〔集成07245〕，與此同銘。與A610同銘。參A658。

R.159a

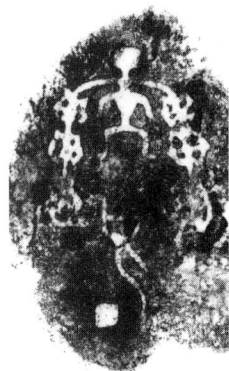

R.280a

A601　兄丁卣

1. 未著録

2. R.280〔集成05003〕

3. 高25.4，口徑8.1

4. 器、蓋同銘三字：×，兄丁

5. 西周初期

6. Higginson

7. 福格44.57.24

8. 與A193，564同銘。

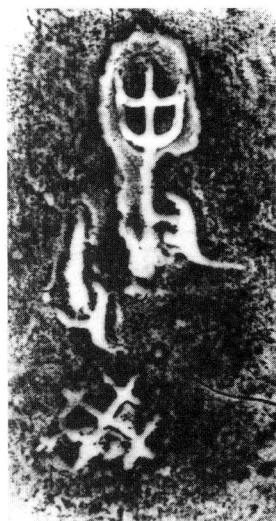

R.476a

A602　史父癸卣

1. 未著錄

2. R.476〔集成04990〕

3. 高35.5, 寬20.3, 底15.9

4. 器、蓋同銘三字: 史, 父癸

5. 西周初期

7. 盧〔安大略〕

8. A325盉, A428尊及三代14.47.7觶〔集成06337〕與此同銘。

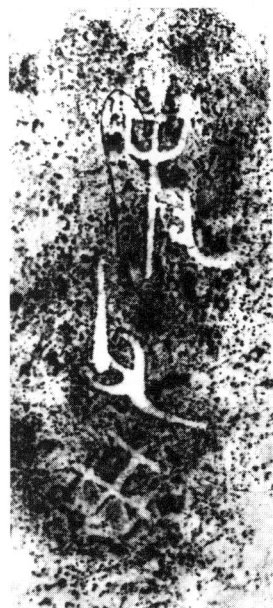

R.476b

R.309a

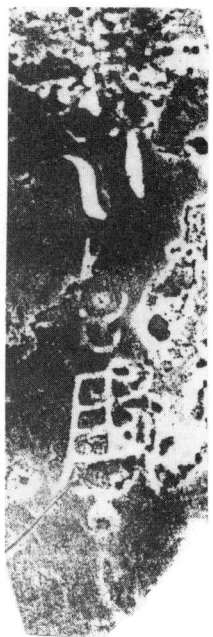

R.309b

A603　臣辰父乙卣一

1. 菁華84

2. 三代13.9.8（蓋）　R.309〔集成
   05153〕

3. 高35.2，寬18.9×14.8

4. 器、蓋同銘五字：父乙，臣辰，兟

5. 西周初期（成王）

6. 姚，Higginson

7. 福格44.57.11

8. 器底有陽文的蟬，如A607。
   關於臣辰組，詳A331。

A604.1

A604.2

A604

1. 未著録

2. R.251〔集成04766〕

3. 高34.5，寬18.5×14.2

4. 蓋内銘一字：入

5. 西周初期

6. Michael

7. 奧爾勃來特42.16.388

8. 器銘爲銹所掩，不能拓。菁華82一器與此相似，
   亦此族爲父丁所作，底下有陽文的蟬。

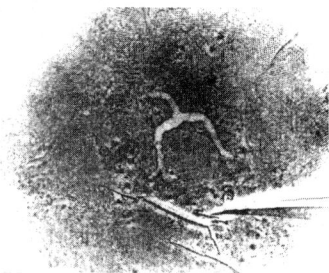

R.251a

A605　子且壬卣

1. 未著録
2. R.272〔集成04898〕
3. 高25.3
4. 銘三字：子，且壬
5. 西周初期
7. 羅勃兹
8. 此與前器相似，失蓋。與菁華141（猷氏 56）一盉同銘，大約是同時器。

R.272h

R.272p

A606　臣辰父乙卣二

1. 十二 <u>尊古</u>15b—16a

2. <u>三代</u>13.10.1—2　R.306〔<u>集成</u>05150〕

3. 高29.8，口12.6×9.1，底15×9.7

4. 器、蓋同銘五字：父乙，臣辰，丮

5. <u>西周初期</u>（成王）

6. <u>尊古齋</u>

7. <u>梅葉爾</u>

8. <u>臣辰組</u>，詳A331。此與A603同銘而形制稍異。

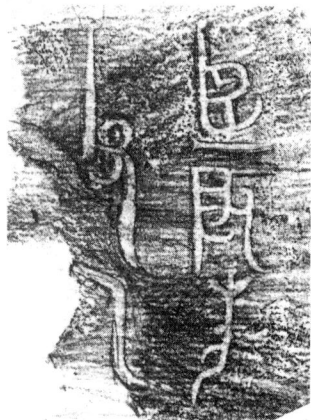

R.306a

A607.1

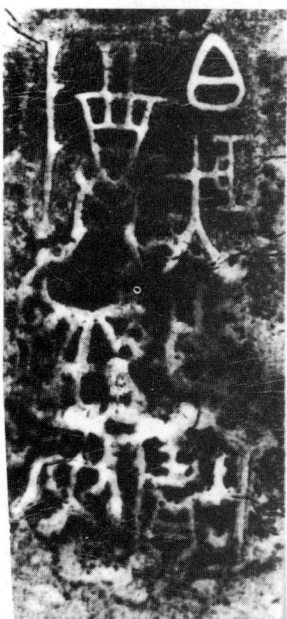

R.445a

R.445b

A607　白矩卣

1. 周金 5.105a

2. 三代 13.17.6—7　R.445〔集成 05228〕

3. 高 31.6，寬 15.8×14

4. 器、蓋同銘二行六字：白矩乍寶
　　　　　　　　　　　隋彝。

5. 西周初期

6. 李宗岱，盧

7. 莫爾根

8. 此器底下有陽文的蟬，同於 A603。此與 A207 及 A692 同銘，乃同人所作。此人所作卣，除此外尚有四器：周金 5.104.2〔集成 03533，此係段〕（潘祖蔭舊藏）；三代13.17.4，7〔集成 05229，05228，前者潘祖蔭舊藏，後者李宗岱舊藏〕；西清 16.4。最後一器，與此形制亦相同。

A607.3

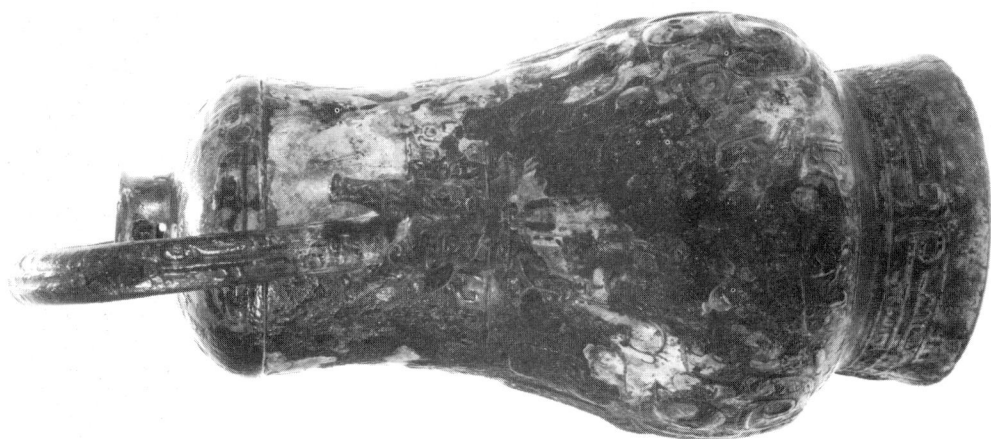

A607.2

A608.1

A608　竟且辛卣

1. 菁華85；卣與觥59，60；賸稿25

2. 三代12.46.8　R.83〔集成04896〕

3. 高29.3，口12.3×12，底11.5×11.3

4. 蓋銘三字：竟，且辛

5. 西周初期

6. Worch

7. 康恩〔紐約〕

8. 竟爲族名，亦見雙吉2.16戈〔集成10788〕及A654。

R.83a

A608.2

A609

1. 菁華86，卣與觥61

3. 高24.3，口徑13

5. 殷或西周初期

7. 波斯頓21.2284

8. 失提梁與蓋。

A610

1. 盧目（1941）28

2. 三代12.49.1—2　　R.154〔集成05061〕

3. 高至蓋頂24.1

4. 器、蓋同銘三字：肇，父乙

5. 西周初期

6. 方濬益

7. 盧86428

8. 此與A600及三代14.26.11觚〔集成
　07245〕同族名。參A658。

R.154a　　　　　　　R.154b

A611.1

A611.2

A611

1. 未著録

2. R.369〔集成 05032〕

3. 高 22.9

4. 器、蓋同銘三字: 乍車彝

5. 西周初期

7. 乃布

R.369h

A612.1

R.325a

R.325b

A612　守宫卣

1. 未著録

2. R.325〔集成 05359〕

3. 高 28.4，寬 21.2×15.4

4. 器、蓋同銘二行十字：守宫乍父辛

　　　　　　　　　隩彝，其永寶。

5. 西周初期

6. Higginson

7. 福格 44.57.16

8. 據懷履光説，守宫諸器與辰臣組都是 1929 年在洛陽 馬坡出土的，詳 A331。守宫諸器如下：

　　（1）卣一　　A612

　　（2）卣二　　在英國 Herbert Ingram 處，形同 A600，銘在提梁下 "守宫乍父辛"

　　（3）鳥獸尊　　A673

　　（4）觥　　 *Burlington Magazine*, June, 1934；商周 586

此外三代 13.11.4 卣〔集成 05170〕（劉體智舊藏）及小校 6.68.3—4 兩爵〔集成 09017, 09018〕，銘皆與卣二相同。此守宫組與 Sedgwick 所藏守宫盤，時代不同，後者屬於西周中期，詳西周銅器斷代。

A612.2

A613

R.316a

R.316b

A613　趞卣

1. 西周銅器斷代

2. 三代 11.34.2—3　R.316〔集成 05402〕

3. 高 24.2，寬 22×16.3

4. 器、蓋同銘四行二十八字：

　　隹十又三月辛卯，

　　王才厈，易趞采曰

　　趙，易貝五朋。趞對

　　王休，用乍姞寶彝。

5. 西周初期（成王）

6. 潘祖蔭

7. 盧H3〔弗利亞〕

8. 此器三代誤以爲尊。另有一同銘之尊，見三代 11.35.1〔集成 05992〕，陳介祺舊藏，今在弗利亞 11.40。該尊高 20.5，口徑 17.5，憶其形制近於本集 A450，中間一道花文則與此卣同。照片遺失。此一對器，記成王時事，詳西周銅器斷代。最近上海市文管會得一卣，與此同銘。而形制不同。

A614.1

A614.2

A614

1. 柏景寒 27
2. R.109〔集成 05080〕
3. 高至蓋頂 30.8，寬 25.1
4. 器、蓋同銘三字：斦，父庚
5. 西周初期
6. 姚
7. 芝加哥 27.602
8. 此族名於“子”字左右各有一“斤”，同
　此族名的見雙吉 1.23 尊及三代 16.28.1
　爵〔集成 08861〕。此器花文極近於濬縣
　15 尊，應是同時之作。
　此器蓋上之“頂”，在卣十類是例外。

R.109a　　　　　　　　R.109b

A615.1

A615.2

A615

1. 未著録

2. R.254〔集成04921〕

3. 高20，寬22.1×16.3

4. 器、蓋同銘三字：人，父乙

5. 西周初期

6. Higginson

7. 福格 44.57.31

8. 此器之口近乎圓，而卣口通常是橢圓的。

R.254a

R.254b

A616.1

A616.2

A616　弔卣

1. 未著録
2. R.296〔集成05185〕
3. 高24
4. 器、蓋同銘二行五字: <u>弔</u>乍寶
　　　　　　　　　隣彝。
5. <u>西周</u>初期
6. <u>山中</u>
7. <u>羅勃兹</u>

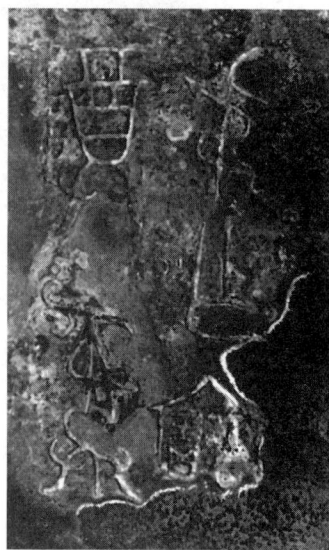

R.296ap

A617

R.341

A617　北白卣

1. 菁華77, 卣與觥27

2. 三代13.26.7　R.341〔集成05299〕

3. 高30, 寬24.8

4. 銘二行七字: 北白 孜乍
　　　　　　　寶隬彝。

5. 西周初期（成王）

6. 盛昱

7. 波斯頓14.84

8. 此器三代11.26.2誤以爲尊, 小校2.46.4誤以爲鼎。

　集古遺文2.22曰"光緒十六年（1890年）直隸淶水 張家窪出土古器十餘, 皆有北白字, 此鼎其一也"。除此卣外尚有:

　　（1）鼎　　"北白乍尊"　　三代2.41.8〔集成01911〕
　　（2）鬲　　"北白乍彝"　　三代5.14.8〔集成00506〕

　此北白, 許印林、方濬益、王國維俱以爲是邶國, 詳西周銅器斷代。傳世又有北子諸器, 亦邶國器。

A618.1

A618.2

R.333a

A618　趄卣

1. 未著録

2. 三代13.22.5—6　　R.333〔集成05263〕

3. 高27.8，口14.6×10.7，寬23.5

4. 器、蓋同銘二行七字：趄乍且丁
　　　　　　　　　　　　寶隣彝。

5. 西周初期

6. 潘祖蔭

7. 盧7.178〔安大略〕

8. 此器之器銘在三代拓本爲銹所掩，前在紐約拓製
　此器時，已見清洗。器外表光净，塗有假色，花文
　亦經剔補，甚不自然。此器經修整過分。

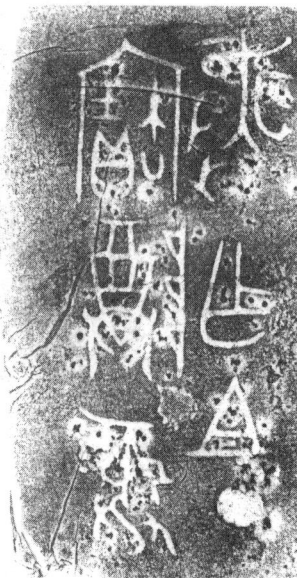

R.333b

A619.1

A619.2

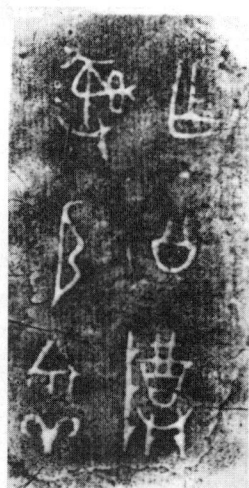

R.273a

A619　公卣

1. 卣與觥 21—22
2. R.273〔集成 05219〕
3. 高 22.5，口 14.8×10.6，寬 21
4. 器、蓋同銘二行六字：乍公隣

　　　　　　彝。弓辜。
5. 西周初期
7. 康恩〔紐約〕
8. 此器傳 1927 年出土於河南。銘末的族名，亦見本集 A33，62，71。

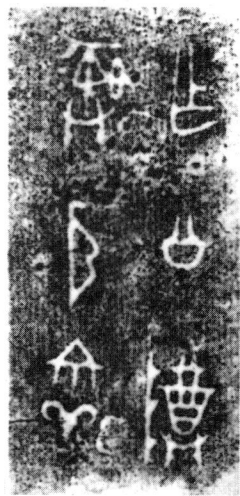

R.273b

A620

1. 山中目（1938）12
2. R.371〔集成05030〕
3. 高22.2，寬22.5×14
4. 器、蓋同銘三字：乍旅彝
5. 西周初期
6. Higginson
7. 福格44.57.25

R.371a

R.371b

A621　戈卣

1. *Leventritt*：2

2. R.349〔集成 05141〕

3. 高 21.5，寬 20.5

4. 銘四字：戈乍肇彝。

5. 西周初期

6. Leventritt

7. 司丹佛

8. 以下同銘的三器，劉體智舊藏，傳洛陽出土：

    （1）段　善齋吉金 7.28，頌續 32〔集成 08673〕

    （2）段　善齋吉金 7.29〔集成 08825〕

    （3）尊　善齋吉金 3.74，頌續 57〔集成 05774〕

    （3）之花文異於（1）（2）而同於此器。戈是私名。

R.349

A622

R.386a

R.386b

R.490p

A622　白彭父卣

1. 未著録

2. R.386（拓本），R.490（照相）〔集成05103〕

3. 高24.4

4. 器、蓋同銘四字：白彭父乍

5. 西周初期（康王或其後）

6. Wells

7. 陀里多38.85

8. 三代14.5.11盉〔集成09369〕銘"白彭乍"，與此器作者當是一人。

A623.1

R.377a

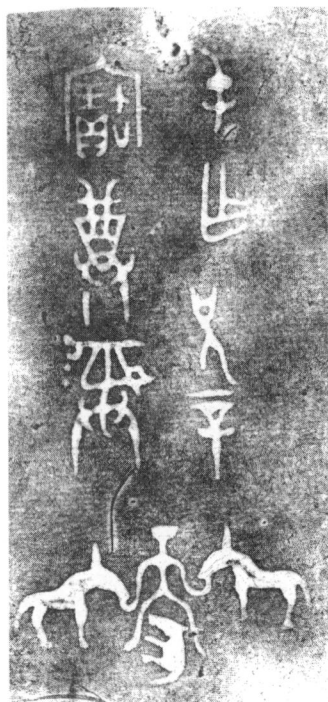

R.377b

A623　屯卣

1. 菁華 81，騰稿 27
2. 三代 7.18.5—6　R.377〔集成 05337〕
3. 高 24.3
4. 器、蓋同銘二行八字，同 A451。
5. 西周初期（成、康）
6. Burchard
7. 迪喬洛特 29.425
8. 此與 A451 尊同銘，花文亦同。

A623.2

A624.1

R.331a

R.331b

A624　遺卣

1. 善齋吉金 3.28

2. 三代 13.22.3—4　R.331〔集成 05260〕

3. 高 21.7, 寬 16

4. 器、蓋同銘二行七字：遺乍且乙
　　　　　　　　　　　寶隣彝。

5. 西周初、中期

6. 劉體智

7. 畢德威爾

8. 此器花文近於共王時之A161，但其字體較早。

A624.2

A625　中䍩卣

1. 盧目（1939）圖版五，16

2. 三代 13.18.7—8　　R.342〔集成 05236〕

3. 高至蓋頂 17.1

4. 器、蓋同銘二行六字：中䍩乍
　　　　　　　　　　　寶隣彝。

5. 西周初期

6. 盛昱，盧 81425

7. 羅賓生

8. 攗古 1.3.54a一觚〔此爲卣〕與此同銘。
　〔根津 37 尊與此卣銘文、花文皆同。〕

R.342a

A626.1

A626　貉子卣

1. 2. 皮斯百15，西周銅器斷代

　　蓋：西清15.9，周金5.87a，三代13.41.2，周金5.86a，R.389〔集成05409〕

　　器：西清15.11，周金5.87b，三代13.41.1，周金5.86b。

3. 高21.8，寬21.3，蓋高6.9，口14×11.1

4. 銘六行三十六字：

　　　唯正月丁丑，王各于

　　　吕歖，王牢于厰，

　　　咸宜。王令士道

　　　歸貉子鹿三，貉

　　　子對揚王休，

　　　用乍寶隋彝。

R.389a

5. 西周初期（康王）

6. 清宮, 李宗岱, 盧

7. 皮斯百 39.739

8. 前曾數次審驗皮氏所藏器, 決定蓋是真的而器是偽的。原來在清宮時, 此卣共一對, 其中一真（西清 15.9）一偽（西清 15.11）。出宮後, 李宗岱得真蓋偽器, 即皮氏今所存者; 潘祖蔭得真器（西清 15.9, 商周 670, 周金 5.88a, 三代 13.40.5）, 而西清 15.11 之偽蓋, 今不知所在。潘器失提梁, 與李蓋字體行款相同。李、皮之器及失去的偽蓋, 銘文仿刻真器而有譌誤, 花文、形制亦與潘器李、皮蓋稍有不同。

器銘記王至於呂地畋獵, 牢圈野獸於山谷之間而捕獵之, 以所獲之鹿賜貉子。作器者因受賜鹿的殊賞而作器, 並圖象鹿形於此器上, 如此銘文内容與文飾相照應之例, 實所罕見。本集 A233 命設記王在華山行獵而賞命以鹿, 是金文中錫鹿的僅有之例。詳西周銅器斷代。

夢續 20 己侯貉子設與此器是一人所作, 該器花文是康王時流行的大鳥, 因定此器於康世。

A626.2

A626.3

A627　戈卣

1. 未著録

2. R.270〔集成 04708〕

3. 高 24，寬 23.7×13.8

4. 銘一字: 戈

5. 西周初期

6. Vecht

7. 侯希蘭

8. 此器與故宮 9.3（寧壽 7.10）一器極相似，其簡樸形式
   應屬於成、康時期。

R.270

A628.1

A628.2

A628

1. 未著錄

2. R.240〔集成05204〕

3. 高21

4. 器、蓋同銘二行六字：乍父乙
　　　　　　　　寶彝。兂。

5. 西周初期

7. 乃布

8. 此與A444同銘皆乃布所藏。此組銅器詳
　 A326。
　 此器殘存包裹的織物遺痕，甚爲清晰。

R.240a

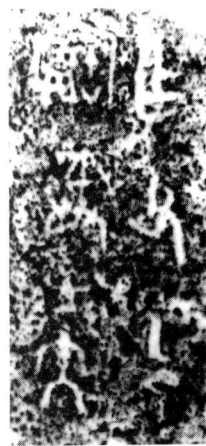

R.240b

A629　員卣

1. 未著録
2. 録遺252　R.387〔集成05024〕
3. 高17.8，寬19.8×11
4. 器、蓋同銘三字：員乍夾。
5. 西周初期（成王）
6. Michael
7. 奧爾勃來特42.16.392
8. 員組，詳A526。"夾"字與"旅""鼎""壺"同
　 一地位，有可能爲器名，即卣。

R.387a　　　　　　R.387b

A630.1

R.304a

R.304b

A630　士上卣

1. *Archives*, I, 圖37

2. R.304〔集成05422〕

3. 高27.1, 寬25.3×17.6

4. 器、蓋同銘八行五十字, 銘同A331。

5. 西周初期（成王）

6. 盧, Winthrop

7. 福格43.52.95

8. 臣辰組, 詳A331。

　　同銘之卣共二具：一劉體智舊藏, 今在日本 嘉納氏處（善齋123, 白鶴吉金譔集19）, 器高21.5; 一即A630, 高27.1, 較劉器稍大。兩具非常相似, 照片上不易分辨。兩具器銘行款相同而蓋銘行款小異, A630第一行末字周（劉器宗）, 第七行末字寶（劉器隣）。劉器器銘較清, 二具蓋銘均爲銹腐蝕。兩具皆破裂重修。

A630.2

A630.3

A631.1

A631　庚嬴卣

1. 兩罍6.1, 西周銅器斷代

2. 三代13.45　R.380〔集成05426〕

3. 高29.1, 寬28.8×17.8

4. 器、蓋同蓋銘五行五十三字：

　　隹王十月既望, 辰才己丑,

　　王逆于庚嬴宮。王蔑庚嬴

　　曆, 易貝十朋, 又丹一麻, 庚嬴

　　對揚王休, 用乍厥文姑寶

R.380a

　　隣彝，其子子孫孫萬年永寶用。

5. 西周初期（康王）

6. 吳雲, 盧, Winthrop

7. 福格 43.52.107

8. 庚嬴當是嬴姓之女而嫁於庚者，猶王姜、庚姜之例。作器者乃婦人，故爲其文姑作

R.380b

器。賸稿6鼎及陶齋2.36卣均婦人爲其姑作器，姑即爾雅釋親"婦……稱夫之母曰姑"。宮即家，此王親臨於庚嬴所居之宮，有所賞賜，丹即丹沙。

西清3.39庚嬴鼎〔集成02748〕亦同人所作。其它夢續1.7嬴氏鼎及吉金文選下1.17嬴氏方鼎，疑亦同一人。嬴氏之器，參A334。此器應屬康王時期，詳西周銅器斷代。

A631.2

A632　　　　　　　　　A632.1

1. 鄴三 1.30，弗利亞 13—14

3. 高 18.1，口徑 12，寬 20.8

5. 殷

6. 盧

7. 弗利亞 42.1

8. 此器傳安陽出土，可信。器有啄，似盉而無足。提梁不存，或原來即無，乃穿繩爲之。器經清洗，圖A632.5，6乃未修整前所攝，可作參考。又西清14.10一段，花文形制與此相似。

A632.2

A632.3

A632.5

A632.6

陳夢家著作集

美國所藏中國銅器集錄

（訂補本）

下　册

中　華　書　局

考古學專刊

乙種第四十五號

中國銅器綜錄之一

美國所藏中國銅器集錄

（訂補本）

下　册

陳夢家　編著

中國社會科學院考古研究所編輯

A633.1

A633

1. 未著録

3. 高 10.1，口 10.8×7.6

5. 殷

6. Gumps

7. 杜克

A633.2

A634.1

A634.2

R.322

A634　白豐方彝

1. 未著録
2. R.322, 323〔集成09876〕
3. 高16.8, 口14.5×14
4. 銘二行五字：白豐乍
　　　　　　肇彝。
5. 西周初期
7. 伏克
8. 伏克所藏一對, 另一高16.1, 口13×13。兩器之口成
　正方, 方彝中罕見之例。三代5.35.1〔集成00668〕
　"右戲中憂父乍豐鬲"之豐與此同形, 疑假作醴。

R.323

A635

1. 未著録

3. 高約 17.5

5. 殷

7. 姚

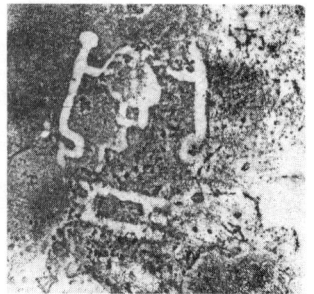

R.33b

A636　畢方彝

1. 中國圖符11, 皮斯百39
2. R.33〔集成09857〕
3. 高29.8，口16.1×12.2，寬18.6
4. 器內銘一字：畢
5. 殷
6. 盧15458
7. 皮斯百32.432
8. 尊古1.43一器與此很相似而無銘。

同銘一方彝，傳出土於安陽（鄴三1.21）。同銘之器，詳A12。

蓋內與蓋頂相接處有一突起之蟬，此與A781之罍蓋內之蟬相似。凡長形卣、方彝和罍常有此蟬文，它們的性質是相近的。但此方彝與罍蓋內之蟬，似另有其實用的意義，即使蓋外之頂更牢固的附着於蓋。

A637

1. 未著録

3. 高18.3，口10.8×7.6，底9.5×7

5. <u>殷</u>

7. <u>盧</u>

〔<u>唐蘭</u>以爲花文後刻，兩側"牙子"僞裝。〕

A638.1

A638.2

A638

1. 中國圖符 4

3. 高 21.6, 寬 11.4×8.2; 蓋高 7.6

5. 殷

6. Gumps

7. 柯克

A638.4

A638.3

A639

R.122a

R.122b

A639　子蝠方彝

1. 未著録

2. 三代 11.5.1—2　　R.122〔集成 09865〕

3. 高 29.7，口 17.1×14.6

4. 器、蓋同銘二字：子蝠

5. 西周初期

6. 潘祖蔭，盧，Winthrop

7. 福格 43.52.109

8. 同銘者有以下諸器：

    （1）盉　A332

    （2）爵　貞松圖 2.24，三代 15.29.2〔集成 08091〕

    （3）—（5）爵　三代 15.29.3—5〔集成 08092—08094〕

    （6）觚　西清 24.14

    （7）觚　西清 24.15，三代 14.27.9〔集成 07173〕

    （8）觚　西清 24.16〔集成 07174〕

以上各器（1）—（6）與 A639 同銘二字；（7）（8）兩器多出一字，其形制亦稍異於（6）。此組應屬於殷或西周初期之初，但因（1）之形制同於成王時的盉，故暫定爲西周初期。

A640

R.222a

R.222b

A640　聿方彝

1. 中國圖符 10；盧目（1940）圖版五，2
2. R.222〔集成 09832〕
3. 高 22.5，口 13×11.7
4. 器、蓋同銘一字：聿
5. 殷
6. 盧 76010
7. 康恩〔紐約〕
8. 同銘者有以下諸器：
　　（1）壺　　窓齋 14.8.1—2〔集成 06040〕
　　（2）角　　綴遺 26.21
　　（3）戈　　三代 19.7.7—8
　　（4）罍　　三代 13.48.2〔集成 09124〕
　　（5）觶　　三代 14.33.6—7〔集成 06040〕
　　（6）—（8）爵　三代 15.7.2—4〔集成 07442—07443〕
　　（9）觶　　巖窟 1.45〔集成 08858〕　　“亞（形中）聿，父乙”
　（9）傳 1942 年安陽出土。（1）—（8）都只是一字。

A641

R.137a　　　　　　　　　　　　R.137b

A641　亞若癸方彝

1. 盧目（1941）32

2. 三代11.26.4—5　R.137〔集成09887〕

3. 高28.5，口15.6×13

4. 器、蓋同銘二行七字：亞（形中）若癸洎
　　　　　　　　　　　　受丁游

5. 殷

6. 潘祖蔭，盧87103

7. 布侖代奇〔B60B747〕

8. 同銘諸器，詳A143。

A642　亞夨方彝

1. 未著録

2. 三代 11.3.5—6　R.140〔集成 09845〕

3. 高 29.5，口 17×14.5

4. 器、蓋同銘二字：亞夨

5. 殷

6. 潘祖蔭

7. 盧 H17

8. 關於此族名，詳 A523。

R.140

A643.1

A643

1. 菁華43，賸稿33，山中目（1933）31

3. 高49.1，口25.5×21.6，寬47.8×29.8

5. 西周初期

6. Higginson

7. 福格44.57.37

8. 此器與A26，A591當是一組銅器，詳A26。

此方彝最大，形制亦特異，蓋可却立。器身兩旁伸出之棱可以當柄，蓋上伸出之棱可
以當足。但銅胎較薄，器已走形，並不能立穩。黨毓坤所得方彝，與此同形制而小：
高28.9，口徑22.2，底徑20.7，長25。

A643.2

A644

1. 菁華42, 中國圖符64, *Kinas Konst*頁10

2. R.227〔集成09869〕

3. 高22.8, 寬17.6×15.7

4. 銘三字：⋎⋎ 未

5. 殷

7. 穆爾1011〔耶魯〕

8. 此器與鄴三1.11鼎（録遺51）〔集成01760〕及録遺
   465爵〔集成08805〕同銘。

R.227

A645

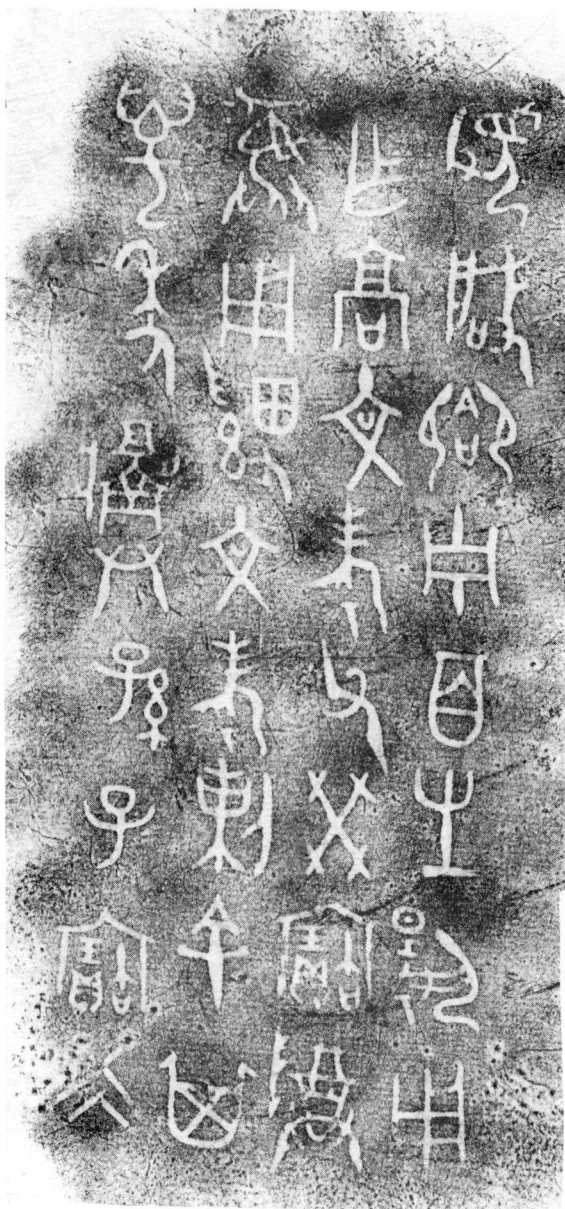

R.284b

A645　頮方彝

1. 未著録

2. 録遺510　R.284〔集成09892〕

3. 高22.9，口26.5×23.2，底23×20.5

4. 銘四行三十一字：

頮啟卿宁百生揚，用

乍高文考父癸寶隣

彝，用貊文考刺余，其

萬年驛，孫子寶。乂。

5. 西周初期

6. 姚

7. 波斯頓40.15

8. 此銘有數字不易讀。我曾審視原器再三，定是真銘。銘末一字是族名，作器者名所釋亦不妥。

〔張政烺以爲銘文顯係僞刻。〕

A646.1

A646　令方彝

1. 菁華10—11, 賸稿36—37, 弗利亞21—22

2. 三代6.56 b—57a　R.315〔集成09901〕

3. 高34.1, 口19.3×17.7, 寬24.6, 底18.2×15.7

4. 器、蓋同銘十四行一百八十七字。

5. 西周初期（成王）

6. 通運

7. 弗利亞30.54

8. 此器銘的考釋, 詳西周銅器斷代。1929年相傳有大批銅器群出土於洛陽東北五里邙山麓的馬坡。出土的銅器可分爲四組：

　　（甲）臣辰組　　見A331

　　（乙）守宮組　　見A612

　　（丙）乍册䤱組　　見西周銅器斷代

　　（丁）乍册令組

此丁組有以下諸器：

　　（1）方彝　　A646

　　（2）方尊　　善齋132〔集成06016〕

　　（3）（4）設　　菁華12, 西周銅器斷代; 三代9.26.2, 9.27.1〔集成04300, 04301〕
　　　　David Weill藏, 失蓋, 高25, 口徑17, 寬28, 座寬19.1×19.1

　　（5）方鼎　　善齋43, 三代4.20.3〔集成02759〕

　　（6）方鼎　　善齋44, 三代4.20.2〔集成02764〕

　　（7）方鼎　　三代4.20.4〔集成02760〕

　　（8）方鼎　　陳藏拓本, 西周銅器斷代, 錄遺93〔集成02761〕

以上（1）（2）同銘而行款不同;（3）（4）同銘而銘在器, 失蓋;（5）—（8）同銘而非一範所製。方彝僅一具而器蓋同銘, 所以有誤以爲出土二具的; 設兩具而失蓋, 所以有誤以爲係一具之一蓋一器。凡此三器, 皆曾親見。集古遺文6.13曰"此器（指令設）近出洛陽, 已隨市舶入歐州, 同時出土有鼎三, 方尊方彝各一, 及此共六器"。誤以設爲器、蓋對銘, 方鼎僅知其三。賸稿及高本漢 殷周銅器誤以爲方彝有二。

R.315

A646.2

A647.1

A647.2

A647

1. 菁華44, 何母斯目7, 謄稿34

2. R.277〔集成09844〕

3. 高27.6, 寬15.6

4. 銘一字：𤔲

5. 西周初期

6. 盧30627, Holmes

7. 紐約43.24.5

8. 此組銅器共三具，見A423及A665。

R.277a

R.277b

A648.1

A648　榮子方彝

1. 海外銅器26，柏景寒26

2. 三代6.36.4（器）　　R.332〔集成09880〕

3. 高32.8；器高18.7，寬18.4×14.4；蓋寬22×17

4. 器、蓋同銘二行六字：𢆷子乍
　　　　　　　　　　　　寶隣彝。

5. 西周初期（約成、康）

6. 盧

7. 芝加哥32.971

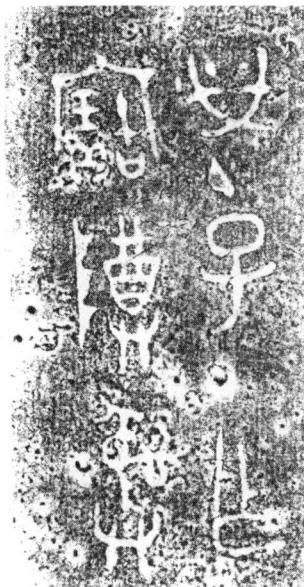 

　　　　R.332a　　　　　　　　　　　　　　R.332b

8. 榮子諸器, 傳洛陽出土, 有以下各器:

　　(1) 方彝　　A648

　　(2) 尊　　白鶴5, 白鶴吉金選集25〔集成05843〕　　銘同(1)

　　(3) 卣　　白鶴吉金選集26〔集成05256〕　　"𡏋子旅乍旟彝"

　　(4) 盤　　〔商周475, 集成10069〕

　　(5) 盉一　　頌續54〔集成09390〕　　"𡏋子乍父戊"

　　(6) 盉二　　冠斝補5〔集成09391〕　　同(5)

　　(7) 鼎　　善齋吉金1.59〔集成02503〕　　"𡏋子旅乍父戊寶障彝, 其孫子永寶"

　　(8) 鬲　　三代5.21.2〔集成00583〕　　"𡏋子旅乍父戊寶彝"

　　(9) 殷一　　三代6.45.4〔集成00930〕　　"𡏋子旅乍且乙寶彝, 子孫永寶"

　　(10) 殷二　　三代7.14.2—3〔集成03584〕　　"𡏋子乍寶殷"

　　〔(11) 方彝　　青山莊18, 集成09881〕

由上知榮或從口, 或不從; 旅是榮子的私名, 其父爲父戊, 祖爲且乙。

此組銅器形制較古, 可能是成王時的。

〔日精華208犧首鋬饕餮紋方甗, 銘 "𡏋子旅乍且乙寶彝子孫永寶", 即三代6.45.4。

三代列入彝類。此器現歸美國布侖代奇B60B998。〕

A648.2

A649.1

A649.2

A649

1. 鄴三 2.4

3. 高 22.4, 長 33, 寬 12.7

5. 殷

6. 盧 87102

7. 紐約 43.25.4

8. 傳安陽出土。柄斷, 曾經修整。

A650.1

A650.2

A650

1. 尊古 3.19

3. 失錄

5. 殷

6. 尊古齋, 盧17272

7. 賽克斯

8. 柄斷, 曾經修整。

A651.1

A651.2

R.201b

A651

1. 未著録

2. R.201〔集成 09254.2〕

3. 高 24.3，口 21.7×9.7，長 31.5

4. 銘在器内二字：名雨

5. 殷

6. Winthrop

7. 福格 43.52.103

　〔泉新 241 與此同。〕

A651.3

A651.4

A652.1

A652.2

A652

1. 弗利亞5—6
2. R.195〔集成02405〕
3. 高23.5，長31
4. 器、蓋同銘二字：亯戉
5. 殷
6. 盧34.295
7. 弗利亞38.5
8. 三代6.20.6叚〔集成10532〕銘與此同。戉是
　　族名，參A452。

R.195a

R.195b

A653

1. 中國圖符 35

2. R.62〔集成 09263〕

3. 高 28.9, 口 24.2×10.1, 長 34

4. 器、蓋同銘二字：𠨐, 己

5. 殷

6. 盧, Winthrop

7. 福格 43.52.91

R.62a

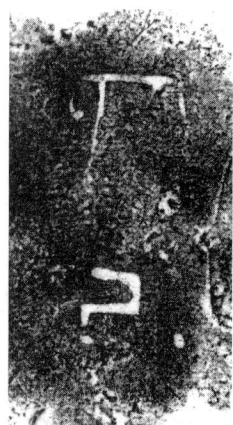

R.62b

A654.1

A654　竟父戊觥

1. 商周675

2. 三代17.23.5—6　R.84〔集成09276〕

3. 高24.5，口19.5×8.7，長27.4

4. 器、蓋同銘三字：父戊，竟

5. 殷

6. 徐乃昌

7. 盧41.09〔布侖代奇B60B906〕

8. 此器與A608同族名。

R.84a

A654.2

A654.3

A655.1

A655

1. 菁華 143, 卣與觥 40—45

3. 高 31.4, 寬 21.5, 長 31.5

5. 殷

6. 溥偉, 盧

7. 梅約

8. 此器在觥中最爲奇特。

A655.2

A655.3

A655.4

A656.1

A656.2

A656　婦觥

1. 盧目（1940）圖版十三，17
2. R.27〔集成09251〕
3. 高26，口26×18，長31
4. 器、蓋同銘一字：婦
5. 殷
7. 盧86413
8. 雙古1.21殷〔集成02922〕及A505瓶，與此同銘。

R.27a

R.27b

A656.3

A657

1. 菁華148，卣與觥56—58，中國圖符33
2. R.189〔集成09277〕
3. 高30.7，口24×11.7，長31，底16×9.6
4. 器、蓋同銘二〔三〕字：🔲〔父〕庚
5. 殷
6. Worch
7. 紐約43.26
8. 此器傳1928年河南出土。

R.189b

A658.1

R.155a　　　　　　　　　　R.155b

A658

1. 皮斯百31

2. R.155〔集成09259〕

3. 高17.8，口18.1×7.7，長23.8

4. 蓋銘一字：卓

　　器銘一字：𣂪

5. 殷

6. 盧87105

7. 皮斯百41.1326

8. 蓋銘是器銘字的一部分，即旗杆的象形。

　　此族名亦見以下各器：

　　（1）鼎　　三代2.2.5〔集成01369〕

　　（2）觶　　三代14.32.1〔集成06167〕

　　（3）爵　　善齋吉金5.4，三代15.3.6〔集成07425〕

　　（4）卣　　A610　　"父乙"

　　（5）卣　　A600　　"父辛"

　　（6）觚　　三代14.26.11〔集成07245〕　　"父辛"

　　（7）甗　　寧壽12.1〔集成00806〕　　"且丁"

　　（8）爵　　三代16.1.7〔集成08839〕　　"且丁"

　　（9）𣪘　　三代6.39.2〔集成03611〕　　"父己"

　　（10）𣪘　A196　　長的𣪘銘之末

A658.2

A659.1

A659

1. 鄴三 2.4a，弗利亞 7—8

3. 高 16.7，長 19.2

5. 殷

6. 盧

7. 弗利亞 39.33

8. 此器某些部分的花文與泉屋 94 一器相似。

A659.2

A659.3

A659.4

A660.1

A660

1. 未著録

3. 高23.5, 寬11.5, 長26, 底9.5×7.6

5. <u>殷</u>

7. <u>盧</u>

A660.2

A660.3

A661.1

A661.2

A661

1. 未著録

3. 高24.6，寬10.8，長24.1，底9.5×8.2

5. 殷

7. 盧〔布侖代奇〕

8. 此共一對，曾經修整。與A660皆傳近年本出土安陽。

A661.3

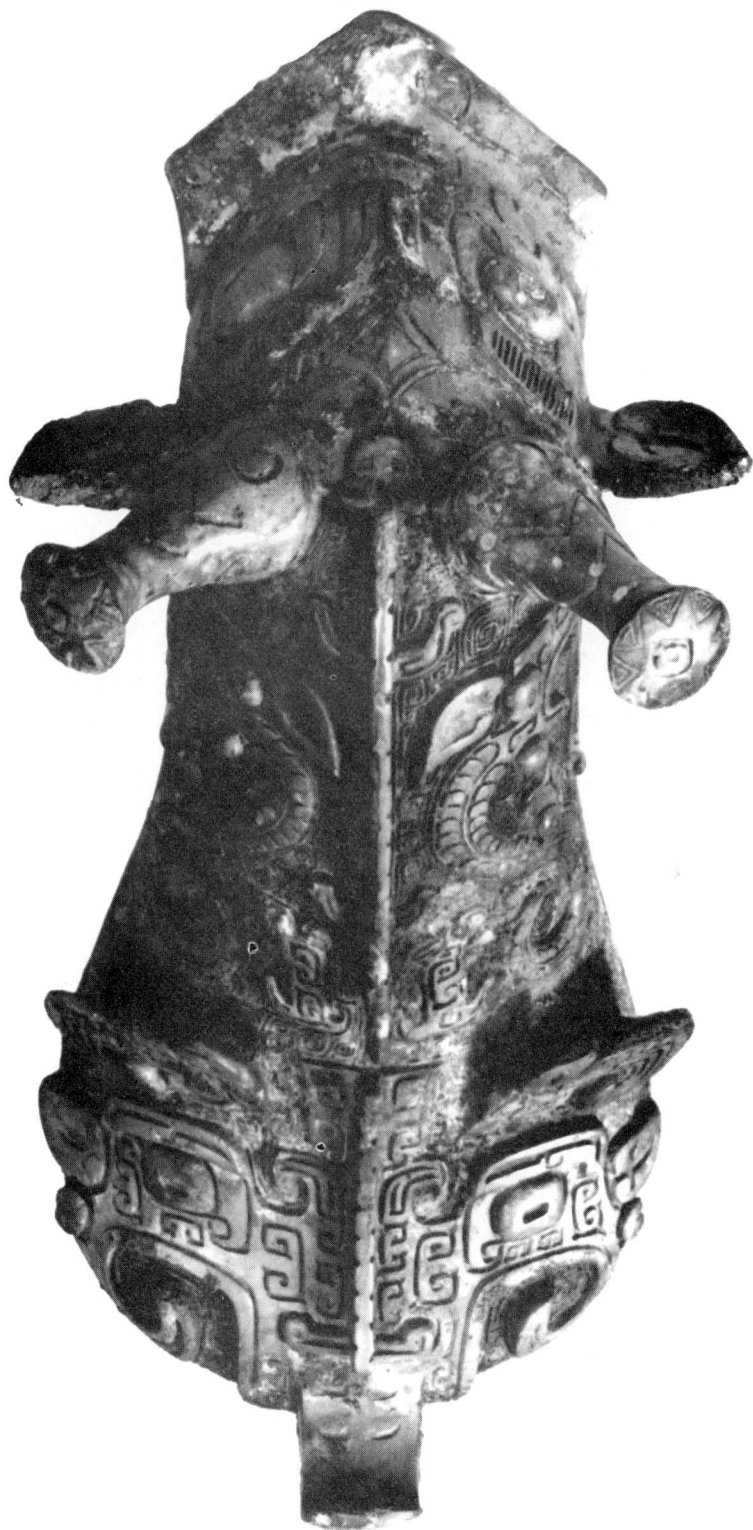

A661.4

A661.5

A662.1

 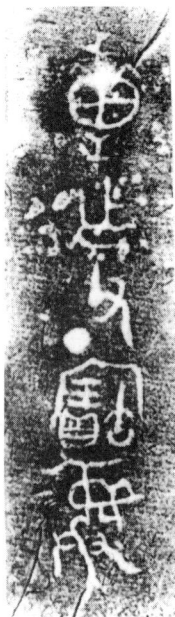

R.328a　　　　　　　　R.328b

A662　壴觥

1. 西周銅器斷代

2. 三代 11.21.2（蓋）　　R.328〔集成 09289〕

3. 高 19.5, 寬 8.5, 長 23

4. 器、蓋同銘六字：壴乍父丁寶彝。

5. 西周初期（成王）

6. 陳介祺, 吳大澂, 盧 86427, Winthrop

7. 福格 43.52.90

8. 三代秦漢金文著録表列此器之蓋爲陳、吳所藏, 曾在福格所見則器與蓋全, 同銘。
    此人所作諸器如下：

　　　（1）觥　　A662

　　　（2）卣　　十六 2.19, 兩罍 6.7, 泉屋 65

　　　（3）尊　　十六 2.21

　　　（4）尊　　攟古 1.3.23.4〔集成 05820〕

　　　（5）鼎　　十六 1.17, 攟古 2.3.79.2〔集成 02731〕

　　（5）記壴從趙伐東反尸, 故知爲成王時器。詳西周銅器斷代。

　　此器蓋上（龍的頸和尾上）有四個穿孔, 不知何用。

A662.2

A662.3

A662.4

A662.5

A663

1. 菁華145

3. 高17.8

5. 西周初期

7. 何母斯B.67

A664.1

A664.2

A664　癸萬觥

1. 未著録

2. R.200〔集成09265〕

3. 高18.5, 寬9.5, 長24.5, 底11×8.2

4. 銘二字: 癸萬

5. 西周初期

7. 張乃驥〔西雅圖Ch6.114〕

R.200b

A664.3

A665

1. 卣與觥 52—55，賸稿 40

2. R.278〔集成 09252〕

3. 高 21.8，寬 20×10.5，底 11.8×7.2

4. 銘一字：冩

5. 西周初期

6. Holmes

7. 紐約 43.24.6

8. 此與 A423，647 爲一組。

R.278a

R.278b

A666.1

A666　鴞尊

1. 皮斯百41

3. 高30，器口11.8×11.5，寬20.5×17

5. 殷

6. 盧

7. 皮斯百（1947年後得）

8. 此器原甚殘破，巧工大事修補，成如此完整形象。喙有活動的開合。比較A667，可見此器有不真實處。

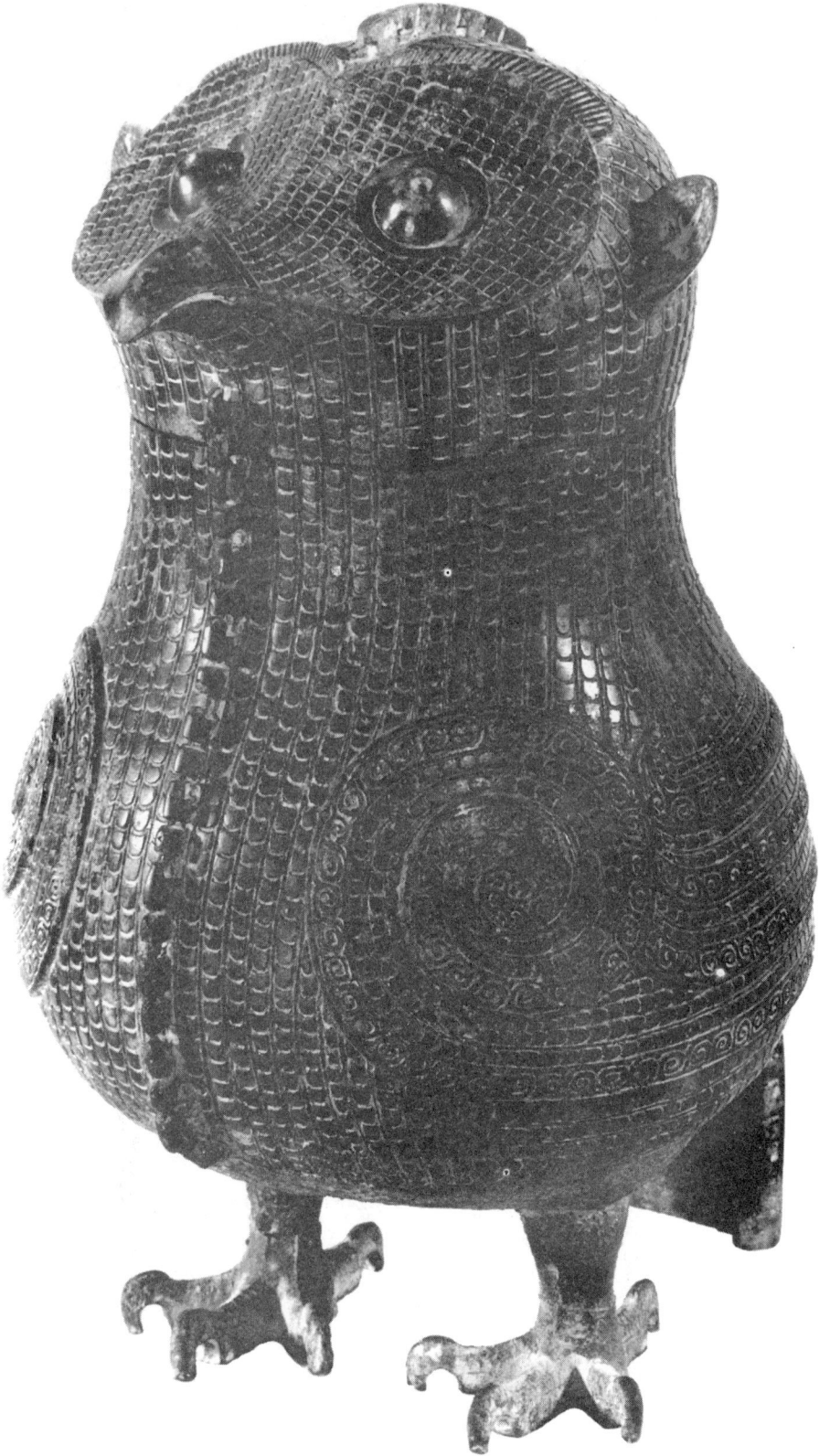

A666.2

A666.3

A667　鴞尊

1. 未著録

2. R.477〔集成 05478〕

3. 高 24.1

4. 在底下銘一字，似獨角獸。

5. 殷

7. 布恰德

8. 此器傳安陽出土，可信。器未經修整。

R.477

A668.1

A668　鴞尊

1. 盧目（1924）1—2

3. 高 40.6

5. 殷

6. 陳介祺, 盧, Robert Woods Bliss

7. 敦巴頓俄克斯

8. 目部及足部均經修整, 紅寶石的眼睛係後配。

A668.2

A668.3

A668.4

A668.5

A669.1

A669.2

A669　鴞尊

1. 菁華40, 中國圖符54

3. 高22.7, 寬12.6×9.5

5. 殷

7. 穆爾1000

8. 泉屋30及菁華39兩器, 均與此相近似。

A669.3

A670.1

A670　鴞尊

1. 中國圖符56, 形態學34.4

2. R.3〔集成05454〕

3. 高13.9, 寬10×7.5

4. 銘一字：昷

5. 殷

6. 盧41124

7. 克丁

8. 此器與安陽小屯發掘出土的石雕十分相近, 參看
殷代銅器圖版叁柒(考古學報第七册)。
同銘之器, 詳A484。
〔修復技師高英説, 原件缺蓋, 由他設計配製。〕

R.3

A670.3

A670.2

A670.5

A670.4

A671.1

A671.2

R.125b

A671　亞兔鳥尊

1. 恒軒 47, 善齋 135, 尊古 1.29, 菁華 41

2. 三代 11.5.4—5　R.125（拓本）, R.489（照相）
〔集成 05565〕

3. 高 15.3, 寬 8.1×6.4

4. 蓋內及器底同銘二字: 亞兔

5. 殷

6. 王懿榮, 劉體智, 尊古齋

7. 何母斯 B65〔薩克勒〕

R.489p

A671.3

A672.1

A672　鳥尊

1. 海外銅器 47, 中國圖符 67, 柏景寒 13—15
3. 高 15.9, 長 13.3
5. 殷或西周初期
6. 山中
7. 芝加哥 36.139

A672.2

A672.3

A673　守宮鳥尊

1. 盧目（1940）圖版十四, 31, 賸稿38

2. R.324〔集成05959〕

3. 高17.5, 口5.3×4.5, 長13

4. 銘二行十二字：守宮揚王休, 乍
　　　　　　　　父辛隣, 其永寶。

5. 西周初期

7. 盧50045〔布侖代奇B60B7〕

8. 出土同組之器, 詳A612。失蓋, 聞尚在國內。

R.324b

A674.1

A674　子乍弄鳥

1. 藝術類徵13b, 菁華193, 戰國式58—60
2. R.427〔集成05761〕
3. 高26.5, 寬22.8
4. 錯金四字: 子乍弄鳥。
5. 春秋晚期
7. 梅約
8. 銘稱此器爲"弄鳥", 參A560, 840, 841。傳山西 太原出土, 可信。

R.427p

A674.2

A674.3

A675.1

A675　象尊

1. 菁華 34, 弗利亞 24

3. 高 17.2, 寬 21.2×10.6

5. 殷

6. Higginson

7. 弗利亞 36.6

8. 曾見若干實心的銅象, 其時代多爲殷或西周初期的。

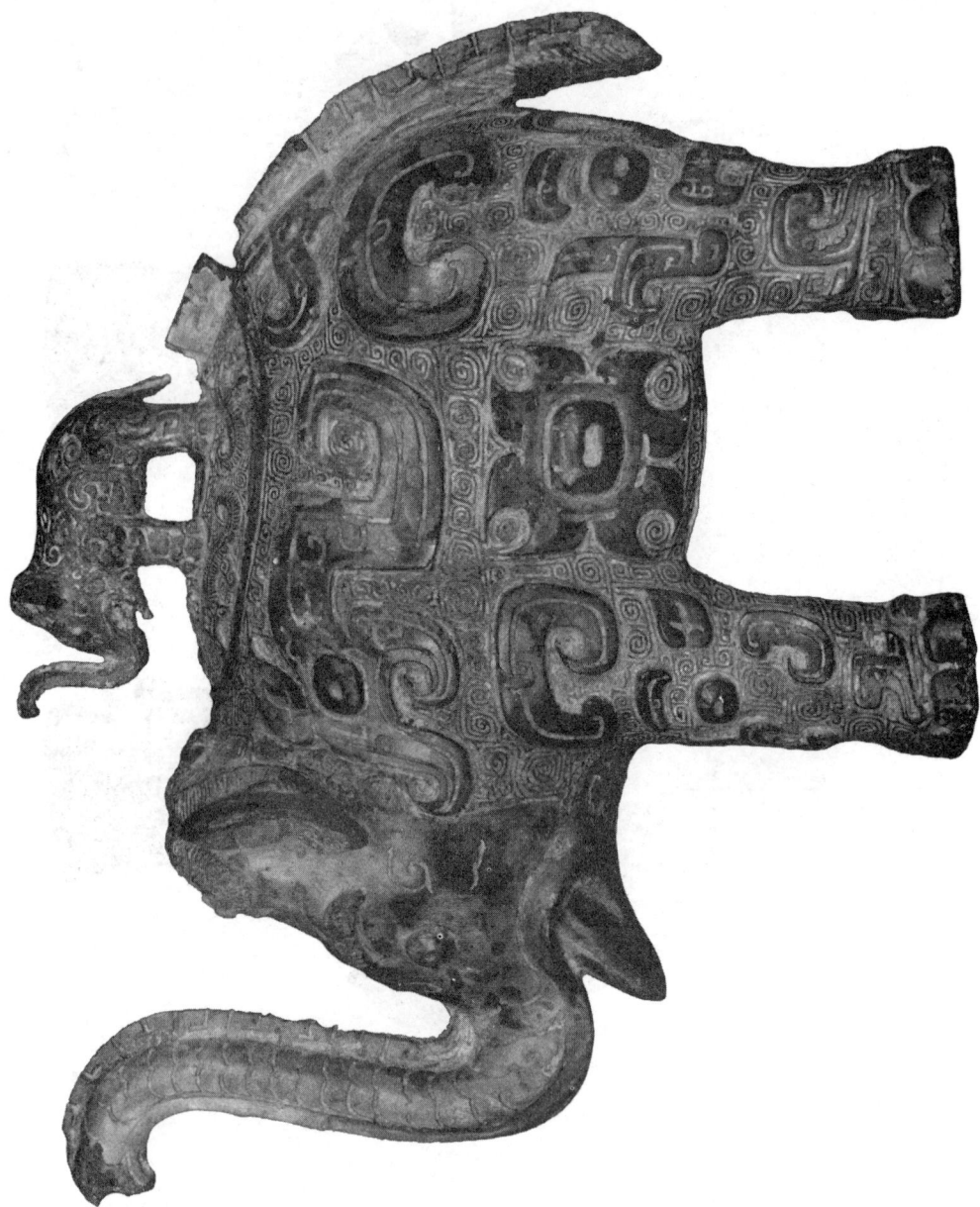

A675.2

A676　亞此牛尊

1. 未著録

2. 三代 11.3.10—11　R.131〔集成 05569〕

3. 高 21.5, 長 24

4. 銘二字: 亞（形中）此

5. 西周初期

6. 陳介祺

7. 姚〔戴迪野行〕

8. 蓋是後來配製的, 陳氏已自疑之。傳山東出土。

R.131bh

A677.1

A677.2

A677

1. 未著録
3. 高 16.2，長 22
5. 西周
6. Hervey E. Wetzel
7. 福格 19.103

A678.1

A678　禽尊

1. 海外銅器 48

3. 高 23.5, 長 20.2

5. 春秋

6. 山中

7. 納爾遜 32.185.1

8. 曾經修整, 頸部銅色與身顯然不同。背之上部有口, 腹下有小孔。

A678.2

A679

A679

1. 菁華193，戰國式61

3. 高19.4，寬30.7×15.4

5. 春秋晚期或戰國

6. E. Rosenheim, Higginson

7. 福格44.57.4

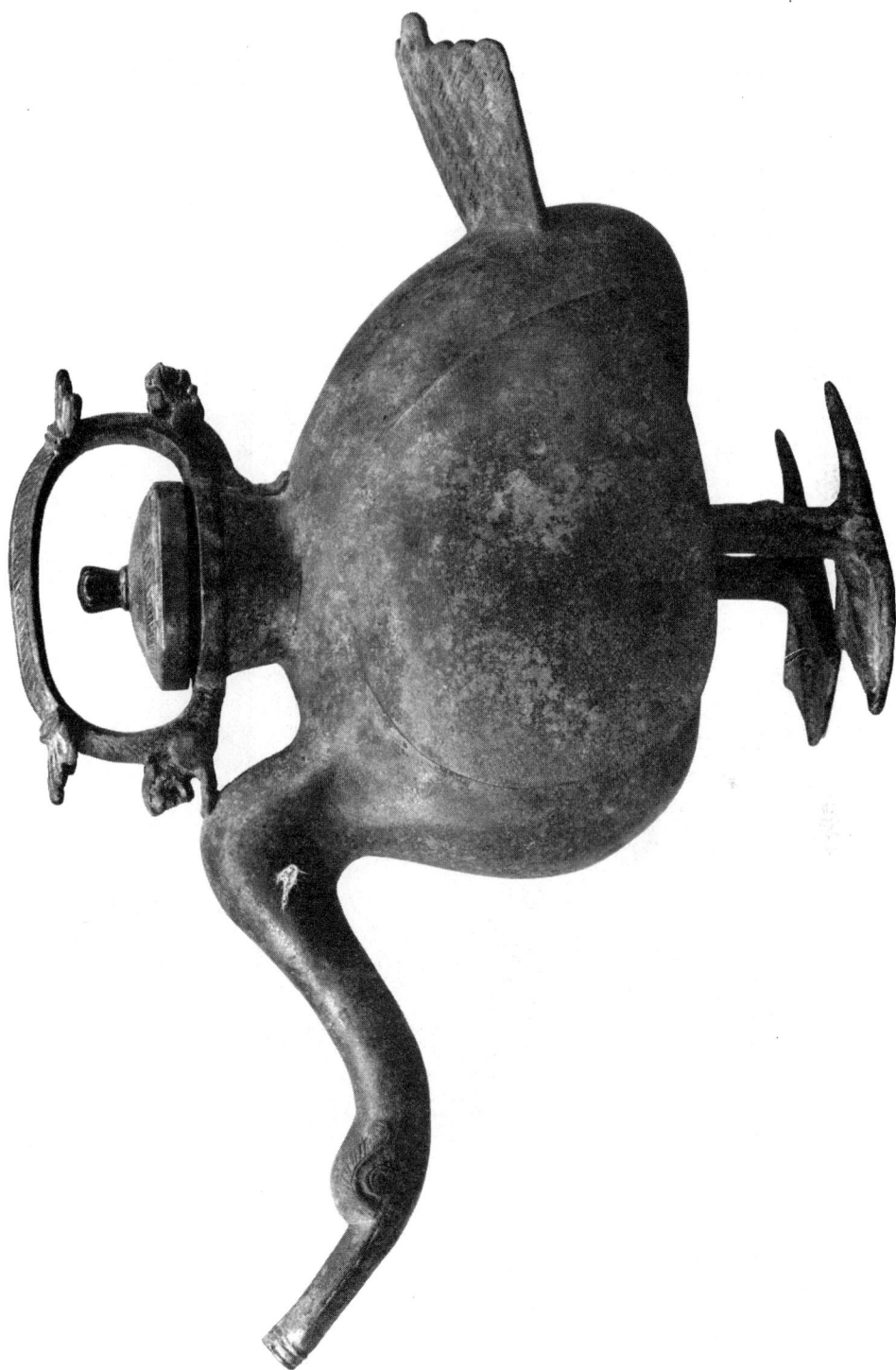

A680.1

A680.2

A680　禽尊

1. 盧目（1940）圖版十四, 74

3. 高28, 長43

5. 戰國

6. 盧86936

7. 馬丁

A681.1

A681　禽尊

1. 盧目（1940）圖版十四, 75

3. 高19, 長24

5. 戰國

7. 盧30627B

A681.2

A681.3

A682

A682

1. 未著録

3. 高 14.8，長 17.5

5. 戰國晚期或漢

7. 魏格

A683

1. 世界美術全集（1951年版）2:59

3. 高 17.6

5. 殷

7. 弗利亞（1947年後得）

8. 此類形制的銅壺，甚爲罕見。曾見Eugine Bernet氏所藏陶壺，與此相近，陶壺傳
　1943年安陽出土，北京 尊古齋售出。

A684

1. 盧目（1941）1

3. 高 18

5. 殷

6. 盧 86415

7. 賽車爾

8. 此器與 *Bronzes Chinois*：21 一器相似。

A685

1. 未著録

3. 高33.2，口16.7×12.5，寬22×18

5. 殷

6. Vignier Dinsmore

7. 柏弗羅Ch4

A686　興壺一

1. 未著録

2. 録遺220　R.5〔集成09465〕

3. 高39，口17.5×14.5，寬28.5×23.5

4. 銘一字：興

5. 殷

7. 盧H49

8. 同銘銅器，參A317。

R.5

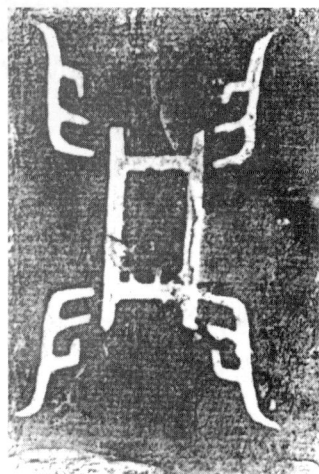

A687　興壺二

1. 盧目（1941）43

2. 録遺219　R.7〔集成09466〕

3. 高38.5，口19×15.5，寬29.5×27

4. 銘一字：興

5. 殷

7. 盧87063

8. 此器與前器同銘。

R.7

A688

1. 未著録

3. 高38.3，口22.5，寬26，底21.6×17.6

5. 殷

7. 盧

A689.1

A689.2

A689　旅壺

1. 山中目（1943）72

2. R.158〔集成09480〕

3. 高39，口19.1×14.7，寬26.5

4. 銘一字：旅

5. 殷

6. 山中

7. 布侖代奇〔B60B1003〕

R.158

A690.1

A690　　　　　　　　A690.2

1. 未著録

3. 高 24.5, 寬 18.7

5. <u>殷</u>

7. <u>盧昆斯</u>

A691

1. 未著録

2. R.478〔集成09471〕

3. 高41.9，口26.6，寬30.8，底22.2×19.6

4. 陽文銘一字（在圈足内）：卣

5. 殷

7. 盧〔博特蘭〕

R.478

A692

R.302ap

A692　白矩壺

1. 菁華134，周金5.14b
2. 三代13.17.5（蓋）　　R.302〔集成09567〕
3. 高24.7
4. 器、蓋同銘二行六字：白矩乍
　　　　　　　　　　寶隣彝。
5. 西周初期
6. 李宗岱
7. 羅勃茲〔弗利亞〕
8. 同銘之壺有以下諸器：

　　（1）西清8.31〔即A692〕
　　（2）周金5.15a〔集成09568〕
　　（3）周金5.15b.2〔集成05846〕
　　（4）三代11.22.4〔集成02170，此器爲鼎〕

（1）與此器相似；（2）有（貫）耳，其形制花文與此不同。此五壺或稱之爲卣，或稱之爲尊。今仍隸於壺下者：（1）形制與下面的壺二類相近；（2）另有白矩卣與此不同。同作器者所作之卣，詳A607；所作之殷，詳A207。

A693

1. 雙古1.18，中國圖符13，皮斯百21

3. 高26.3，器高23.5，口徑5.4，寬12.1×11.9

5. 殷

6. 于省吾，盧

7. 皮斯百39.733

8. 此器與十二 式11辰乍父己壺〔集成09525〕形制相近，高度口徑相若。後者是素的，蓋亦不同。

A694.1

A694.2

A694　吏从壺

1. 菁華139

2. R.375〔集成09530〕

3. 高46, 器高41.5, 蓋高13.9

4. 蓋内銘四字: 吏从乍壺。

5. 西周初期

6. Worch, G. A. Voûte

7. 克里夫蘭44.61

8. 此器與猷氏A31一器相似。

R.375a

A695　　帮父丁壺

1. 菁華137

2. R.263〔集成09503〕

3. 高32，口徑12.4

4. 蓋內銘三字：帮，父丁

5. 西周初期

7. 波斯頓29.795

R.263a

A696

A696，697

1. 菁華 135，海外銅器 50，柏景寒 34—36

3. 高 50.5，寬 36.4

5. 西周中期之末

6. 姚

7. 芝加哥 24.233—234

8. 此器與頌壺同式。

A697.1

A697.2

A697.3

A697.4

A698.1

A698

1. 未著録

3. 高 47.2，口 20.7，底 29.2

5. 西周中期之末

7. 聖路易 29.3261.9

A698.2

A699.1

A699　梁其壺

1. 未著録
2. R.485〔集成09717〕
3. 高51, 寬34, 底23×16, 蓋上14.2×13.5
4. 銘四十五字:

　　器項外　佳五月初吉壬申, 梁其乍隣壺, 用享考于皇且考, 用旂多福眉壽永令無
　　　　　　彊; 其百子千孫永寶用,
　　蓋頂上　其子子孫孫永寶用。

5. 西周中期之末
7. 盧〔布佲代奇B60B956〕
8. 相傳1940年陰曆二月初一日, 扶風縣北三十里任家堡出土了一組梁其銅器。此組銅
　　器, 今已散失, 據所知有以下各器:

　　（1）壺　A699
　　（2）壺　陝西博物館〔集成09716〕
　　（3）（4）鼎　陝西博物館〔集成02768, 02769〕
　　（5）—（7）段　録遺164; 又徐森玉拓本（器、蓋同銘）; 又王獻唐拓本, 云 "孫氏藏,
　　　　底蓋對銘, 器文鏽蝕不可拓, 此爲蓋銘"。〔集成04147, 04148, 04150〕
　　（8）盨　録遺180〔集成04446〕
　　（9）鐘　録遺3〔集成00187〕
　　（10）善夫吉父鬲　録遺111〔集成00703〕
　　（11）善夫吉父簠　録遺173〔集成04530〕
　　（12）兮吉父段　録遺155〔集成04008〕

以上各器的作器者稱爲

　　梁其　　（1）（2）（3）（4）（9）
　　白梁其　　（8）
　　善夫梁其　　（5）（6）（7）
　　善夫吉父　　（10）（11）
　　兮吉父　　（12）

梁其與吉父同爲善夫, 可能是一家之器。吉父即兮甲盤（三代17.20）之兮白吉父和
西清27.25兮吉父段之兮吉父, 亦即兮甲, 與梁其非一人。（3）（4）之 "毗臣天子" 與
（9）之 "梁其敢對天子不顯休揚", 均與本集A248, 252兩器相同, 乃同時器。録遺
96之鼎〔集成02770〕, 與（3）（4）同。

R.485

A699.2

A700

1. 未著録

3. 高 31.6，口 12.6×10.1

5. 西周晚期

6. J. C. Ferguson

7. 紐約 13.220.39

A701

1. 未著録

3. 高 28.3，口 16.6×14.8，底 17×15.4

5. 春秋

7. 盧 87183

A702

1. 未著録

3. 高 51.4, 寬 31.7

5. 西周晚期

7. 盧

A703

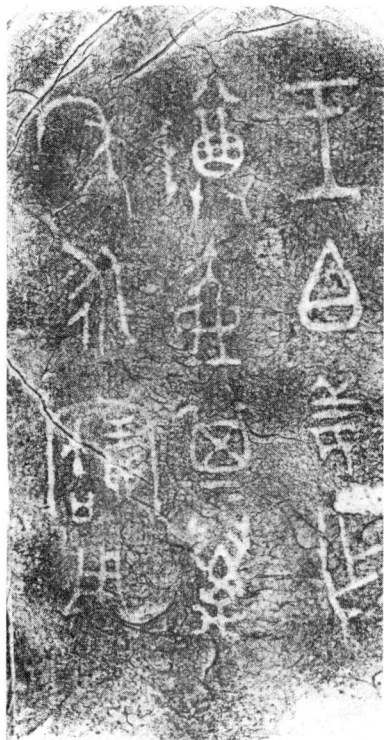

R.412

A703　王白姜壺

1. 盧目（1941）53

2. R.412〔集成09624〕

3. 高34，口徑12，寬25

4. 銘三行十二字：王白姜乍
   　　　　　　　　隣壺，其萬
   　　　　　　　　年永寶用。

5. 西周晚期

7. 盧87097〔布侖代奇B60B1074〕

8. 陶續2.6一器與此同銘。王白姜所作器，詳A130。

A704

R.409a　　　　　　　　　　　　　　R.409b

A704　白魚父壺一

1. 盧目（1939）圖版十，24；皮斯百44

2. 録遺229（蓋）　　R.409〔集成09599〕

3. 高34.6，高至口28.1，口徑11.2

4. 蓋内器内同銘二行九字：白魚父乍

　　　　　　　　　　　　旅壺，永寶用。

5. 西周晚期

6. 盧

7. 皮斯百39.435

8. 與下器是一對。上海市文管會有白魚鼎一對〔集成02665〕。

A705　白魚父壺二

1. 未著録

3. 高35

4. 同A704

5. 西周晚期

7. 盧

8. 此器見於巴黎。白魚父與A255之白鮮或是一人。

A706

1. 未著録

3. 失録

5. 春秋

7. 鮑爾鐵摩

A707

1. 未著録

3. 高 29.5

5. 春秋晚期

7. 聖路易 29.48.18

8. 此器是李峪式，故定爲春秋晚期，詳禺邘王壺考釋，載燕京學報第二十一期。

A708

A708，709

1. 盧目（1941）70

3. 高 46，寬 31

5. 春秋晚期

7. 盧 82039A，B

8. 花文與 A275 豆相同。

A709

A710

1. 未著録

3. 高 47.5，口徑 13

5. 春秋晚期

6. Winthrop

7. 福格 43.52.116

A711

1. 未著録

3. 高25.9, 寛18.3

5. 春秋晚期

6. Mr. Bishop購於中國

7. 弗利亞24.12

8. 嵌緑松石, 保存狀況較好。

〔此器在本書1962年版中因照片丟失而删去, 現據作者英文稿及弗利亞1967圖録追補。其腹部近底處有鼻, 附近又有一塊突起, 疑爲修補痕跡。〕

A712

1. 未著録
3. 高32.3，口徑10.5，寬19.5
5. 春秋晚期
6. Bluett and Sons, Naomi Donnelley
7. 芝加哥36.104

A713.1

A713

1. 未著録
2. R.484〔集成09580〕
3. 高18.7, 口徑7.1, 寬8.8
4. 項外刻銘七字: 鑄大□止□一止
5. 春秋晚期或戰國初期
7. 納爾遜47.20

R.484

A713.2

A713.3

A714

R.430-1

A714　命瓜壺

1. 未著録

2. 三代12.28b　R.430〔集成09720〕

3. 高46.3, 高至口40, 口徑15.2, 寬29.5

4. 項外銘二十三行五十字: 隹十年四月吉日, 命瓜君嗣子乍鑄尊壺, 柬柬嚚嚚, 康樂我家, 屖屖康盟, 承受屯德, 旂無疆至于萬億年, 子之子、孫之孫其永用之。

5. 戰國中期

6. 〔盧〕

7. （今在清華大學）〔原在紐約, 後歸清華大學, 今在中國國家博物館〕

8. 此器傳1928—1931年洛陽 金村出土。同形同銘之另一壺, 今在翁塔利博物館, 高49.5, 寬29, 底徑17厘米; 著録於洛陽古城古墓考253, 金村13, 戰國式116, 賸稿21, 三代12.29a〔集成09719〕。

命瓜即令狐, 左傳 文七 "晋敗秦師於令狐" 杜注云 "令狐在河東", 涑水注引闞駰曰 "令狐即猗氏也"。令狐乃魏氏之後, 左傳 宣十五有令狐顆（魏顆）, 其子令狐文子（魏頡）見於左傳 成十八及國語 晋語七。此器之嗣子當是令狐氏的後裔。

此對壺形制花文近於而早於一對東周左自壺（善齋吉金3.50, 戰國式76）〔集成02212〕。後者亦當是金村所出, 銘記 "二十九年十二月爲東周 左自飲壺"。東周公見存於公元前367—249年, 則此二十九年當是周顯王二十九年（公元前340年）。令狐壺早於左自壺, 其十年當指周威烈王十年（公元前416年）或周安王十年（公元前392年）, 故與周威烈王二十二年（公元前404年）所作之屬羌鐘花文相近。詳六國紀年。原編此集時, 此壺尚在紐約市。1948年秋, 歸於清華大學。重器回國, 足以慶幸, 因仍附載此集, 以誌其經過。

R.430-2

R.430-3

A715

A715，716

1. 未著録

3. 高31.7，口徑10.1，寬22

5. 戰國中期

7. 乃布

8. 此對與武英117及尊古2.38所錄者相近。

A716

A717

1. 未著録

3. 高 33

5. 戰國中期

6. Heeramaneck

7. 納爾遜 42.37

A718

1. 未著録

3. 高 28.2，口徑 7.5，底徑 11.3，寬 17.7

5. 戰國中期

7. 鮑爾鐵摩

A719

1. 未著録

3. 高 34.1，寬 21.2

5. <u>戰國晚期</u>

7. <u>盧</u> 6.034

A720

1. 十二 尊13, 皮斯百55

3. 高29, 口徑11.5, 底徑13.5, 寬26.3

5. 戰國中期

6. 尊古齋, 盧

7. 皮斯百36.42

A721

1. 菁華184, 戰國式77.1

3. 高26.2, 寬22.8

5. 戰國

7. 紐約18.56.6

A722

A722

1. 戰國式 88; 盧目（1940）圖版廿八, 72

3. 高 39, 寬 27.2

5. 戰國初期

7. 盧 66037〔布侖代奇 B60B1075〕

8. 狩獵圖常見於此時的壺上, 亦見於鼎、豆、敦及鑑上。其例如下：

　　（1）壺　　A722

　　（2）壺　　A723

　　（3）壺　　A745

　　（4）壺　　寶蘊 85, 戰國式 89　　近于（1）

　　（5）壺　　武英 109, 戰國式 90

　　（6）壺　　菁華 212, 戰國式 92

　　（7）壺　　周漢遺寶 37, 戰國式 93—94　　近于（6）

　　（8）壺　　*Chinesishe Kunst* 31

　　（9）鼎　　戰國式 41

　　（10）壺　　Koop: *Early Chinese Bronzes*, 102

　　（11）壺　　菁華 207, 海外銅器 56, 三代 12.27 b

　　（12）鑑　　A843

　　（13）（14）鑑　　賸稿 14, 15　　汲縣 山彪鎮出土

　　（15）（16）豆　　A271, 272

　　（17）敦　　菁華 211, 戰國式 48

　　（18）壺　　戰國式 77.2

　　（19）殘片　　戰國式 91（1）　　傳李峪出土

此上（1）—（9）花文突起,（10）—（16）花文鑲嵌純銅,（17）—（19）花文刻劃。此三種方式, 表示時代先後, 突起花文較早, 純銅鑲嵌在春秋晚期已流行南北各地, 刻劃花文較晚。此種狩獵圖的花文, 大約盛行於春秋、戰國之交。

A723.1

A723.2

A723

1. 尊古 2.36—37, 戰國式 87, 皮斯百 53

3. 高 35.2, 寬 25

5. 戰國初期

6. 盧 30532

7. 皮斯百 36.41

A724.1

A724　　　　　　　　　　　A724.2

1. 盧目（1939）圖十四, 31

3. 高54.5, 寬36

5. 戰國初期

7. 盧37001〔布侖代奇〕

8. A724—A727並A761都是相似的鑲嵌花文, 以鳥獸爲主題而有梭形的間隔。近年唐山出土的燕器和壽縣出土的蔡器, 均與此相似。其時代亦在春秋、戰國之交。

A725

1. 未著録

3. 高43，寬26.1

5. 戰國初期

6. Winthrop

7. 福格43.52.121

8. 詳A724。洛陽古城古墓考247（金村15）一器與此是一對，今在翁塔利博物館
（NB4320）。

A726.1

A726.2

A726

1. 菁華 208, 海外銅器 55, 戰國式 82, 柏景寒 59

3. 高 44.7, 寬 30.6

5. 戰國初期

6. 山中

7. 芝加哥 28.143

8. 此與下器是一對。

A727

1. 未著録

3. 高 44.3，口徑 14

5. 戰國初期

6. H. O. Hevemeyer

7. 紐約 29.100.545

8. 此與上器是一對。

A728

1. 菁華 217, 山中目（1938）45
3. 高 35.2, 口徑 12
5. 戰國中期
6. Higginson
7. 福格 44.57.20
8. 鑲嵌松綠石, 已剝落一部分。

A729

1. 菁華 218

3. 高 33，寬 23.8

5. 戰國中期

6. G. A. Voûte

7. 盧 44.1006

A730

1. 盧目（1924）33—34

3. 高 36，寬 20.3，口徑 9.8

5. 戰國中期

6. 盧

7. 麥克里奧特

8. 鑲嵌松綠石。

A731

1. 未著録

3. 高30，高至口27.5，寬20.8

5. 戰國中期

6. Winthrop

7. 福格 43.52.117

8. 錯金並鑲嵌松綠石。八稜。傳輝縣出土，但相傳爲金村出土者，亦有類似之壺。

A732

1. 未著錄

3. 高 27.9, 口徑 9.2

5. 戰國中期

6. 山中

7. 克里夫蘭 29.984

8. 錯金。

A733

1. 金村23.1, 海外銅器54, 柏景寒58

3. 高14.6, 寬8.9

5. 戰國晚期

6. 山中

7. 芝加哥30.481

8. 錯金銀, 傳1928—1931年金村出土, 詳A111。

A734

1. 金村23.2；盧目（1940）圖版十六, 35

3. 高13

5. 戰國晚期

7. 盧14513

8. 同前器，無蓋。

A735

1. 菁華 224

3. 高 52.6

5. 戰國晚期或西漢

6. Winthrop

7. 福格 43.52.24

8. 鎏金。

A736.1

A736.2

A736

1. 卣與觥 65, 菁華 223, 海外銅器 59, 柏景寒 67—69

3. 高 45, 寬 36

5. 西漢

6. 〔筦估〕

7. 芝加哥 27.315

8. 鎏金。以下諸器與此器有相似處：

　　（1）壺　支那工藝圖鑒 14　鎏金, 花文鎏銀

　　（2）壺　菁華 222　鎏金銀, 有銘

　　（3）（4）壺　白鶴 26—27　鎏金銀

　　（5）盤（殘片）　周漢遺寶 48　錯金銀

　　（6）壺　周漢遺寶 66 左　樂浪出土　鎏金

以上皆漢器。

A736.3

A736.4

A737

1. 盧目（1324）35

3. 高 44.3，寬 34.4，口徑 15.5

5. 西漢

6. 盧

7. 大學 C689

8. 鎏金。

A738　東宮壺

1. 菁華 225，海外銅器 60，柏景寒 75
2. R.439〔集成未收〕
3. 高 42.5，寬 34.9
4. 口沿外刻銘三字：東宮七
5. 西漢
6. Parish-Watson
7. 芝加哥 24.241
8. 鎏金。

R.439

A739

1. 陶續 2.34
2. R.440〔集成未收〕
3. 高 44.8，口徑 17.3，底徑 20.2
4. 項內陽款銘四字：大監千萬
5. 西漢
6. 端方，山中
7. 納爾遜 32.68.49
8. 尊古 4.15 一器與此同銘而另刻 "第八" 二字。

R.440

A740

1. 未著録

3. 高 43.7, 寬 36.9

5. 漢

7. 波斯頓12.843

A741

1. 未著録

3. 高至口 18.4

5. 漢

7. 華爾特 54.1236

A742

1. 未著録

3. 高30，寬22.4，口徑10.2

5. 漢

7. 布拉馬

A743

1. 盧目（1924）28

3. 高28，口徑11.7

5. 東漢，約公元126—128年

7. 盧28

8. 此器與西清34.11壺（銘作於公元126年）及十二式14壺（銘作於公元128年）相似，此器時代與該兩壺相近。

A744

1. 未著録

3. 高 34.4, 寬 27.4

5. 東漢, 約公元 158 年

6. Leventritt

7. 司丹佛

8. 此器與陶齋 6.9 一器相似, 後者作於公元 158 年。又此器與杉林 29—30 兩器相似。

A745.1

A745.2

A745

1. 未著錄

3. 失錄

5. 戰國初期

7. 姚

8. 詳A722。

A746.1

A746　陳璋壺

1. 菁華213, 戰國式95（1）

2. R.433　圖版A746.2—4〔集成09703〕

3. 高37.2, 寬21

4. 足上三面刻款銘二十七字：

　　　佳主五年, 奠□陳旻再立事

　　　歲孟冬戊辰, 大夑□孔

　　　陳璋內伐匽毫邦之隻。

5. 戰國中期, 公元前314年刻款

6. 陳介祺, 盧

7. 大學C243

8. 此壺是戰國中期重要銅器之一。1945年因到費城，曾取出原器詳加審視，因知舊日
拓本"主"字缺去上面一點，遂誤以爲"王"字。"陳璋"之璋從玉從章，郭沫若讀
以爲騂字，因稱此器爲陳騂壺。"亳邦"之亳在照片與拓本上不十分顯明，原器確是
"亳"字。因此數字的確定，而後田齊攻燕的史實和年代賴以確定。

此銘之"主"指齊宣王。顧炎武 日知録卷廿四據左傳昭公二十九年齊侯使高張來唁
公稱主君，證卿大夫春秋時稱主。但左傳的編纂當在戰國時，故其稱主只可以推證
戰國時諸侯稱主。左傳昭元，昭廿八，定十四，哀二十，哀廿七和戰國策魏策，皆稱
趙、魏、智之主爲主或主君。

"佳主五年"不是周王五年而是作器者陳璋之主之五年，乃是齊宣王五年，周赧王
元年。是年，秦、魏攻韓，敗之岸門，齊師乘諸國戰疲，命章子襲燕。齊破燕事，世
有異説，我們在六國紀年叁貳節曾加考定，以爲當在宣王五年。戰國策 燕策曰"孟
軻謂齊宣王曰：今伐燕，此文、武之時，不可失也。王因令章子將五都之兵以因北地
之衆以伐燕，士卒不戰，城門不閉，燕王噲死，齊大勝燕，子之亡"。孟子 梁惠王下曰
"齊人伐燕，勝之，宣王問曰……以萬乘之國伐萬乘之國，五旬而舉之……"。齊策
則曰"齊因起兵攻燕，三十日而舉燕國"。據此銘所載，則在宣王五年孟冬之月。伐
燕的主將，此器稱陳璋，即齊策的章子，亦即秦策"趙且與秦伐齊，齊懼，令田章以
陽武合於趙而以順子爲質"之田章。孟子 離婁下所謂"匡章通國皆稱不孝焉"，亦
稱章子，即此人。始用事於齊威王時，齊策曰"秦假道韓、魏以攻齊，齊威王使章子
將而應之，齊兵大勝"。徐州之會，章子責惠施，見呂氏春秋 愛類篇。其人歷事威、
宣二王，與惠施、孟軻同時。

此器爲田章入伐燕都亳邦之所獲，壺爲燕人之器，孟子所謂"毀其家廟，遷其重
器"。亳邦是燕都，左傳昭公九年"武王克商……肅慎、燕亳，吾北土也"。

陳旲和子禾子釜的陳具當是一人，前曾以爲是田居（即田居思、田巨思）或田忌，尚
待詳考。

由上考定，此器銘文刻於公元前314年。

R.433h

A746.2

A746.3

A746.4

A747.1

A747.2

A747

1. 皮斯百 54

3. 高 35.8，寬 19.9×19.7，口徑 9.8×9.8，底徑 12.3×12.3

5. 戰國中期

6. 盧 85683

7. 皮斯百 40.45

8. 此器與洛陽古城古墓考 248（金村 16，戰國式 95.2）一器相似，後者高 39.5，口徑 10，底徑 13.2，傳金村出土。此器花文及其鑲嵌與 A281 敦相同。

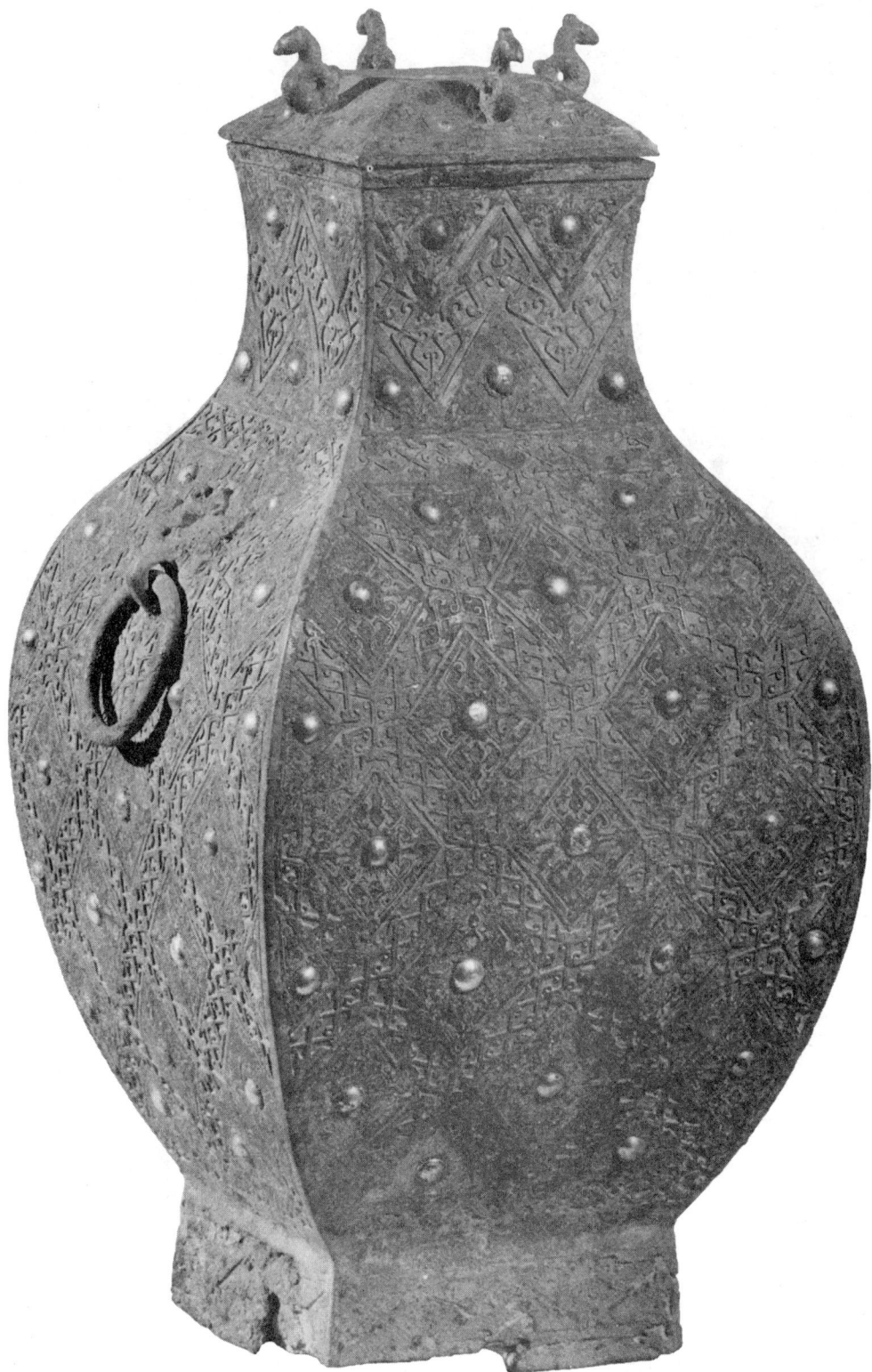

A748.1

A748.2

A748

1. 盧目（1940）圖版卅二, 73

3. 高49, 寬24.2

5. <u>戰國</u>中期

7. <u>盧</u>30629

8. 鑲嵌已剝落。金釘。足稍殘破。與下器是一對。

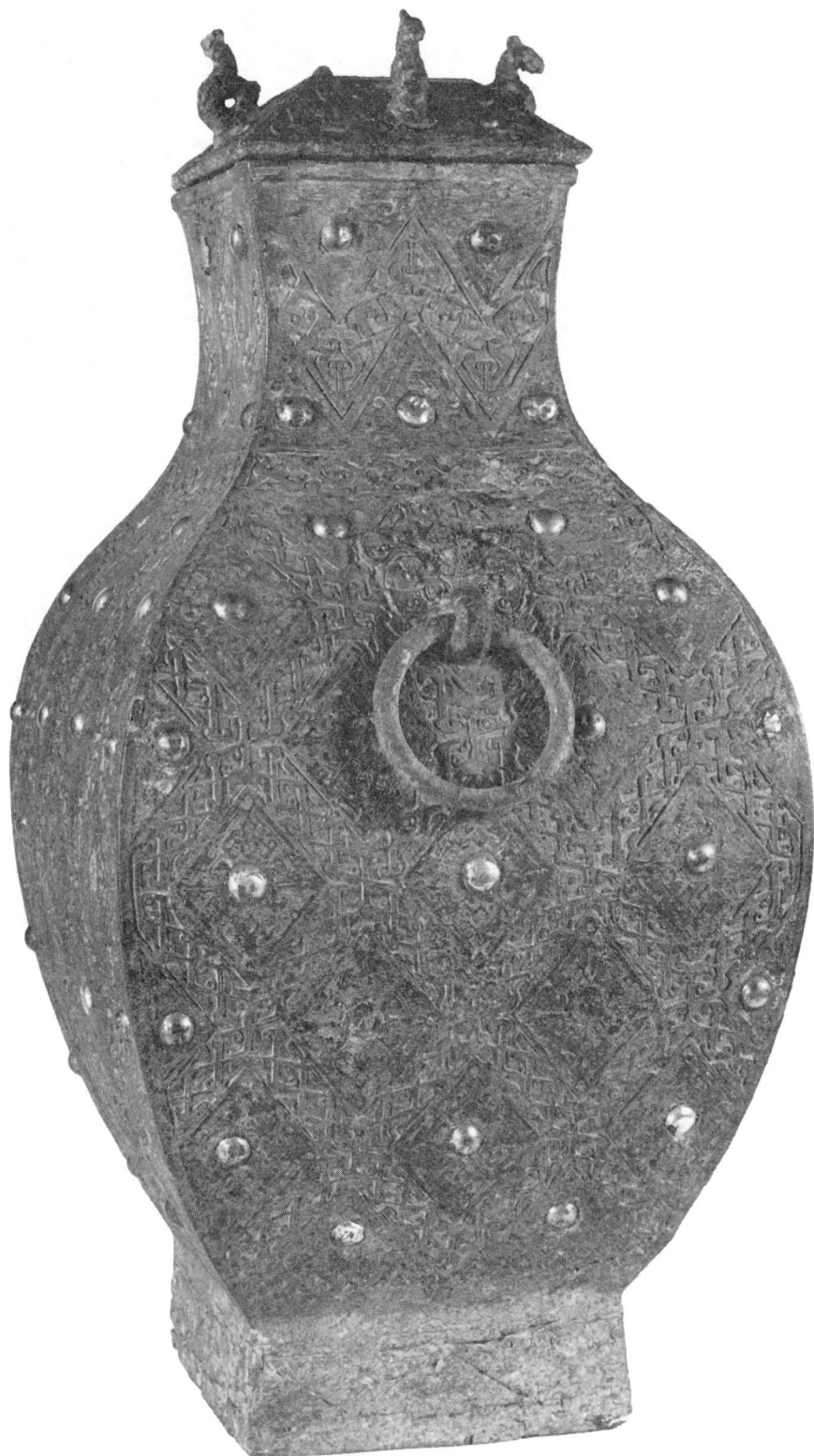

A749.1

A749.2

A749

1. 未著録

3. 高49, 寬24, 口徑11.7

5. 戰國中期

6. 盧, Michael

7. 奧爾勃來特 42.16.402

8. 與上器是一對。

A750.1

A750.2

A750

1. 菁華214, 戰國式46（2）

3. 高52.6, 寬28.1

5. 戰國中期

7. 梅約

8. 鑲嵌松綠石、金、銀。

A751

1. 未著錄

3. 高34，高至口28.5，口徑10

5. 戰國晚期

7. 乃布

A752

A752，753

1. 盧目（1941）57

3. 高51，寬26，底15.8

5. 戰國晚期

6. 張乃驥

7. 盧87001A，B〔布侖代奇〕

8. 1946年，前於紐約古肆中曾見一對鈁與此相似，刻款十三字記元壽二年（公元前1年）武庫所有。後者或係後刻之辭，今已不記得。

A753

A754

1. 未著録

3. 高 50

5. 戰國晚期

7. 麥克阿爾平

8. 此與下器已接近漢代之鈁。金村所出方壺，與此相近，因仍定爲戰國晚期。

A755

1. 未著録

3. 高35.6, 寬20.4, 底14.2

5. 戰國晚期

6. T. B. Blackstone

7. 飛爾德117441

8. 參A754。

A756

1. 菁華204
2. R.432〔集成09496〕
3. 高39, 寬27.6
4. 刻款銘二字: 公夬
5. 戰國晚期
7. 波斯頓12.842
8. 三代2.16.6〔集成01347〕鼎銘與此相同，未見器形。

　冠罟上6弦文鬲鼎同銘而係西周初期的，陰款。

R.432

A757

1. 未著録

3. 高 31.5，寬 24

5. 西漢

7. 侯希蘭

A758　李鈁

1. 未著錄
2. A.758〔集成未收〕
3. 高35.5, 寬21.5
4. 項外銘一字: 李
5. 漢
6. Leventritt
7. 司丹佛

A759

1. 未著録

2. R.244〔集成未收〕

3. 高 24.5，口徑 4.7，底 9×7.7

4. 器底内銘一字：酉（？）

5. 西周中期

7. 康恩

8. 銘文應早，頗有可疑之處。據花文，不能早於西周中期。

R.244

A760

1. 未著録

3. 高 29.8

5. 西周晚期

7. 飛爾德127364

A761

1. 未著録

3. 高31.5，口徑4.8，底徑9.3

5. 戰國初期

6. F. P. Musso

7. 布侖代奇

8. 參A724。

A762

1. 皮斯百56

3. 高34，口徑11，寬33.5×12.5

5. 戰國中期

6. 盧86434

7. 皮斯百40.46

A763

1. 海外銅器 53，柏景寒 57

3. 高 36.2，寬 33.7

5. 戰國中期

6. Wells

7. 芝加哥 37.1

A764

1. 未著録

3. 高 31.7, 寛 31.1×12.4, 底 17.1×9.5

5. 戰國中期

7. 盧

A765

1. 未著録

3. 高 31，寬 31.1×11.4

5. 戰國中期

6. T. B. Blackstone

7. 飛爾德 117430

A766

1. 菁華 219

3. 高 31.1，寬 28.6×11.7

5. 戰國晚期

6. 來遠

7. 弗利亞 15.103

8. 錯銀。

A767

1. 未著録

2. R.431〔集成未收〕

3. 高 13.8, 寬 16.3×12

4. 蓋上刻款銘二字：官文

　　底下刻款銘五字：文六升半升

5. 戰國

7. 納爾遜 35.74

8. 傳淮安出土。陶器亦有如此形者, 大小相次組成。

R.431ah　　　R.431bh

A768.1

A768

1. 海外銅器 62，柏景寒 83

3. 高 22.5，寬 25.6

5. 漢

6. 山中

7. 芝加哥 37.122

A768.2

A769

1. 未著録

3. 高29，寬30.2

5. 漢

7. 麥克阿爾平

A770

1. 未著録

3. 高 32.5，寬 32.5

5. <u>漢</u>

6. Leventritt

7. <u>司丹佛</u>

A771

1. 未著録
3. 高30.5, 寬27.8×8.4
5. <u>漢</u>
6. T. B. Blackstone
7. <u>飛爾德</u>117431

A772　曲陽家温壺

1. 盧目（1924）32
2. R.436〔集成未收〕
3. 高 37
4. 圈足上刻款銘十三字：曲陽家銅温壺重八斤七兩，第三
5. 漢
7. 盧 18

R.436

A773

1. 未著録

3. 高 29.5，寬 24.2

5. 漢

6. T. B. Blackstone

7. 飛爾德 117434

A774.1

A774.2

A774

1. 未著録

3. 高19, 口徑3×3

5. 戰國初期

7. 羅比爾

8. 此器應與A271, 272兩豆相參照。器身上兩格是兵戰之圖, 第三格是田車狩獵圖, 第四格及校上似是采桑之圖。

此器形制, 亦見戰國墓中出土陶器, 暫附於壺後。

A775

1. *Masterpieces*：28

3. 高12，寬9

5. 殷

6. Kleijkamp

7. 魏格

8. 此與以下兩器都是極小形制的，當係明器。翁塔利博物館所藏一器（NB4029）亦如此，傳安陽出土。

A776

1. 未著録

2. 録遺419　R.483〔集成09783〕

3. 高14.5, 寬10.1

4. 銘二字: 身姦

5. 殷

7. 杜克

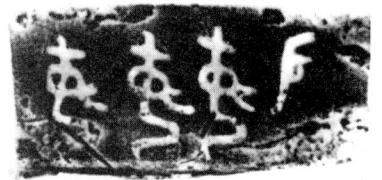

R.483

A777

1. 未著録

3. 高 13.9, 寛 10.5

5. 殷

7. 盧 7.115

A778.1

A778.2

A778　亞醜罍

1. 澂秋 29, 皮斯百 40

2. 三代 11.39.4—5　R.136〔集成 09769〕

3. 高 36.1, 寬 28.5, 口徑 11.2

4. 蓋內器項內銘二字：亞（形中）醜

5. 殷

6. 陳承裘

7. 皮斯百 32.72

R.136a

A779

1. 未著録
3. 高43.6
5. 殷
7. 羅勃茲

A780　亞夃罍

1. 菁華130

2. 三代12.1.8　R.130〔集成09768〕

3. 高42.5, 寬38

4. 銘二字: 亞夃

5. 殷

6. C. G. Seligman

7. 盧4.1677

R.130bh

A781.1

A781.2

A781

1. 中國圖符39, 70；柏景寒9—11

3. 高45, 寬24.8, 口13.2

5. 殷

6. 姚

7. 芝加哥38.17

8. 蓋內近頂處有一突起之蟬，與A636方彝蓋同。傳安陽出土。

A781.3

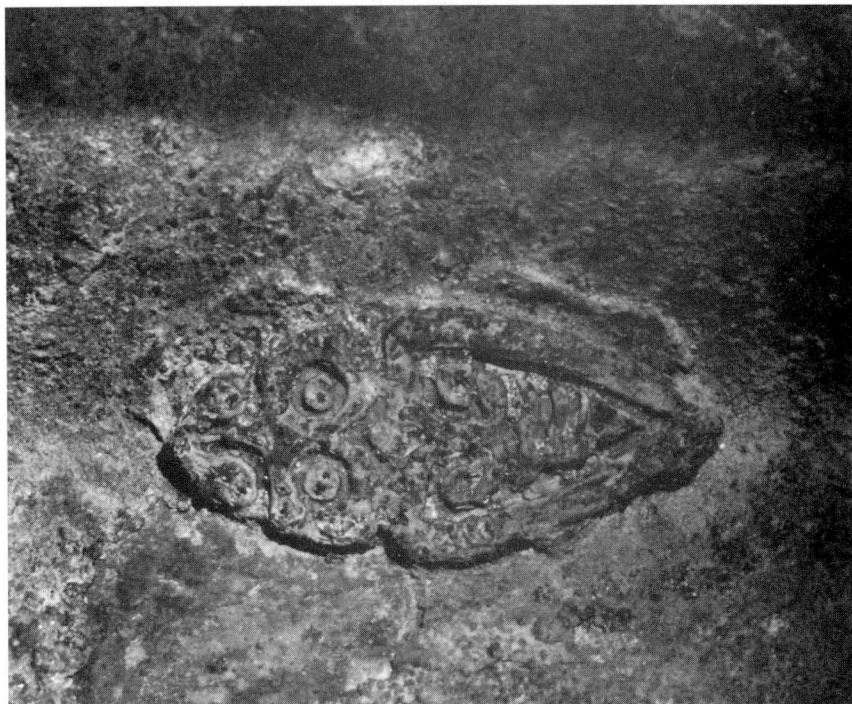

A781.5

A781.4

A782　鳶罍

1. 未著録
2. R.480〔集成09747〕
3. 高50.8，寬25.4
4. 銘一字：鳶
5. 殷
7. 布恰德
8. 傳安陽出土。同銘的銅器，詳A7。

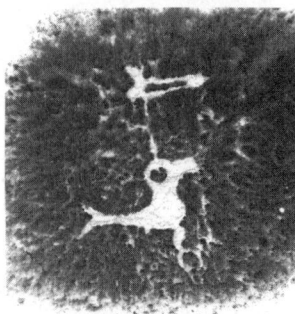

R.480a

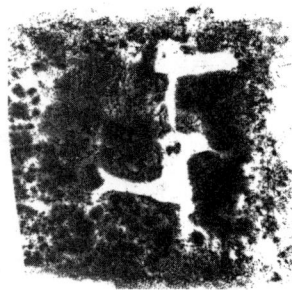

R.480b

A783.1

A783.2

A783

1. 菁華 45

3. 高 56

5. 殷

7. 羅勃兹

A784.1

A784.2

A784

1. 未著錄

3. 高 39.2，寬 33.2

5. 殷

7. 羅勃兹

8. 失蓋。

A785

R.283a

R.283b

A785

1. 菁華 47；盧目（1940）圖四，20

2. R.283〔集成 09760〕

3. 高 62.7，寬 37.8

4. 蓋內器內銘一字：▨

5. 西周初期

6. 盧 17711

7. 聖路易 29.2.41

8. 同此銘文之鼎，出土於寶鷄縣，詳A26。博古9.16一卣與此同銘。巌窟2.32戈銘亦相同，傳安陽出土。

A786

1. 菁華 205

3. 高 45.5

5. 春秋晚期

7. 波斯頓 11.1447

8. 此與下器，曾經以爲缶而無佳證。近年壽縣出土蔡器自名爲缶，方知舊所定者無誤。

A787

1. 未著録

3. 高30.2，寬28，口徑15.6

5. 春秋晚期

7. 盧41.08

A788

1. 未著録

3. 高 27, 寬 33.8

5. 殷

7. 波斯頓 08.455

A789

A789

1. 未著録

3. 高 27, 寬 25.7

5. <u>殷</u>

6. J. C. Ferguson

7. <u>克里夫蘭</u> 18.15

A790

A790

1. 未著録

3. 高 24，寬 29.8

5. 殷

6. 山中

7. 紐約 14.24.1

A791

A791

1. 未著録

3. 高 19, 寛 25.2

5. <u>殷</u>

7. <u>賓恩</u>

A792.1

A792.2

A792

1. 未著録

3. 高 38.6，寬 30.3

5. 殷

6. 山中

7. 羅勃兹

A793

1. 菁華127

3. 高48.5，寬43

5. 殷

6. 盧

7. 大學C.351

8. 傳陝西出土。

A794

1. 菁華 128

3. 高 54, 寬 49.5

5. 殷

7. 紐約 17.190.524

8. 蓋、器各有僞刻的銘文四十五字。

A795

A795

1. 菁華126

3. 高25, 寬37.4

5. 殷

7. 何母斯B1〔布侖代奇〕

8. 此器有魚與蛙的文飾與柏林國家博物館一器（菁華125, 海外銅器66）相似, 後者無蛙飾。此兩器當爲水器, 猶盤多飾魚蛙。

A796

A796

1. 皮斯百52

3. 高25.1, 寬30, 口徑17.3

5. 春秋中、晚期

6. C. G. Seligman, 盧

7. 皮斯百37.1794A

8. 口沿上僞刻三十字, 係仿公姞卣（三代13.39.6）、尊（三代11.35.2）〔集成09959,05994〕而作。

A797

A797

1. 菁華220，金村27，皮斯百48

3. 高24.6，寬29.9，口徑12.5，底徑14.7

5. 戰國晚期

6. 盧

7. 皮斯百43.1084

8. 錯金。傳1928—1931年洛陽金村出土，詳A111。

A798

A798

1. 皮斯百50

3. 高13.2, 寬21.7, 口19.7×15.1

5. 春秋晚期或戰國初期

6. 盧

7. 皮斯百37.1797

8. 此類器曾出土於新鄭（新鄭124—125）及洛陽金村（翁塔利NB4317, 4319），金村出土的尺寸與此相仿。

A799

A799

1. 未著録

3. 高 7，口 15.3×10

5. 春秋晚期

7. 侯希蘭

A800.1

A800.2

A800

1. 未著録

3. 高 6.1

5. <u>戰國</u>

7. <u>波斯頓</u>33.656

8. 此器錯金，其圖象近於A271, 272。其上層是廊廡下習射之圖和室外車獵之圖；其下層是樹下行樂之圖。

〔<u>唐蘭</u>以爲錯金圖象後加。〕

A800.3

A801

A801

1. 未著録

3. 高 5.8，口 18.1×15.7

5. 戰國

7. 布拉馬

A802

1. 未著録

3. 長 32.5; 勺高 7, 口徑 4.8

5. 殷

7. 盧

8. 此器與大亞勺（雙吉 1.50）相似, 後者傳安陽出土。

A803

1. 未著録

3. 長33.3；勺高4.8，口徑3

5. 殷

7. 何母斯B154

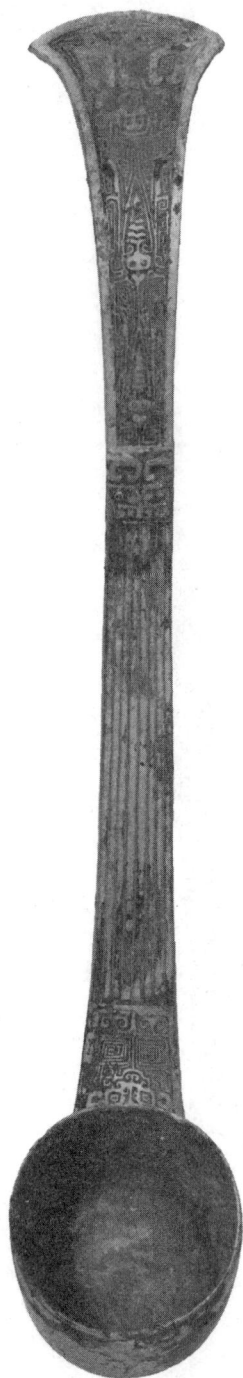

A804

1. 中國圖符 29

3. 長 30；勺高 5.3，口徑 4.8

5. 殷

6. Winthrop

7. 福格 43.52.111

A805

1. 未著録

3. 長 19.6

5. 殷

7. 魏格

A806

1. 陶齋 1.4，柉禁 21.3

3. 長 20.2

5. 西周初期

6. <u>端方</u>

7. <u>紐約</u> 24.72.8

8. <u>端方</u>謂此器出土時在<u>鼎卣</u>（A590）內。此器屬於<u>寶雞</u>出土的鼎組，詳 A418。

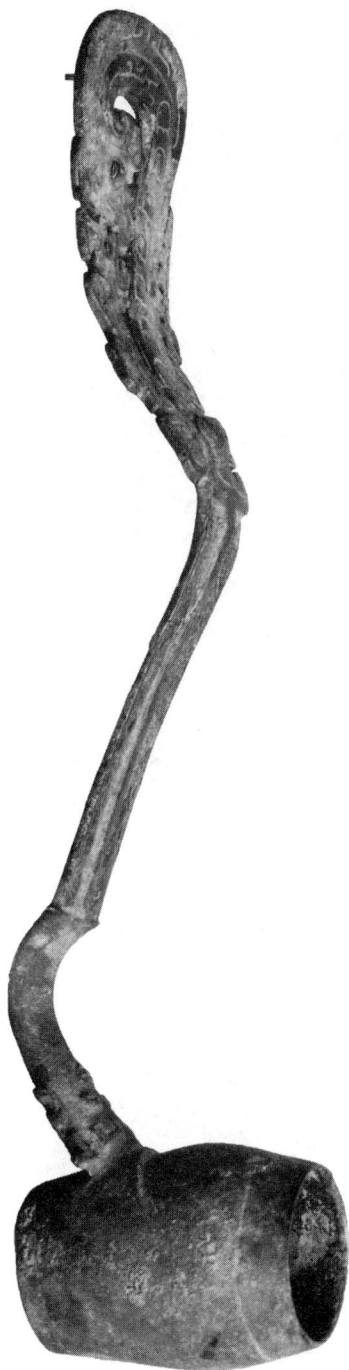

A807

1. 未著録

3. 長 21.5；勺高 4.7，口徑 2.7

5. 西周初期

6. 盧

7. 皮斯百 37.194

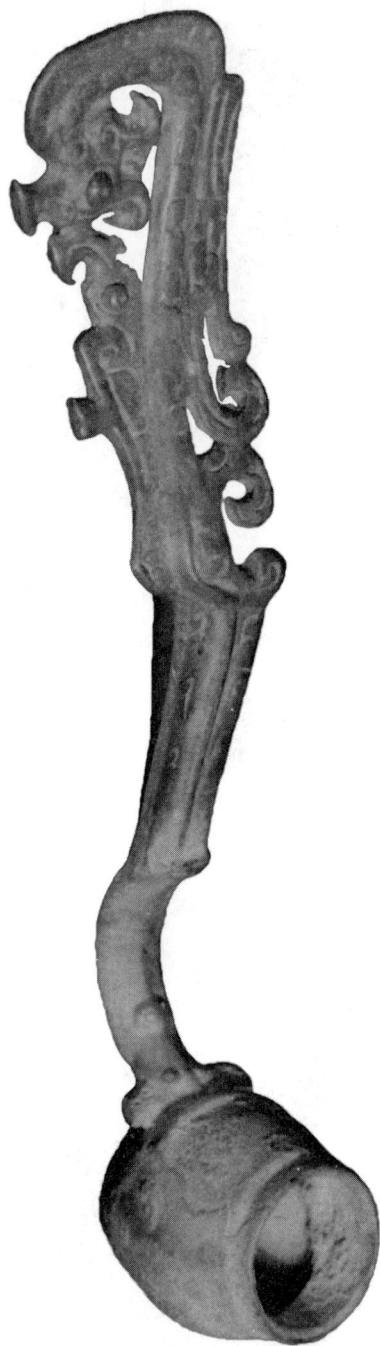

A808

1. 未著録

3. 長19.3；勺高2.9, 口徑1.9

5. 西周初期

7. 何母斯B19

A809

1. 未著録

3. 長 19.6；勺高 3.4，口徑 2.8

5. <u>西周</u>初期

7. <u>畢德威爾</u>

A810

1. 未著録
3. 長 19.6
5. 西周初期
6. Leventritt
7. 司丹佛

A811

1. 未著録

3. 長 29.5, 勺徑 3.3

5. 西周初期

6. 盧

7. 皮斯百 32.432B

A812

1. 未著録

3. 長15, 勺徑7

5. 殷

7. 盧87170

8. 此器與以上諸勺不同, 原安木柄。形與鄴一1.32一器相似, 大率皆安陽出土。

盥

器

A813

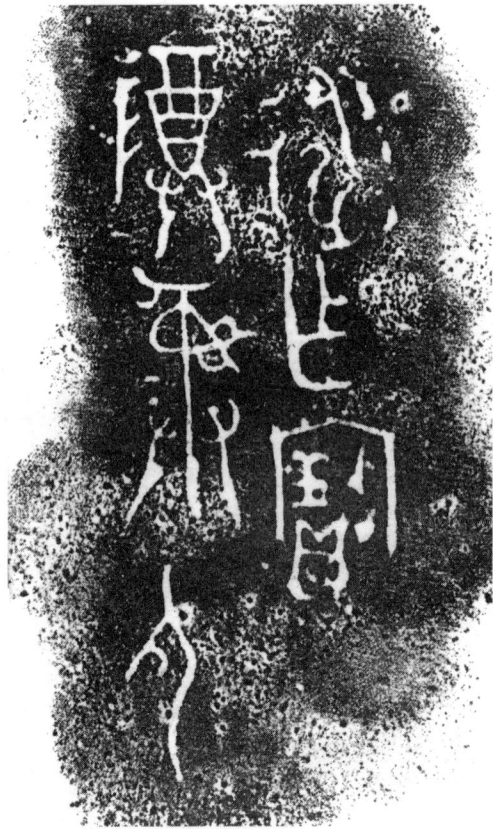

R.166

A813　永盂

1. 弗利亞25, 形態學2.1
2. R.166〔集成10308〕
3. 高41.8, 寬56.5
4. 銘六字: 永乍寶

　　　　　　障彝。勺。
5. 西周初期
6. 姚
7. 弗利亞37.1
8. 傳此器出土於岐山縣。

R.165

R.165p

A814　康公盂

1. 西周銅器斷代

2. R.165〔集成 10309〕

3. 高 29.2，寬 41.2

4. 銘二行七字：□乍康公
　　　　　　　　寶隥彝。

5. 西周初期（約成、康）

6. Wells

7. 陀里多 35.47

8. 前曾見尊古齋拓本有與此同銘的斝蓋（載西周銅器斷代），"康公"二字較此清晰。
　懷履光記此蓋濬縣出土。可能與送組銅器（詳 A329）同於 1931 年出土。康公可能是
　衛康侯。

A814.2

A814.3

A814.4

A815.1

A815.2

A815

1. 未著錄。

2. R.215〔集成10029〕

3. 失錄。

4. 銘二字：帚司

5. 殷

7. 姚〔布侖代奇B60B34〕

8. 銘在器口緣內。形制與鄰一1.28一器相近。

R.215

A816.1

A816

1. 未著録

2. R.479〔集成 10034〕

3. 高 10.8，口徑 33.1

4. 銘二字，不識。

5. 殷

7. 羅比爾〔玫茵堂〕

8. 銘文在盤内獸面的左右兩角之旁。銘文的位置與文飾和使華訪古録 17 一盤相近
   似。銘文甚奇。

   〔唐蘭以爲盤内花文銘文後刻。〕

R.479-1

R.479-2

A816.2

A817.1

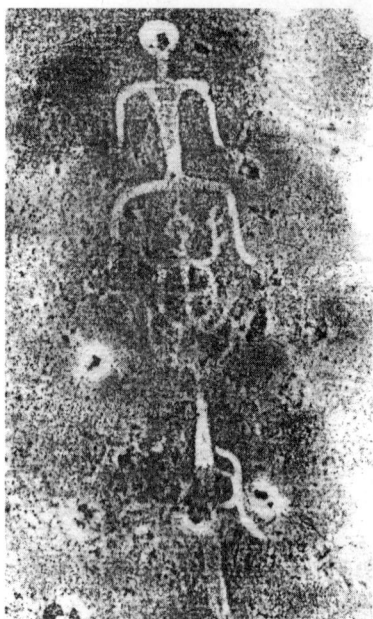

R.481

R.495p

A817

1. 未著録

2. R.481（拓本），R.495（照相）〔集成 10040〕

3. 高 13，口徑 33.3

4. 銘三字：黽，父乙

5. 殷或西周初期

7. 甘浦斯〔聖地牙哥美術博物館，薩克勒〕

8. 此盤形制與菁華 151（銘文見本集 R.337〔A870(增)〕）相似。瑞典 Dr. N. D. T.
Wessen 所藏一盤，或即此器。

A817.2

A818

A818

1. 皮斯百35

3. 高11.4，口徑39.9，底徑20.9

5. 西周初期

7. 皮斯百32.73

A819

A819

1. 陶續 2.17

3. 高 13.2，口徑 35.9

5. 西周初期

6. 端方，山中

7. 納爾遜 32.68.46

8. 僞刻銘二十四字，係仿善齋 94 盤殘片而成。

A820.1

A820.2

A820

1. 陶齋 3.40, 菁華 155, 獲古 39

3. 高 19.7, 口徑 42.5

5. 西周初期

6. 端方, 山中

7. 何以特

A821

A821

1. 陶齋 3.39, 山中目（1943）209

3. 高 13.4, 寬 40.4, 口徑 37.2

5. 西周中期（約夷王）

6. 端方, 山中

7. 魏格

8. 底下有陽文的相重三角形, 三代 17.1.2 以爲銘文, 恐是鑄工所作符號。此器花文與
　伊𣪘相同, 故可定爲夷王時器。

A822

R.413h

A822　薛侯盤

1. 陶齋 3.39, 獲古 40

2. 三代 17.13.2　R.413〔集成 10133〕

3. 高 16.5, 寬 42.5

4. 銘四行二十字：

　　薛侯乍弔妊襄

　　朕般, 其眉

　　壽萬年子子

　　孫孫永寶用。

5. 西周晚期

6. 劉喜海, 端方

7. 山中商會〔薩克勒〕

8. 此銘第一字, 王國維釋薛, 薛爲妊姓之國（觀堂集林 8.12a）。此爲薛侯嫁女之器。

A823.1

A823.2

A823

1. 菁華154，海外銅器71，柏景寒37—39

3. 高至口沿13.7，寬41.8

5. 西周中、晚期之交

6. 山中

7. 芝加哥29.647

8. 此盤以三個裸體侏儒爲足，其中二人分別爲男女，其第三人的性具爲銹所掩。1939年莒縣出土一方形器，其蓋上一男一女裸體對跪，底下則六裸人爲足（見藝術類徵頁25，原器今在山東博物館）。

A823.4

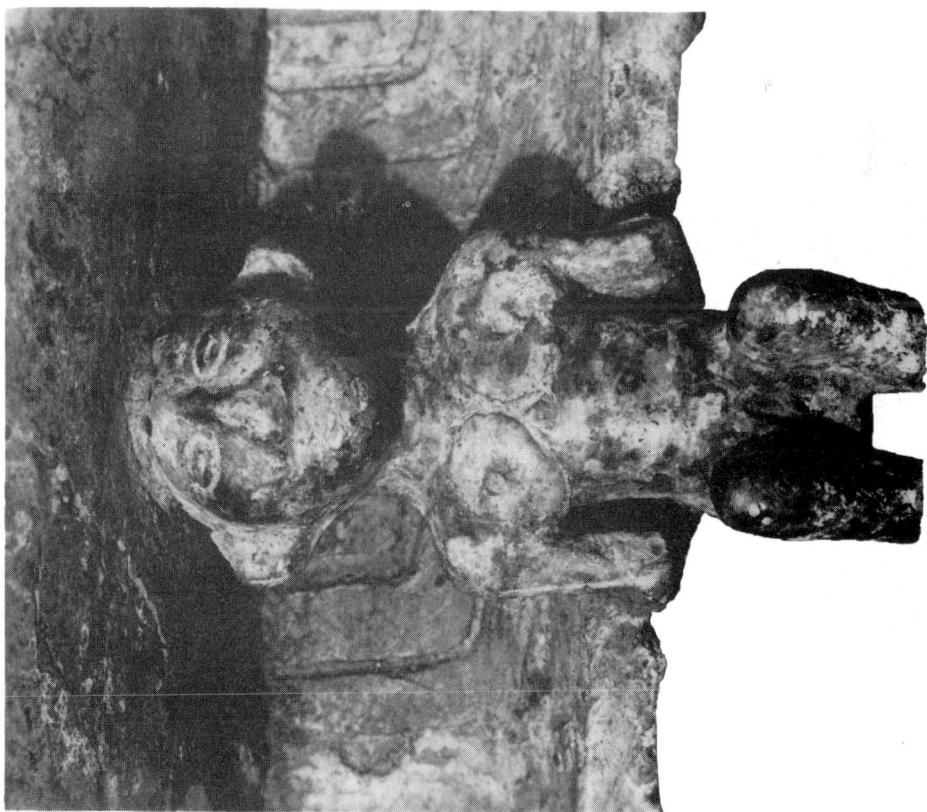

A823.3

A823.6

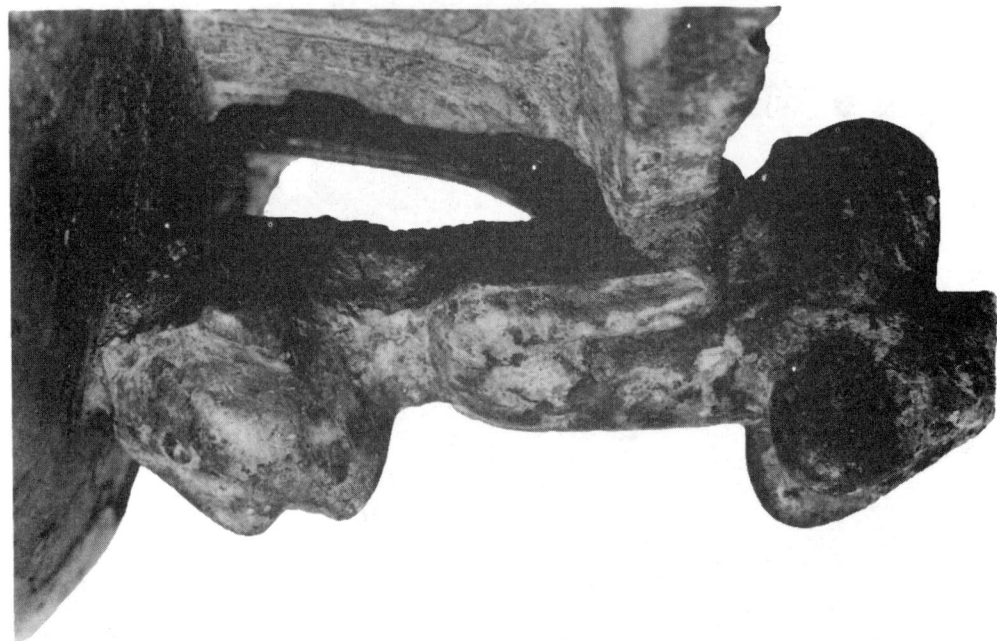

A823.5

A824

A824

1. 皮斯百46

3. 高16.5, 高至口沿11.6, 口徑41.4, 寬50, 底徑29

5. 西周晚期

6. 盧

7. 皮斯百39.432

8. 此盤亦以三人爲足, 文飾較繁縟, 稍晚於前器。

A825

R.423

A825　齊侯盤

1. 商周 845

2. 三代 17.16b　R.423〔集成 10159〕

3. 高 8.2，口徑 43.7

4. 銘六行三十四字

5. 春秋晚期

6. 盛昱，J. C. Ferguson

7. 紐約 13.100.4

8. 銘同 A284，惟易"善敦"爲"盥般"。餘
　　詳 A284。

A826

A826

1. 未著録

3. 高 20.8，長 38.4，寬 19.4

5. 西周晚期

7. 乃布

8. 偽銘二十字，不録。

A827

A827

1. 未著録

3. 高 21.9, 長 45

5. 西周晚期

6. 通運

7. 克里夫蘭 30.103

A828

A828

1. 未著録

3. 高11.4, 長26.7, 寬15.2

5. 春秋

6. 山中, Samuel Mather

7. 克里夫蘭25.791

A829

A829

1. 山中目（1944）492

3. 高 14.8，長 26.5，寬 14

5. <u>春秋晚期</u>

6. <u>山中</u>

7. <u>艾立克生</u>

8. 花文同於 A262 豆。

A830

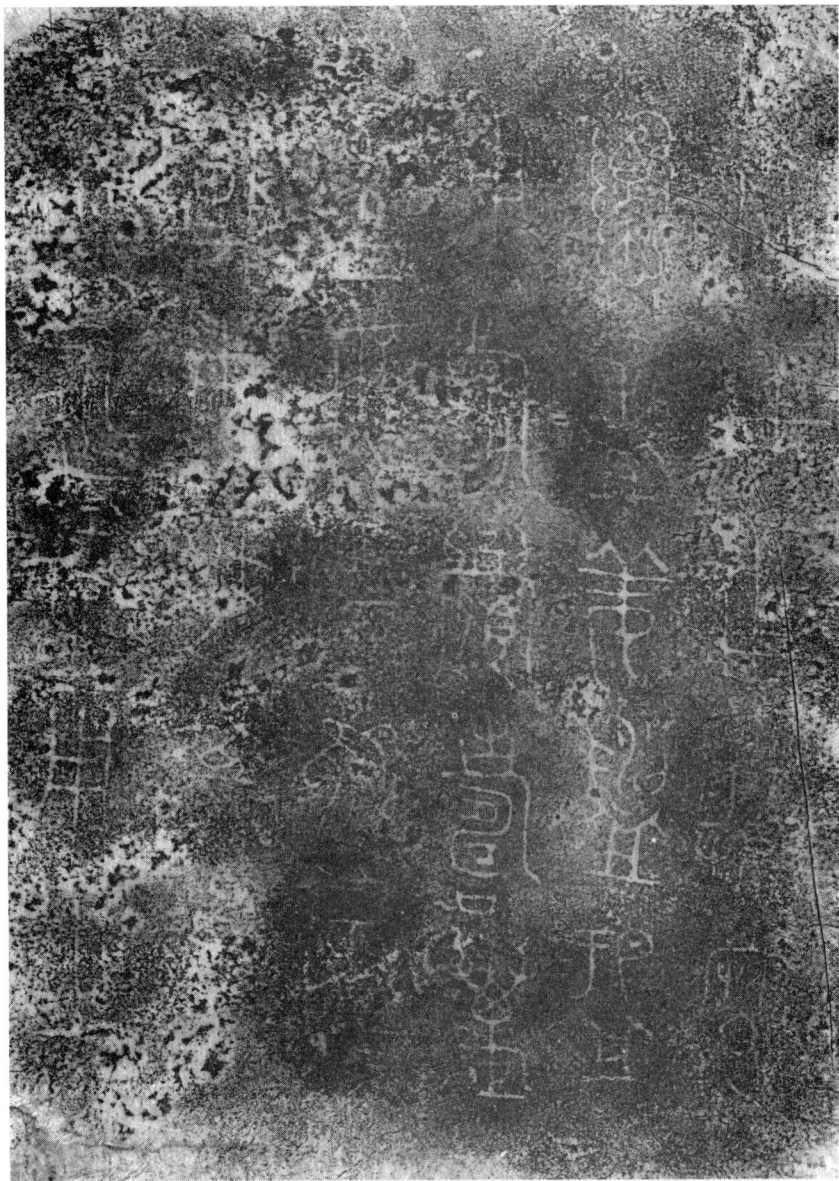

R.424

A830　齊侯匜

1. 商周858，周金4.20
2. 小校9.65，周金4.20　　R.424〔三代
   4.14.2，集成10283〕
3. 高14.2，長32.5，寬20
4. 銘六行三十四字
5. 春秋晚期

6. 盛昱，J. C. Ferguson
7. 紐約13.100.2
8. 銘同A284，825，惟器名作"盥盈"。器
   名從皿、勺于聲，即匜之方言，詳壽縣蔡
   侯墓銅器（考古學報1956，2）。此組銅
   器，詳A284。

A831.1

A831

1. O. Sirén: *A History of Early Chinese Art*, 22

3. 高 20.6，長 32，寬 17.7

5. 春秋中期

7. 梅約

A831.2

A832

A832

1. 未著録

3. 高10，長25.2，寬13

5. 春秋晚期或戰國初期

7. 赫伊特（借陳柏弗羅4764.1）

8. 此器與新鄭93—94相似。

A833

A833

1. 未著録

3. 高 7, 長 15.9

5. 戰國初期

7. 甘浦斯

A834

A834

1. 未著録

3. 高5, 長15.8

5. 戰國初期

7. 魯本斯

8. 此器與癡庵9一器相似。

A835

1. 戰國式64

3. 高14, 長20

5. 戰國初期

7. 瓦許

8. 此器用純銅鑲嵌的花文是透過青銅的, 故兩面都顯示花文, 與夅叔組相同, 後者參 A284。

A836

A836

1. 菁華 149

3. 高 16.7, 長 29.5, 寬 14.3

5. 春秋

6. 山中, Higginson

7. 福格 44.57.15

A837.1

A837

1. 未著錄

3. 高約10, 長24, 寬21.5

5. 戰國

7. 盧

8. 所見戰國刻劃人物鳥獸之圖, 此器是第一次見到。近年輝縣趙固村和長治分水嶺
　 出土的, 與此相類。

A837.2

A837.3

A838

A838

1. 未著録

3. 高 12, 長 33, 寬 25.3

5. 漢

6. J. C. Ferguson

7. 紐約 13.220.47

8. 此與澂秋 58 一器相似。

A839

A839

1. 未著録

3. 高 38.7, 口徑 74.3

5. 春秋中期

7. 火奴魯魯 3474

A840.1

R.428

A840　智君子鑑一

1. 弗利亞 56
2. 録遺 520　　R.428〔集成 10288〕
3. 高 22.7, 寬 51.8, 底徑 23
4. 銘六字: 智 君子之弄鑑
5. 春秋晚期
6. 盧
7. 弗利亞 39.5
8. 唐蘭 智君子鑑考釋（輔仁學誌八卷一、二期）説 1938 年夏此二鑑與其它五六器出
   土於輝縣。唐氏以爲作器者是滅於三晉的智襄子, 故定此器作於公元前 472—452
   年。我們以爲此智氏之器, 君子是作器者私名, 不當讀作 “智君之子” 或 “智君子”, 而
   應讀作 “智君子”。1956 年夏在北京見到 “君子之弄鼎”（今在東北人民大學）, 驗其形
   制花文確是三晉之器。因此鼎而更可證實鑑銘的讀法。智氏滅於公元前 453 年, 此器
   之作應在其後而與禺邗王壺同時, 即春秋之末（詳燕京學報二十一期頁 207—229）。
   此器稱爲 “弄鑑”, 參 A560, 674。

A840.2

A840.3

A841.1

A841　智君子鑑二

1. 盧目（1940）43, 皮斯百51

2. 録遺519　R.429〔集成10289〕

3. 高22.2, 寬51.5, 口徑43.5, 底徑23

4. 銘六字: 智君子之弄鑑

5. 春秋晚期

6. 盧

7. 皮斯百40.1632

8. 與前器是一對, 大小相同。

R.429

A841.2

A841.3

A842.1

A842.2

A842

1. 菁華175，戰國式54，海外銅器72，柏景寒51—53

3. 高29.5，寬59.6

5. 春秋晚期或戰國初期

6. 山中

7. 芝加哥30.704

A842.3

A842.4

A843.1

A843

1. 菁華 206，戰國式 55，藝術類徵 11

3. 高 28，寬 61.4

5. 戰國初期

6. Bing，來遠

7. 弗利亞 15.107

8. 此器與汲縣山彪鎮出土二鑑（賸稿 14，15）相似。關於狩獵圖銅器，詳 A722。

A843.3

A844

A844

1. 菁華157

3. 高14.7, 口徑24.4

5. 西周晚期

7. 何毋斯B57

A845

A845

1. 未著録

3. 高14，口徑22.8

5. 西周晚期

7. 穆爾1010

増
補

A846

1. 未著録
2. R.23〔集成 01152〕
3. 鼎一類, 高 24.8, 口徑 21.5
4. 銘一字, 參 A310
5. 殷
7. 紐約 43.27.2
8. 〔圖象據紐約大都會藝術博物館
   官方網頁補。〕

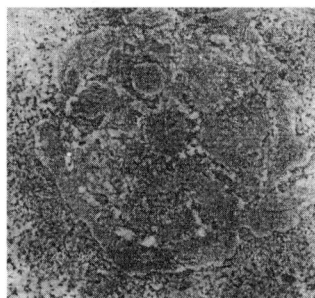

R.23

R.23h

A847

1. 未著録

2. R.271〔集成01136〕

3. 鼎一類, 高20.6, 口徑18

4. 銘一字

5. 西周初期

7. 紐約13.220.141

8.〔圖象據紐約大都會藝術博物館官方網頁補。〕

R.271

A848

1. 陶續 1.13

2. 三代 2.4.11　R.72〔集成 01089〕

3. 鼎二類, 高 19.2, 口徑 15.8×15.7

4. 銘一字

5. 殷

6. 李宗岱、潘祖蔭、端方舊藏

7. 納爾遜 32.68.41

8. 〔圖象據臺北 史語所殷周金文暨青銅器資料庫補。〕

R.72

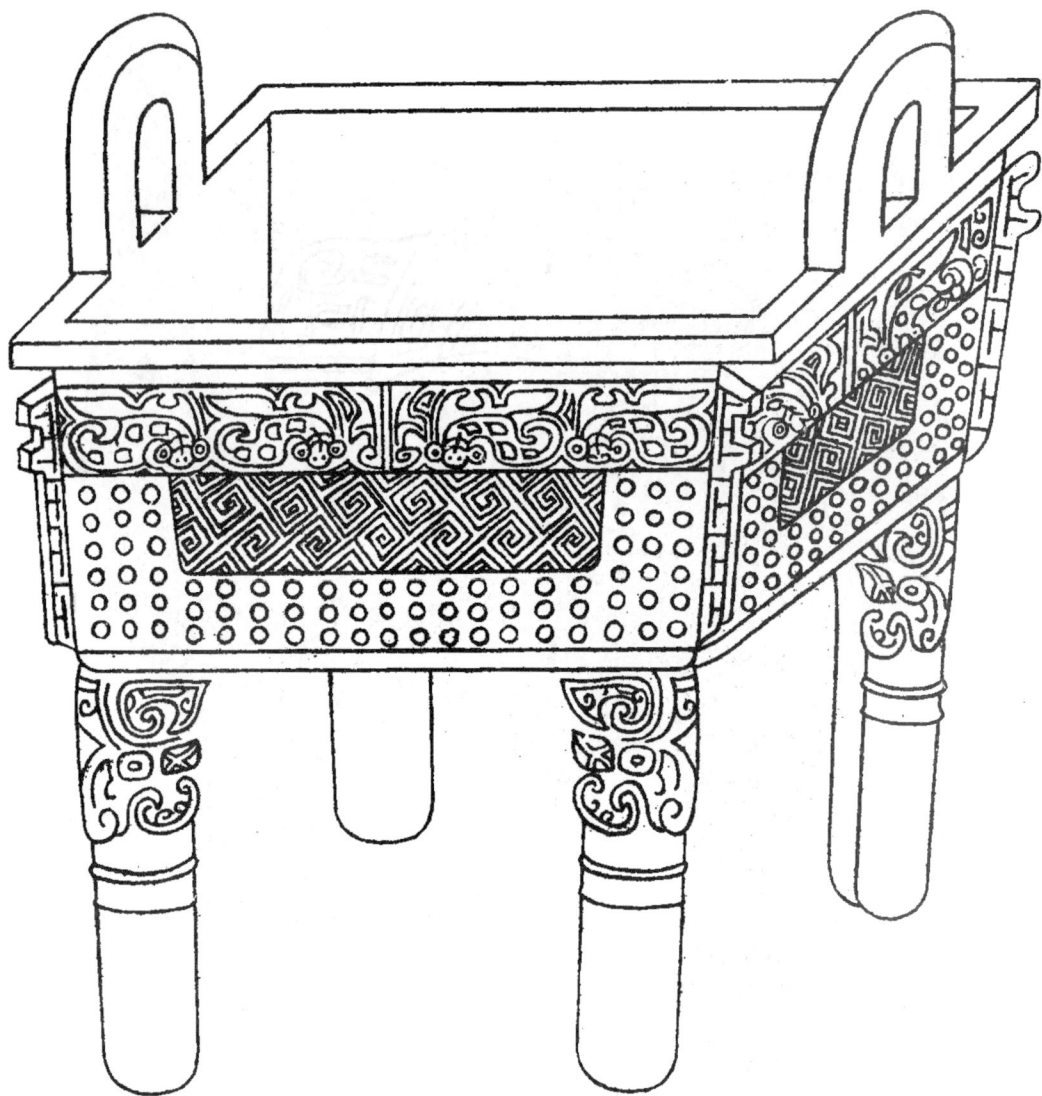

A849

1. 善齋吉金 3.7

2. 三代 3.16.2　R.358〔集成 02337〕

3. 鼎三類, 高17, 口15.1×12.4

4. 銘八字

5. 西周初期

6. 劉體智舊藏

7. 侯希泰特〔舊金山亞洲藝術博物館B60B772〕

8. 〔圖象據善齋吉金3.7補。〕

R.358

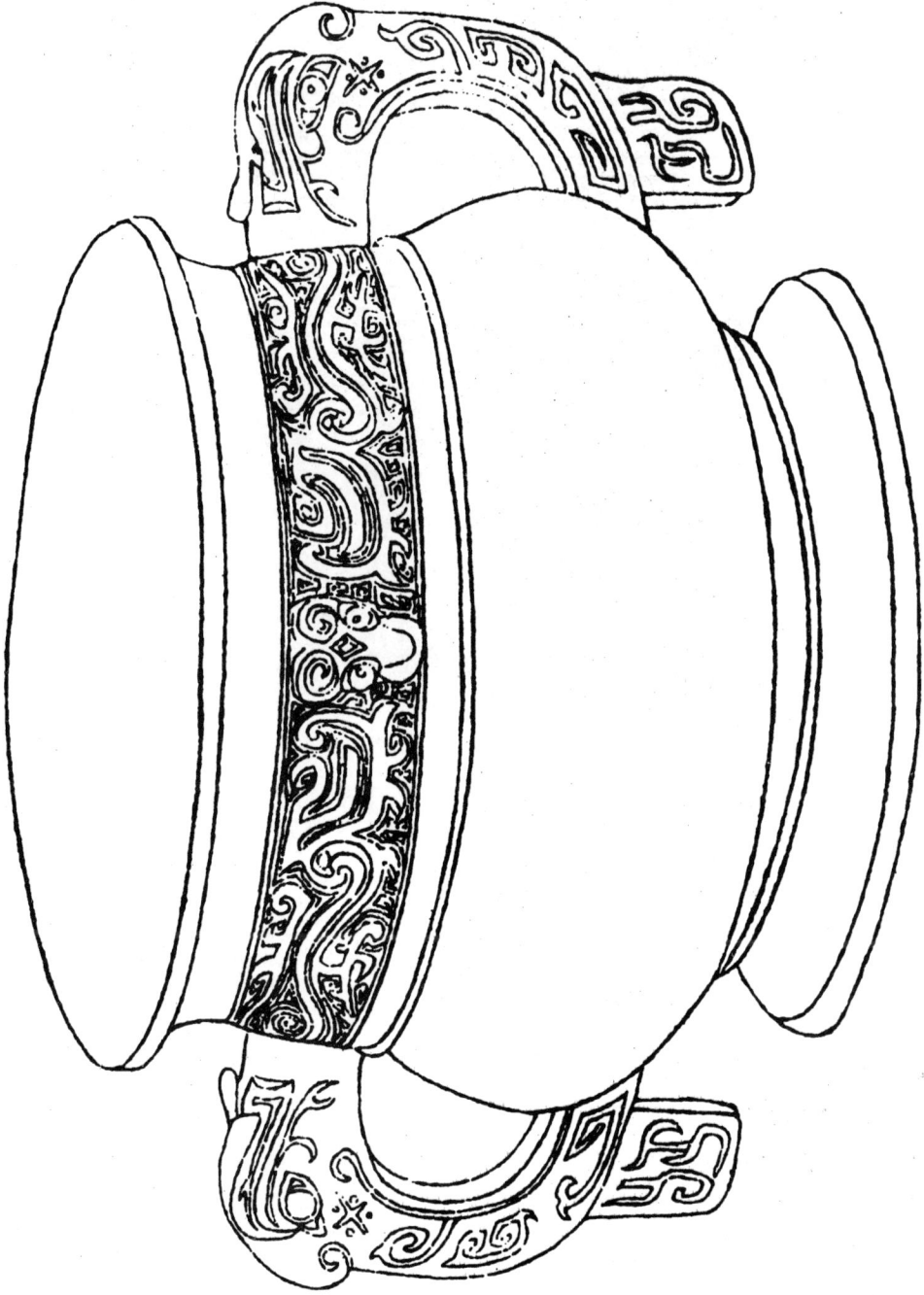

R.395b

A850　白中父毀

1. 西甲12.42，陶續1.37

2. 三代6.49.3　R.395〔集成04023〕

3. 毀二乙類，高13.7，口徑19.7，寬29.5

4. 銘二十一字

5. 西周中期

6. 清宮、劉鶚、端方舊藏

7. 納爾遜32.68.43

8. 失蓋。〔圖象據陶續1.37補。〕

A851

A851

1. 未著録。

2. R.382〔集成03615〕

3. 段二乙類, 高14.6, 寬27.1

4. 銘七字

5. 西周初期

7. 弗利亞11.53

8.〔圖象據弗利亞(1967)圖版69補。〕

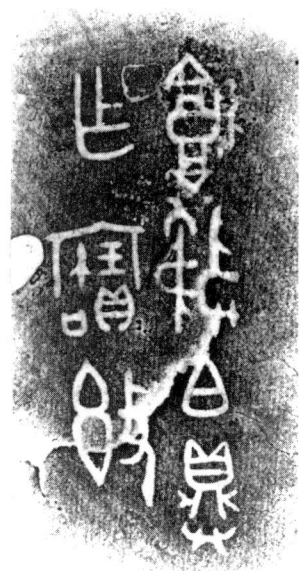

R.382

A852

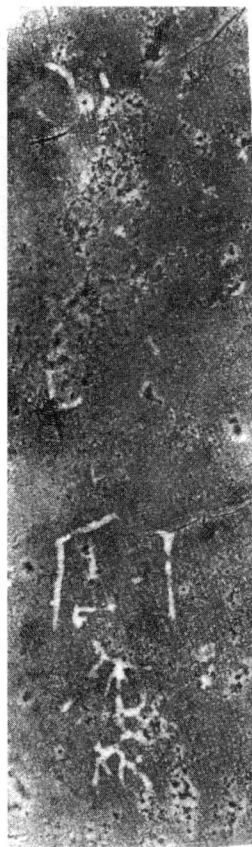

R.354

A852

1. 未著録。

2. R.354〔集成03473〕

3. 段二丙類, 高14.1, 寬24.2

4. 銘五字

5. 西周初期

7. 弗利亞24.14

8. 〔圖象據弗利亞(1967)圖版65補。〕

A853

1. 未著録

2. R.55〔集成 08731〕

3. 爵, 高 21.4

4. 銘三字

5. 殷

7. 畢德威爾

8. 〔圖象據香港 梁潔梅女士提供補。〕

R.55

R.100

A854

1. 未著録

2. R.100〔集成07577〕

3. 爵

8. 此爵與A364爲一對, 全同。

R.75

A855

1. 未著録

2. R.75〔集成07647〕

3. 爵, 高20.5, 口18.5×7.6

7. 韓姆林

8. 此爵與A366爲一對。

R.232

A856

1. 未著録

2. <u>三代</u>15.10.10　R.232〔<u>集成</u>07610〕

3. 爵, 高18.3, 寬16.5

4. 陽款一字

5. <u>殷</u>

7. <u>華生</u>

A857

1. 菁華 59
2. 三代 16.15.6　R.194〔集成 08579〕
3. 爵，高 21.5，口 16.7×7
4. 銘三字
5. 西周初期
7. 波斯頓 12.821
8. 〔圖象據臺北史語所殷周金文暨青銅
　器資料庫補。〕

R.194

R.51a

A858

1. 未著録
2. R.51〔集成08335〕
3. 爵，高24.6，口18.3×8.2
4. 銘三字
5. 殷或西周初期
7. 布侖代奇〔舊金山亞洲藝術博物館B60B1050〕
8.〔圖象據臺北史語所殷周金文暨青銅器資料庫補。〕

R.51b

A859

1. 未著録

2. 攈古 2.1.20.4　R.357〔集成 05905〕

3. 尊四類, 高 12.1, 寬 14.3

4. 銘八字

5. 西周初期

6. 董佑誠舊藏

7. 弗利亞 16.142

8. 殘存中部。〔圖象據弗利亞（1967）圖版 15 補。〕

R.357

A860

1. 未著録

2. R.368〔集成05791〕

3. 尊四類, 高17.5, 口徑16.5

4. 銘四字

5. 西周初期

7. 貝克曼〔薩克勒〕

8. 形制與善齋128, 尊古1.34相近。〔圖
象據薩克勒（1990）No.86補。〕

R.368

A861

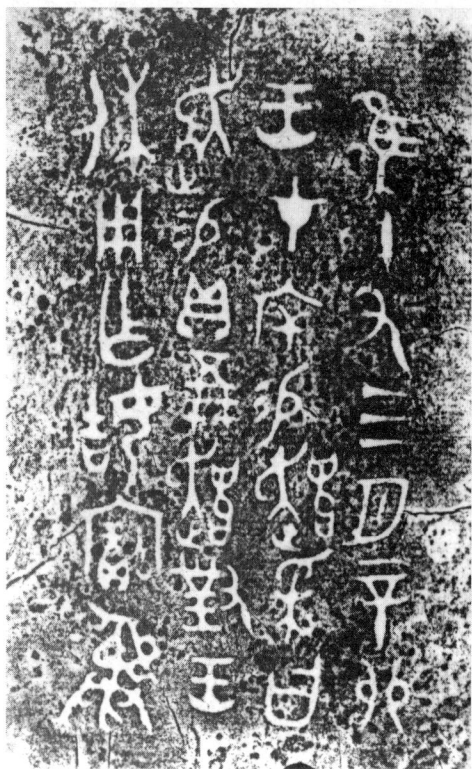

R.317

A861　趞尊

1. 未著録

2. 三代 11.35.1　R.317〔集成 05992〕

3. 尊六甲類, 高 20.5, 口徑 7.5

4. 銘二十八字

5. 西周初期

6. 陳介祺舊藏

7. 弗利亞 11.40

8. 〔圖象據弗利亞（1967）圖版 73 補。〕

A862

1. 菁華 53
2. R.139〔集成 07277〕
3. 觚, 高 31.6, 口徑 18.2
4. 銘五字
5. 殷
7. 何母斯
8. 〔圖象據何母斯目補。〕

R.139

A863

1. 未著録

2. 三代11.1.7　R.88〔集成06614〕

3. 觚，高30.8，口徑21.5，底徑13.1

4. 銘一字

5. 殷或西周初期

7. 弗利亞07.34

8. 形似尊。〔圖象據弗利亞（1967）圖版6補。〕

R.88

R.64bh

A864

1. 未著録
2. R.64〔集成06079〕
3. 觶二類, 高13.8, 腹8.4×7.4
4. 銘一字
5. 殷
7. 梅葉爾
8. 此器腹部橢圓, 蓋如卣。

R.78

A865

1. 未著録

2. 三代 14.48.8　R.78〔集成 06294〕

3. 觶二類, 高 13.1, 口徑 6.9

4. 銘三字

5. 殷

7. Britton

A866

集成06501

R.359h

A866

1. 菁華51

2. R.359〔集成06501〕〔原銘文摹本與實物拓本有差, 今並列之〕

3. 觶四類, 高12.1, 寬11

4. 銘八字

5. 西周初期

7. 弗利亞19.6

8.〔圖象據弗利亞(1967)圖版72補。〕

A867

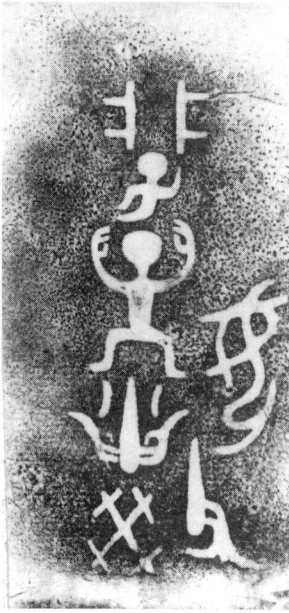

R.70a

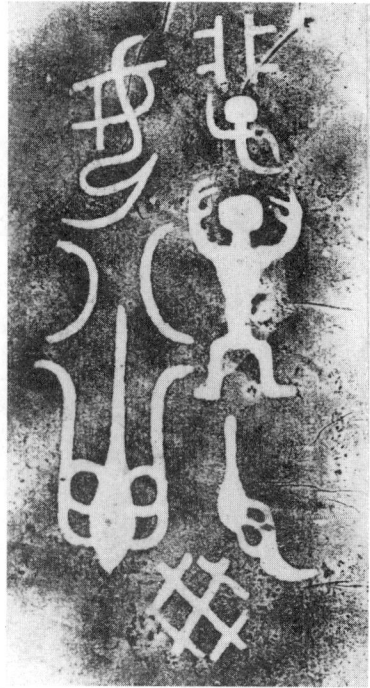

R.70b

A867

1. 形態學 15.7

2. 三代 13.11.7—8　R.70〔集成 05172〕

3. 卣一類, 高 32.6, 寬 23.8

4. 銘五字

5. 殷

7. 弗利亞 11.37

8. 〔圖象據弗利亞 (1967) 圖版 57 補。〕

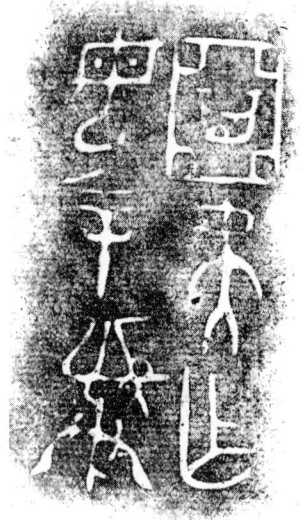

R.144a

A868

1. 陶齋 2.34

2. 三代 13.15.6—7　R.144〔集成 05292〕

3. 卣八類, 高 25.4, 寬 20.2

4. 銘七字

5. 殷或西周初期

6. 端方舊藏

7. 弗利亞 09.258

8. 與陶齋 2.35 爲一對。〔圖象據弗利亞（1967）圖版 53 補。〕

R.144b

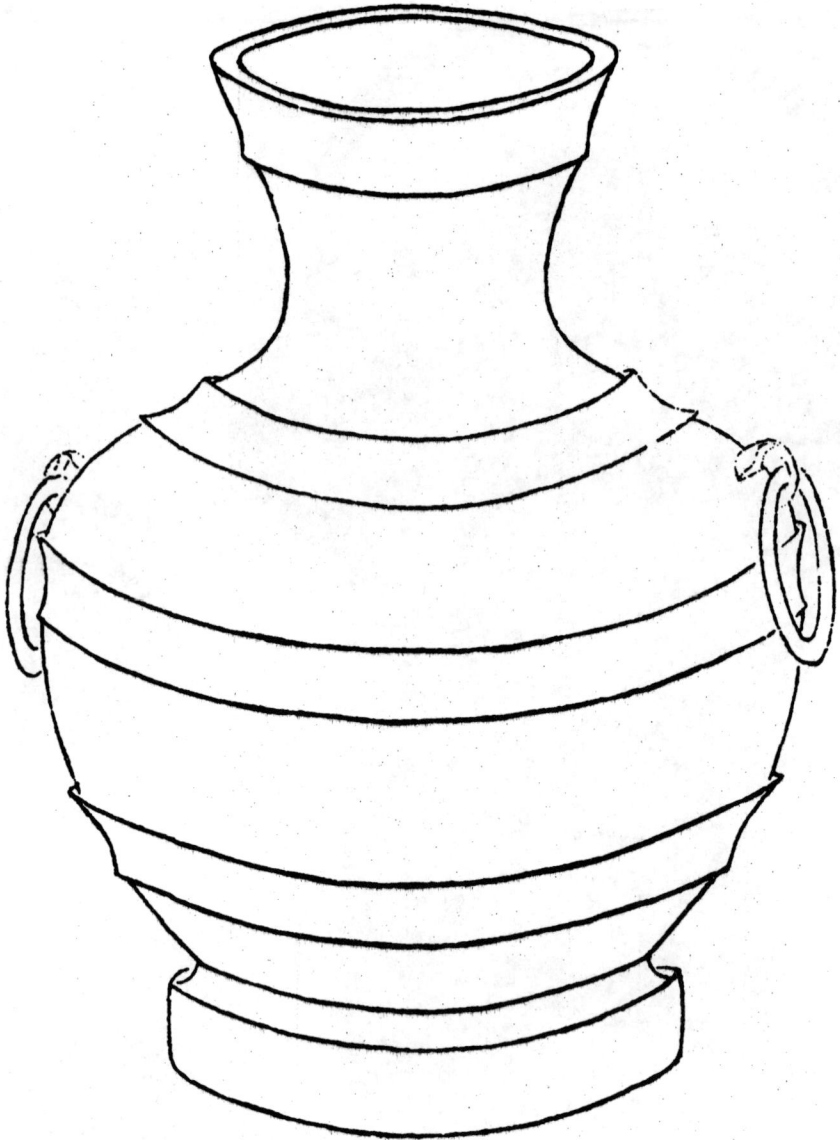

A869

1. 陶齋 6.2—3
2. R.437〔集成未收〕
3. 壺六類, 高 45.4, 口徑 18
4. 銘三十一字
5. 西漢
6. 端方舊藏
7. 納爾遜 32.68.34
8. 〔圖象據陶齋 6.2 補。〕

R.437-2

R.437-1

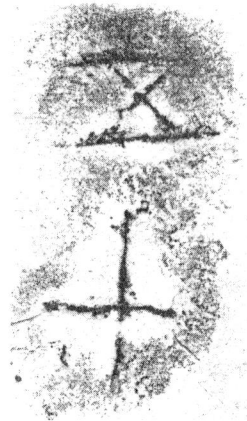

R.437-3

R.437-4

A870

1. 菁華 151

2. 三代 17.3.3　R.337〔集成 10068〕

3. 盤一類, 高 10.3, 口徑 32.1

4. 銘六字

5. 西周初期

6. 陳介祺舊藏

7. 波斯頓 12.824

8. 〔圖象據薩克勒 (1990) 圖 121.3 補。〕

R.337

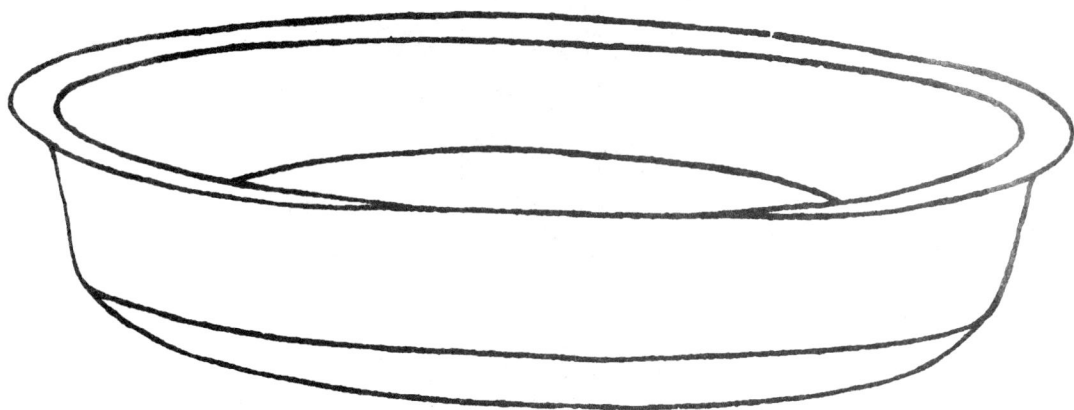

A871

1. 陶齋 7.45, 獲古 41

2. R.438〔集成未收〕

3. 盤五類, 高 7.5, 口徑 35

4. 銘七字

5. 漢

6. 端方舊藏

7. 納爾遜 32.68.39

8. 〔圖象據陶齋 7.45 補。〕

R.438

A872

1. 未著録
2. R.117d〔集成06904〕
3. 觚
4. 詳A351
7. 見於羅比爾
8. 〔圖象據薩克勒（1987）No.36補。〕

R.117d

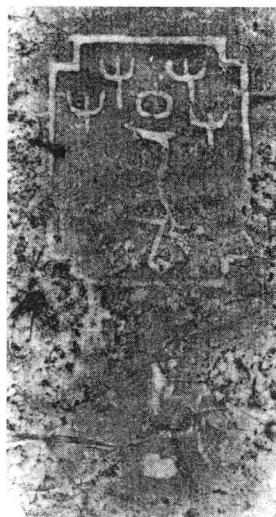

A873

1. 未著録

2. R.146e〔集成01841〕

3. 鼎, 高19, 口徑18.5

4. 詳A409

7. 見於盧氏

8. 〔圖象據臺北史語所殷周金文暨青銅器資料庫補。〕

R.146e

A874

1. 未著録

2. R.146d〔集成08894〕

3. 角

4. 詳A409

7. 見於盧氏

8. 一對。〔圖象據薩克勒（1987）圖49.23補。〕

R.146d

A875　羞父罍

1. 未著録
2. R.500〔集成09955〕
3. 高27, 口徑24, 底徑26.2
4. 銘二字
7. 見於Miss Boney, New York〔賽爾諾什〕
8.〔圖象據薩克勒（1987）圖57.3補。〕

R.500

A876.1

A876

1. 未著録
2. R.501〔集成01172〕
3. 鼎
4. 銘一字, 同於A159
7. 見於Mr. Hayward, Honolulu〔火奴魯魯美術學院〕
8. 〔圖象據火奴魯魯（1979）No.18補。〕

R.501

A876.2

R.502

A877　亞弜觚

1. 未著録

2. R.502〔集成06956〕

4. 銘二字

7. 見於<u>郝克斯</u>

A878.1

A878　徯觚

1. 未著録
2. R.503〔集成 06563〕
3. 觚
7. 見於甘浦斯
8. 器甚矮, 銘鑄於長方形銅片上, 焊接於觚
底。〔圖象據香港 梁潔梅女士提供補。〕

R.503

A878.2

A879

R.504

A879

1. 未著録

2. R.504〔集成10219〕

3. 匜

4. 銘十二字

7. 見於戴維斯〔聖路易〕

8. 〔圖象據聖路易（1997）No.38補。〕

A880 龔娟方鼎

1. 未著錄

2. R.505〔集成 02433〕

3. 高 17.7, 口徑 13.6×11.3, 高至口 14.6

4. 銘十一字, 與 A74 同

7. 見於羅比爾

8.〔圖象據臺北史語所殷周金文暨青銅器資料庫補。〕

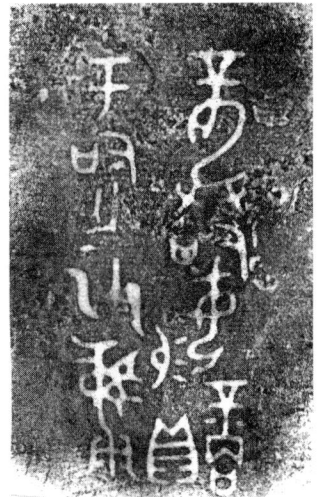

R.505

R.506

A881　鞌天爵

1. 未著録

2. R.506〔集成08141〕

4. 銘二字

7. 見於羅比爾

R.507

A882　亞夨爵

1. 未著録

2. R.507〔集成 07774〕

3. 高 20, 口徑 19×7.7

4. 銘二字, 詳 A523

7. 見於羅比爾

8. 一對。

R.508

A883　𠁁𣪘

1. 未著録

2. R.508〔集成03008〕

3. 高16.5，口徑22

4. 銘一字

7. 見於羅比爾

R.509

A884

1. 未著録

2. R.509〔集成06801〕

3. 觚, 高16.4, 口徑11.4, 底徑7

4. 銘一字

7. 見於羅比爾

A885　沚爵

1. 未著録
2. R.510〔集成07472〕
3. 高19，口17×7.5
4. 銘一字
7. 見於羅比爾
8.〔圖象據巖窟上32補。〕

R.510

R.511

A886　子韋鼎

1. 未著録

2. R.511〔集成01312〕

3. 鼎一類, 高28.5, 口徑22.5, 高至口23

4. 銘二字, 詳A351

7. 見於Herbert Weinmann, New York

R.512

A887

1. 未著録

2. R.512〔集成 07567〕

3. 爵

4. 銘一字

7. 見於 Komor

A888　匽侯𣪘

1. 未著録
2. R.513〔集成10303〕
3. 高19，口徑19
4. 器、蓋銘各五字
7. 見於Komor〔薩克勒美術館87.0361〕
8. 〔圖象據薩克勒（1990）No.60補。〕

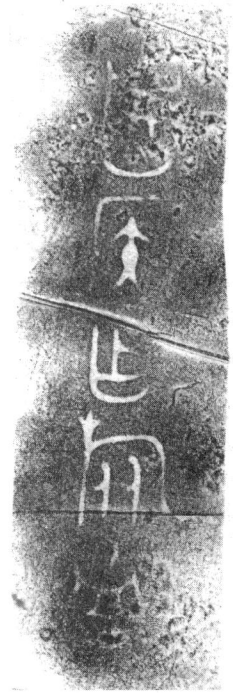

R.513a　　　　　　　R.513b

A889　匽侯餕

1. 未著録
2. R.514〔集成10304〕
3. 高19, 口徑19
4. 器、蓋銘各五字
7. 見於Komor〔紐約49.136.4〕
8. 〔圖象據薩克勒（1990）No.60.1補。〕

R.514a

R.514b

A890

R.515a　　　　　　　　　　R.515b

A890　無憂卣

1. 未著録

2. R.515〔集成05309〕

3. 高32.5

4. 器、蓋銘各八字

7. 見於Komor

8.〔圖象據臺北史語所殷周金文暨青銅器資料庫補。〕

A891　史鼎

1. 未著録
2. R.516〔集成01087〕
3. 鼎二類
4. 銘一字上半爲銹所掩
7. 見於Komor
8. 〔圖象據臺北史語所殷周金文暨青銅器資料庫補。〕

R.516

R.517

A892　父己爵

1. 未著録

2. R.517〔集成07935〕

4. 銘二字

7. 見於Komor

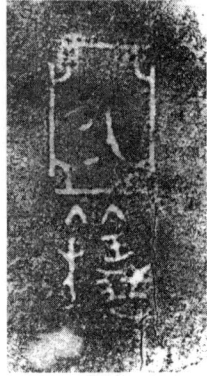

R.518

A893

1. 未著録

2. R.518〔集成未收〕

3. 卣

4. 銘四字

7. 見於Komor

A894　遣盃

1. 未著録
2. R.519〔集成09433〕
3. 高18.8，口徑13，寬19.5
4. 蓋銘十二字
7. 〔薩克勒〕
8. 素。〔圖象據薩克勒（1990）No.115補。〕

R.519

A895

A895

1. 未著録

2. R.520〔集成10016〕

3. 盤一類, 高10.9, 口徑31.6

4. 銘一字

7. 〔薩克勒美術館87.0316〕

8. 底下有陽文花文。〔圖象據薩克勒 (1990) No.121補。〕

R.520

A896　父乙卣

1. 未著錄
2. R.521〔集成 05269〕
3. 高 20，口 10.1×8，寬 20
4. 器內銘二行七字
7. 〔玫茵堂〕
8. 〔圖象據臺北史語所殷周金文暨青銅器資料庫補。〕

R.521

A897　兄丁尊

1. 未著録
2. R.522〔集成05683〕
4. 銘三字, 詳A564
7. 見於盧氏〔薩克勒〕
8.〔圖象據薩克勒(1990)No.83補。〕

R.522

R.523

A898　乍且庚尊

1. 未著録

2. R.523〔集成 05606〕

4. 銘三字

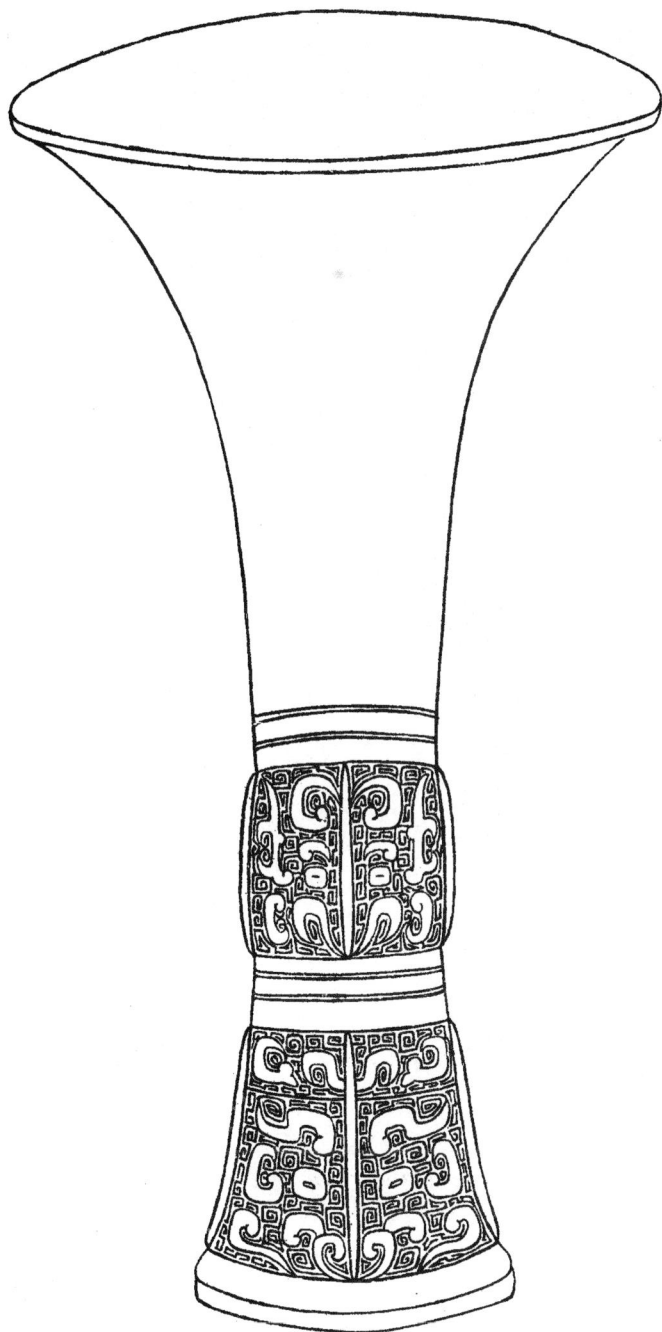

A899

1. 善齋吉金 5.17

2. R.524〔集成 07131〕

3. 觚

4. 銘三字

7. 見於盧氏

8.〔圖象據善齋吉金 5.17 補。〕

R.524

A900

1. 未著録
2. R.525〔集成07256〕
3. 觚
4. 銘四字
7. 在盧氏處
8.〔圖象據上海博物館 周亞先生提供補。〕

R.525

R.526

A901

1. 未著録

2. R.526〔集成未收〕

3. 壺

4. 銘一字

7. 在張乃驥處

附　録

附録一　器物所在簡目[①]

（一）在博物館、圖書館和大學的
（二）在私人收藏者的
（三）在古董商肆的
（四）新增補的

（一）在博物館、圖書館和大學的

1. 奧爾勃來特美術陳列館

   Albright Art Gallery, Buffalo, New York

   A3, 127, 168, 212, 312, 379, 604, 629, 749,〔318〕

   （Professor Arthur Michael遺贈）

2. 鮑爾鐵摩美術博物館

   Baltimore Museum of Art, Baltimore, Maryland

   A95, 706, 718

3. 勃洛伊特學院美術系

   Department of Fine Arts, Beloit College, Beloit, Wisconsin

   A368

4. 波斯頓美術博物館〔今譯“波士頓美術博物館”〕

   Museum of Fine Arts, Boston, Massachusetts

   A99, 123, 129, 136, 156, 186, 193, 234, 235, 242, 306, 313, 342, 351, 400,
   402, 414, 417, 439, 450, 471, 580, 591, 609, 617, 645, 695, 740, 756, 786,
   788, 800, 857（增）, 870（增）

5. 柏弗羅科學博物館

   Buffalo Museum of Science, Buffalo, New York

   A52, 685

6. 芝加哥美術館

   The Art Institute of Chicago, Chicago, Illinois

---

①編者按：本簡目中，以專名綫標示正文中所用的名單位之簡稱。各單位所藏的器號，末尾加六角括號者，爲其
在本集成書後入藏器；加有雙橫綫者，爲其在本集成書後已轉移器；末尾括注“增”字者，爲此次訂補新增器
號。（四）爲此次訂補新增物所在。

A2, 75, 102, 203, 208, 233, 252, 258, 302, 308, 338, 420, 460, 517, 614, 648, 672, 696, 697, 712, 726, 733, 736, 738, 763, 768, 781, 823, 842

（大部分Lucy Maud Buckingham遺贈）

7. 克里夫蘭美術博物館

The Cleveland Museum of Art, Cleveland, Ohio

A268, 293, 377, 421, 694, 732, 789, 827, 828

8. 客蘭布羅克美術學院博物館

Museum of Cranbrook Academy of Art, Bloomfield Hills, Michigan

A176, 367, 416, 509, 530

（George G. Booth遺贈）

9. 丹佛美術博物館

Denver Art Museum, Denver, Colorado

A499

10. 迪喬洛特美術館〔今譯 “底特律美術館”〕

The Detroit Institute of Arts, Detroit, Michigan

A623

11. 敦巴頓俄克斯圖書館

Dumbarton Oaks Research Library and Collection, Harvard University, Georgetown, Washington, D. C.

A668

12. 飛爾德自然科學博物館

Field Museum of Natural History, Chicago, Illinois

A266, 755, 760, 765, 771, 773

13. 福格美術博物館, 哈佛大學

Fogg Art Museum, Harvard University, Cambridge, Massachusetts

A7, 50, 56, 58, 69, 84, 122, 131, 133, 134, 142, 164, 173, 216, 219, 200, 227, 230, 236, 251, 281, 303, 327, 339, 365, 369, 404, 438, 445, 451, 503, 504, 564, 565, 567, 577, 585, 601, 603, 612, 615, 620, 630, 631, 639, 643, 651, 653, 662, 677, 679, 710, 725, 728, 731, 735, 804, 836,〔355, 533〕

14. 弗利亞美術陳列館〔今譯 “弗利爾美術館”〕

Freer Gallery of Art, Smithsonian Institution, Washington, D. C.

A14, 85, 152, 195, 221, 225, 247, 270, 304, 315, 331, 349, 405, 409, 457, 464, 518, 574, 584, 591（2）, 632, 646, 652, 659, 675, 683, 711, 766, 813, 840, 843, 851（增）, 852（增）, 859（增）, 861（增）, 863（增）, 866（增）, 867（增）, 868（增）,〔196, 613, 692〕

15. 加得納博物館

The Isabella Stewart Gardner Museum, Boston, Massachusetts

A506

16. 赫龍美術館

The John Herron Art Institute, Indianapolis, Indiana

A491

17. 火奴魯魯美術學院

Honolulu Academy of Arts, Honolulu, Hawaii

A5, 54, 117, 305, 356, 366, 382, 383, 449, 472, 484, 496, 839,〔876（增）〕

18. 紐約市美術博物館〔今譯 "紐約大都會美術博物館"〕

Metropolitan Museum of Art, New York, New York

A78, 105, 116, 139, 145, 202, 260, 269, 284, 287, 291, 292, 294, 295, 296,
297, 322, 328, 329, 334, 347, 393, 394, 395, 402, 418, 437, 494, 532, 545,
546, 547, 571, 589, 590, 647, 649, 657, 665, 700, 721, 727, 790, 794, 806,
825, 830, 838, 846（增）, 847（增）,〔1, 60, 68, 109, 113, 171, 324, 353, 487,
519, 608, 619, 640, 889（增）〕

19. 米里阿波里斯美術館

The Minneapolis Institute of Art, Minneapolis, Minnesota

（寄陳皮斯百氏藏品）

20. 莫爾根圖書館

The Pierpont Morgan Library, New York, New York

A607

21. 納爾遜美術陳列館

William Rockhill Nelson Gallery of Art, Atkins Museum of Fine Arts,
Kansas City, Missouri

A10, 42, 61, 77, 130, 237, 241, 244, 245, 246, 256, 257, 314, 391, 436, 461,
557, 558, 678, 713, 717, 739, 767, 819, 848（增）, 850（增）, 869（增）, 871
（增）,〔307, 599〕

22. 費城美術博物館

Philadelphia Museum of Art, Philadelphia, Pennsylvania

A94, 274

23. 畢兹堡大學美術系

Department of Fine Arts, University of Pittsburgh, Pittsburgh

A343, 358

24. 博特蘭美術博物館

Portland Museum of Art, Portland, Oregon

A374,〔691〕

25. 羅德島圖案學校美術博物館

Museum of Art, Rhode Island School of Design, Providence, Rhode Island

A104

26. 柔切士特美術陳列館

The Rochester Memorial Art Gallery, Rochester, New York

A210

27. 密西根 羅馬尼亞正教會

Roumanian Orthodox Episcopate, Grass Lake, Michigan

A19, 510

28. 聖路易市美術博物館

City Art Museum of St. Louis, St. Louis, Missouri

A98, 211, 279, 473, 698, 707, 785,〔175, 526, 879（增）〕

29. 西雅圖美術博物館

Seattle Art Museum, Seattle, Washington

A90, 91, 107, 153, 253, 359, 498, 543,〔8, 664〕

30. 斯美孫寧學社

National Collectoin of Fine Arts, Smithsonian Institution, Washington, D. C.

A182

31. 斯賓飛爾德美術博物館

Springfield Museum of Fine Arts, Springfield, Massachusetts

（寄陳畢德威爾氏藏品）

32. 司丹佛大學美術陳列館〔今譯 "斯坦福大學博物館"〕

Thomas Welton Stanford Art Gallery, Stanford University, Palo Alto, California

A172, 218, 277, 346, 381, 455, 621, 744, 758, 770, 810,〔74〕

（Mortimer C. Leventritt與Mrs. Jane L. Stanford遺贈）

33. 陀里多美術博物館

The Toledo Museum of Art, Toledo, Ohio

A622, 814

34. 大學博物館, 費城賓省大學

The University Museum, University of Pennsylvania, Philadelphia, Pennsylvania

A27, 261, 442, 448, 539, 737, 746, 793

35. 華爾特美術陳列館

Walters Art Gallery, Baltimore, Maryland

A 93, 97, 183, 271, 272, 373, 478, 741

36. 烏士特美術博物館

Worcester Art Museum, Worcester, Massachusetts

A588

37. 耶魯大學美術陳列館

Yale University Art Gallery, New Haven, Conneticut

A96, 280, 508,〔81, 250, 396, 644〕

（二）在私人收藏者的

1. 埃貝格　Mrs. Margaret Abegg, New York

A194

2. 唐訶納　Benjamin d'Ancona, New York

A181

3. 巴拉德　Miss Berneice Ballard, St. Louis

A488

4. 貝克曼　Dr. J. William Beckman, New York

A540

5. 蘭登·貝内特　Mrs. Edith Randon-Bennett, Washington, D. C.

A200, 434

寄陳費城美術博物館

6. 博博里許　Dr. Jos Berberich, New York

A108

7. 畢德威爾　Raymond A. Bidwell, Springfield

A101, 495, 624, 809, 853（增）

寄陳斯賓飛爾德美術博物館

8. 賓恩　Leo S. Bing, New York

A791

9. 孟台爾·爵克曼　Mrs. Cermaine Monteil-Bjorkman, New York

A413

10. 朋太姆　Mrs. Rose-Marie Sarasin de Bontems, New York

A159

11. 布侖代奇　Avery C. Brundage, Chicago

A12, 13, 28, 66, 88, 100, 112, 115, 119, 162, 163, 288, 298, 333, 336, 344, 345, 357, 408, 463, 474, 535, 552, 554, 555, 559, 597, 641, 689, 761, <u>858</u>（增），〔18, 37, 40, 82, 128, 150, 201, 248, 249, 259, 263, 275, 326, 341, 419, 521, 527, 654, 661, 673, 699, 703, 722, 724, 752, 753, 795, 815〕

12. 柯克　Mrs. Theodore Cooke, Honolulu

A638

13. 克來肥斯　Mrs. Paul D. Cravath, New York

A482, 483

14. 克丁　Mrs. C. Sugdam Cutting, New York

A<u>229</u>, 670

15. 戴維斯　J. Lionberger Davis, St. Louis

A481, 497, <u>526</u>, 536, <u>879</u>（增）

16. 杜克　Miss Doris Duke, New York

A70, 79, 388, 468, 515, 542, 570, 633, 776

17. 艾立克生　Ernest Erickson, New York

A36, <u>68</u>, 431, 829

18. 伏克　Myron S. Falk, New York

A35, 240, 489, 490, 634

19. 伏曼　Mrs. G. M. G. Forman, Buffalo

A<u>30</u>

20. 法斯　Wilson P. Foss, New York

A223

21. 韓姆林　Chauncey J. Hamlin, Buffalo

A537, 855（增）

寄陳柏弗羅科學博物館

22. 赫伊特　Baron Edward von der Heydt, Switzerland

A9, 422, 592, 832

寄陳柏弗羅科學博物館

23. 侯希蘭　Mrs. George S. Hirschland, New York

A179, 385, 561, 627, 757, 799

24. 何母斯　The late Mrs. Christian R. Holmes, New York

A106, 125, 161, 198, 378, 389, 430, 586, 587, 663, <u>671</u>, <u>795</u>, 803, 808, 844, 862（增）

25. 郝克斯　Miss Alyce Hoogs, Honolulu

A462, 877（增）

26. 霍布金斯　P. S. Hopkins, Boston

A363, 513, 514

27. 賀費　Prof. Walter Reed Hovey, University of Pittsburgh

A144, 273, 335

28. 何以特　Charles B. Hoyt, Cambridge

A820

26. 康恩　Mrs. Otto H. Kahn, New York

A1, 60, 109, 113, 171, 324, 353, 390, 487, 519, 608, 619, 640, 759

30. 克林克　W. A. Klink, West Point

A16, 189

31. 乃布　Dr. Arnold Knapp, New York

A215, 224, 283, 340, 354, 444, 493, 531, 533, 534, 560, 611, 628, 715, 716, 751, 826

32. 克來斯勒　Mrs. Erica Kreisler, New York

A166

33. 盧昆斯　Mrs. Huc M. Luquiens, Honolulu

A146, 556, 690

34. 馬丁　A. B. Martin, New York

A680

35. 馬薩　Delbert Mather, Indianapolis

A456

寄陳赫龍美術館

36. 梅葉爾　Eric Mayell, Millbrae

A348, 492, 550, 606, 864（增）

37. 梅益　F. M. Mayer, New York

A65

38. 梅約　Mrs. Agnes Eugene Meyer, Washington, D. C.

A655, 674, 750, 831

39. 麥克阿爾平　David H. McAlpin, Princeton

A282, 524, 549, 754, 769

40. 麥克里奧特　Keith McLeod, Boston

A4, 427, 730

41. 明義士　James Mellon Menzies, Canada

A196, 199

寄存紐約古肆

42. 明肯郝夫　Samuel Minkenhof, New York

A477

43. 穆爾　Mrs. William H. Moore, New York

A48, 81, 124, 217, 226, 250, 396, 446, 644, 669, 845

44. Sessei Okazaki, Boston

A86

寄陳波斯頓美術博物館

45. 奧斯古　Mrs. Robert Osgood, Boston

A190, 440, 441

寄陳福格美術博物館

46. 派克　Dr. Walter R. Parker, Detroit

A459, 476

47. 費利浦斯　Dr. Anton F. Philips, New York

A148, 428, 453

48. 皮斯百　Alfred F. Pillsbury, Minneapolis

A20, 24, 33, 62, 71, 76, 80, 83, 110, 111, 135, 143, 160, 165, 192, 204, 222, 255, 264, 265, 286, 300, 316, 317, 325, 350, 399, 415, 423, 475, 522, 568, 573, 575, 579, 593, 595, 596, 600, 626, 636, 658, 666, 693, 704, 720, 723, 747, 762, 778, 796, 797, 798, 807, 811, 818, 824, 841

寄陳米里阿波里斯美術館

49. 布拉馬　Prof. James Marshall Plumer, Ann Arbor

A64, 167, 392, 742, 801

50. 浦才耳　Henry V. Putzel, St. Louis

A175

51. 羅勃玆　Owen F. Roberts, New York

A46, 137, 254, 403, 425, 605, 616, 692, 779, 783, 784, 792

52. 羅賓生　Edward G. Robinson, Beverly Hills

A581, 625

53. 魯本斯　The late Horatio Seymour Rubens

A22, 45, 184, 213, 214, 243, 323, 397, 525, 834

54. 賽克斯　Arthur Sacks

A650

55. 肖希　The late Henry K. Schoch

A355

56. 辛科維奇　Prof. Vladimir G. Simkhovitch, New York

A40, 551

57. 斯密斯　Dr. Wallace B. Smith, San Francisco

A157

58. 斯特勞斯　Robert D. Straus, Houston

A424

59. 賽車爾　Prof. John S. Thacher, Washington, D. C.

A599, 684

60. 泰生　Russell Tyson, Chicago

A352

61. 凡特畢爾特　Mrs. W. K. Vanderbilt, New York

A55

62. 不知所在

A67, 598

（三）在古董商肆的

1. 布恰德　Otto Burchard, New York

A206, 318, 412, 594, 667, 782

寄陳納爾遜美術陳列館

2. 柴德　Ralph M. Chait, New York

A140

3. 張乃驥, 紐約

A141, 664, 901（增）

4. 甘浦斯公司　S. and G. Gumps Company, San Francisco

A23, 37, 63, 87, 126, 309, 553, 817, 833, 878（增）

5. 希拉曼尼克　Nashi M. Heeramaneck, New York

A118, 154

6. 侯希泰特　Walter Hochstadter, New York

A207, 849（增）

7. 盧（芹齋）, 盧公司　C. T. Loo Company, New York

A6, 11, 15, 17, 18, 21, 29, 31, 32, 34, 38, 39, 41, 43, 44, 49, 53, 57, 72, 73, 74, 82, 92, 103, 120, 121, 132, 138, 147, 149, 150, 151, 158, 169, 170, 174, 177, 178, 185, 187, 188, 191, 197, 201, 205, 209, 228, 231, 232, 238, 239, 248,

249, 262, 263, 267, 275, 276, 278, 285, 289, 299, 307, 321, 326, 330, 337, 341, 361, 364, 370, 384, 398, 401, 406, 410, 411, 419, 426, 429, 432, 433, 435, 443, 447, 452, 454, 465, 466, 467, 469, 470, 485, 486, 500, 501, 502, 505, 511, 520, 521, 527, 528, 529, 541, 544, 563, 566, 569, 572, 576, 578, 582, 583, 602, 610, 613, 618, 637, 642, 654, 656, 660, 661, 673, 681, 686, 687, 688, 691, 699, 701, 702, 703, 705, 708, 709, 714, 719, 722, 724, 729, 734, 743, 748, 752, 753, 764, 772, 777, 780, 787, 802, 812, 837, 854（增）, 873（增）, 874（增）, 897（增）, 899（增）, 900（增）

8. 羅比爾　Fritz Low-Beer, New York

A8, 59, 114, 259, 290, 319, 320, 332, 372, 774, 816, 872（增）, 880（增）—885（增）

9. 魏格　Harold G. Wacker, New York

A25, 47, 51, 89, 155, 301, 310, 311, 360, 371, 375, 376, 380, 386, 387, 407, 458, 479, 480, 507, 512, 516, 523, 538, 548, 682, 775, 805, 821

10. 華生　Mrs. MacDermid Parish-Watson, New York

A562, 856（增）

11. 瓦許　Edgar Worch, New York

A835

12. 山中商會　Yamanaka Company, New York

A822

13. 姚叔來, 通運公司, 紐約

A26, 128, 180, 362, 635, 676, 745, 815

（四）新增補的

1. 亞洲協會藝術博物館

Asia Society Galleries, New York

〔A566〕

2. 辛辛那提藝術博物館（1970）

Cincinnati Art Museum, Cincinnati, Ohio

〔A299, 485〕

3. 印地安那波里斯美術博物館

Indianapolis Museum of Art, Indianapolis, Indiana

〔A469〕

4. 紐瓦克藝術博物館

Newark Art Museum, Newark, New Jersey

〔A229〕

5. 安大略博物館

　Royal Ontario Museum, Toronto

　〔A529, 602, 618〕

6. 瑞列堡博物館

　Museum Rietberg, Zurich

　〔A39, 412〕

7. 玫茵堂

　MeiyintangColletion, Zurich

　〔A31, 896（增）〕

8. 賽爾諾什博物館

　MuseeCernuschi, Paris

　〔A875（增）〕

9. 出光美術館

　Idemitsu Museum of Arts,Tokyo

　〔A178, 231〕

10. 薩克勒

　M. Sackler, New York

　〔A15, 44, 53, 72, 132, 137, 147, 174, 176, 180, 185, 238, 239, 309, 362, 410,
　416, 447, 452, 465, 500, 505, 530, 581, 583, 594, 671, 673, 822, 860（增）,
　888（增）, 894（增）, 895（增）, 897（增）〕

11. 紐約某氏

　〔A435, 443〕

12. 斯通夫人 Mrs. Stone,Toronto

　〔A562〕

13. 趙不波, 香港

　〔A30, 177, 363〕

14. 思源堂, 香港

　〔A158〕

15. 戴迪野行 Deydier, London

　〔A676〕

16. 其他

　A865（增）, 886（增）, 887（增）, 888（增）, 889（增）, 890（增）, 891（增）, 892（增）,
　893（增）

附録二　器物舊藏簡目

（一）本在中國收藏者的
（二）曾在美國收藏者的
（三）曾在歐洲收藏者的
（四）曾在中國古董商的
（五）曾在美國古董商的
（六）曾在歐洲古董商的

（一）本在中國收藏者的

1. 張廷濟（1768—1848），清儀、清儀閣藏器目
   A245

2. 陳承裘（1827—1895），澄秋
   A62，438，567，778

3. 陳介祺（1813—1884），簠齋、簠齋藏器目
   A147，583，662，668，676，746

4. 程洪溥，木庵藏器目
   A236，243，330

5. 鄒安，周金
   A243

6. 方濬益（？—1899），綴遺
   A610

7. 費念慈（1855—1905）
   A248，330

8. 潘祖蔭（1830—1890），攀古、攀古樓藏器目
   A34，42，143，191，207，242，410，435，557，569，582，613，618，639，641，642，
   848（增）

9. 馮雲鵬，金石索
   A248

10. 何天衢（緩齋）
    A248

11. 徐乃昌

A199, 236, 330, 654

12. 徐士愷

A72

13. 許延瑝

A180, 414

14. 奕誌（1826—1850）

A335

15. 李宗岱（道光），寶彝堂藏器目

A195, 607, 626, 692, 848（增）

16. 劉喜海（1793—1852），長安

A174, 305, 822

17. 劉心源（1834—1894），奇觚

A237

18. 劉體智（近人），善齋吉金，善齋

A76, 81, 173, 188, 331, 379, 393, 396, 397, 449, 580, 583, 597, 624, 671, 849
（增）

19. 溥倫

A53, 232

20. 溥偉

A655

21. 沈秉成（1823—1895）

A77

22. 盛昱（1850—1899），鬱華閣金文

A76, 129, 136, 156, 242, 284, 617, 625, 825, 830

23. 丁艮善

A131

24. 丁麟年，杦林

A252

25. 端方（1861—1911），陶齋、陶續

A2, 42, 72, 73, 89, 130, 137, 180, 232, 237, 241, 244, 245, 246, 253, 256, 257,
281, 291, 292, 294, 295, 296, 297, 322, 328, 347, 394, 395, 418, 494, 532, 545,
546, 547, 557, 558, 589, 590, 739, 806, 819, 820, 821, 822, 848（增）, 850（增）,
868（增）, 869（增）, 871（增）

26. 曹載奎（1782—1852），懷米、懷米山房藏器目

    A581

27. 王錫棨（1833—1870），選青閣藏器目

    A326

28. 王味雪

    A207

29. 王懿榮（1845—1900），日光室藏器目

    A671

30. 吳式芬（1796—1856），捃古、雙虞壺齋藏器目

    A438

31. 吳大澂（1835—1902），恒軒、愙齋、愙齋藏器目

    A131, 177, 662

32. 吳雲（1811—1883），兩罍

    A237, 330, 631

33. 葉志詵（1779—1863），平安館藏器目

    A130, 435, 554

34. 于省吾，雙吉、雙器

    A453, 464, 693

35. 余壽平

    A236

36. 榮厚，冠羿

    A127

37. 清宮

    A53, 191, 231, 326, 335, 394, 557, 580, 626, 850（增）

38. 國民黨政府

    A343, 358

（二）曾在美國收藏者的

1. George Abe, Boston

    A464

2. George G. Booth

    A176, 367, 416, 509, 530

    （遺贈客蘭布羅克美術學院博物館）

3. T. B. Blackstone

A266, 755, 765, 771, 773

（遺贈飛爾德自然科學博物館）

4. Robert Woods Bliss

A485, 668

5. H. D. Chapin

A190, 440, 441

6. John C. Ferguson

A105, 116, 202, 284, 287, 700, 789, 825, 830, 838

7. Walter Scott Fitz

A450

8. Arnold Genthe

A273

9. H. O. Hevemeyer

A727

10. A. B. Hartman

A366, 449, 472, 484

11. Mrs. Edwald S. Harkness

A334, 393

12. F. L. Higginson, Boston（A Private Collection, Boston）

A50, 58, 122, 131, 134, 173, 216, 219, 220, 227, 230, 251, 365, 369, 445, 451, 503, 504, 564, 580, 601, 603, 612, 615, 620, 643, 679, 728, 836（遺贈福格美術博物館）

A193, 306, 400, 591（入波斯頓美術博物館）

A420（入芝加哥美術館）

A675（入弗利亞美術陳列館）

13. F. H. Hirschland

A437

14. Mrs. Christian R. Holmes

A394, 647, 665

15. Fitz Hugh

A261

16. George H. Kent

A145

17. W. A. Klink

A352

18. Mortimer C. Leventritt

A218, 277, 346, 381, 455, 621, 744, 758, 770, 810

（遺贈司丹弗大學）

19. R. W. MacDonald, New York

A85

20. Caroline Pitkin McCready

A368

21. Arthur Michael, Newton Center

A3, 127, 168, 212, 312, 379, 604, 629, 749

（遺贈奧爾勃來特美術陳列館）

22. Samuel Mather, Cleveland

A828

23. Jasse H. Metcalf, Providence

A104

23. D. W. Ross

A133

24. Henry K. Schoch

A288

25. Thomas D. Stimson

A153, 253, 543

26. Jane L. Stanford

A172

27. John S. Thacher

A536

28. Chester D. Tripp

A517

29. Florance Waterbury

A571

30. Hervey E. Wetzel

A677

31. Mrs. R. H. Williams

A145

32. J. Watson Webb

A280, 508

33. Grenville Lindall Winthrop

A7, 56, 69, 84, 142, 164, 281, 303, 327, 339, 404, 438, 565, 567, 577, 585, 630, 631, 639, 651, 653, 662, 710, 725, 731, 735, 804

34. Mrs. Swan Va

A276

（三）曾在歐洲收藏者的

1. A. W. Barl, London

A203

2. Bing, Paris

A843

3. Vignier Dinsmore, Paris

A685

4. George Eumorfopoulos, London

A588

5. Orvar Karlbeck, Stockholm

A24, 110, 165, 485

6. F. P. Musso, Italy

A761

7. H. G. Oeder, Berlin

A221

8. Madame E. Rosenheim, Paris

A679

9. C. G. Seligman, Oxford

A780, 796

10. Vecht, Amsterdam

A627

11. G. A. Voûte, Amsterdam

A694, 729

（四）曾在中國古董商的

1. 管估, 上海

A442, 539, 736

2. 李文卿, 上海

A577

3. 藺石庵, 開封

A83

4. 馬長記, 上海

A139

5. 太古山房, 北京

A118

6. 尊古齋, 北京

A27, 35, 55, 61, 157, 208, 298, 314, 426, 461, 533, 588, 606, 650, 671, 720

（五）曾在美國古董商的

1. Howard Back, New York

A540

2. R. Bensabott, Chicago

A90, 91, 107

3. Otto Burchard, New York

A221, 533, 623

4. S. and G. Gumps Company, San Francisco

A55, 157, 498, 633, 638

5. Nasli M. Heeramaneck, New York

A153, 325, 717

6. Jan Kleijkamp, New York

A25, 36, 47, 51, 89, 155, 301, 310, 311, 360, 371, 374, 375, 407, 458, 479, 480,
507, 512, 516, 523, 538, 548, 775

7. Mathias Komor, New York

A35, 65, 171, 181, 351, 471, 536

8. 來遠公司　Lai Yüan and Company, Paris（1909—1920）, New York（1915—1920）

A195, 269, 766, 843

9. 盧芹齋, 盧公司（盧吳公司）　C. T. Loo and Company, Paris, London, New
York （1921—1950）

A1, 2, 7, 9, 12, 14, 20, 27, 28, 29, 30, 33, 56, 60, 68, 69, 70, 71, 76, 77, 78,
79, 80, 83, 84, 100, 111, 112, 113, 123, 127, 135, 142, 143, 144, 148, 152, 159,
160, 161, 162, 163, 164, 166, 175, 176, 196, 198, 199, 204, 210, 221, 222, 225,
226, 236, 250, 255, 264, 265, 270, 298, 300, 304, 315, 316, 317, 324, 327,

329, 338, 350, 353, 362, 390, 402, 409, 413, 420, 422, 423, 424, 428, 448, 453, 457, 460, 468, 475, 477, 481, 487, 488, 497, 518, 519, 522, 526, 554, 555, 559, 568, 573, 574, 575, 579, 581, 584, 585, 591（2）, 592, 593, 595, 596, 599, 600, 607, 625, 626, 630, 631, 632, 636, 639, 640, 641, 647, 648, 649, 650, 652, 653, 655, 658, 659, 662, 666, 668, 670, 680, 684, 693, 704, 720, 723, 730, 737, 746, 747, 749, 762, 785, 793, 796, 797, 798, 807, 811, 824, 840, 841

10. 姚叔來, 通運公司　Tonying and Company, Paris, London, New York

A115, 190, 440, 441, 603, 614, 645, 696, 697, 781, 813

A102, 208, 230, 233, 302, 331, 377, 399, 421, 646, 827

11. Harold G. Wacker, New York

A36

12. Parish-Watson, New York（—1944）

A223, 258, 308, 349, 405, 506, 562, 738

13. G. E. Wells, New York

A66, 88, 622, 763, 814

14. Edgar Worch, New York

A179, 385, 608, 657, 694

15. 山中商會, Yamanaka and Company, New York, Boston, Chicago, London（—1941）

A13, 42, 50, 89, 96, 106, 119, 130, 140, 173, 219, 220, 227, 237, 241, 244, 245, 246, 252, 253, 256, 257, 260, 281, 293, 336, 359, 368, 400, 408, 420, 463, 499, 543, 557, 558, 616, 672, 678, 689, 726, 732, 733, 739, 768 790, 792, 819, 820, 821, 823, 828, 829, 836, 842

（六）曾在歐洲古董商的

1. Bluett and Sons, London

A75, 334, 415, 712

2. Spink and Sons, London

A588

附録三　本集主要銅器

天尊	A407	貉子卣	A626
見尊	A420	員卣	A629
亞耳尊	A435	土上卣	A630
厥子尊	A437	庚嬴卣	A631
卿尊	A438	白豊方彝	A634
獸尊	A442	子蝠方彝	A639
屯尊	A451	聿方彝	A640
隹尊	A452	亞若癸方彝	A641
叔尊	A454	頬方彝	A645
史見觚	A495	令方彝	A646
婦觚	A505	榮子方彝	A648
員觶	A526, 527	寚觥	A662
龏母子觶	A529	亞兔鳥尊	A671
白觶	A535	守宮鳥尊	A673
白旛觶	A555	子乍弄鳥	A674
王乍弄卣	A560	白矩壺	A692
卿卣	A567	吏從壺	A694
徂丞卣	A580	梁其壺	A699
文暊父丁卣	A585	王白姜壺	A703
鼎卣	A589, 590	白魚父壺	A704, 705
史見卣	A597	命瓜壺	A714
夾卣	A599	陳璋壺	A746
臣辰父乙卣	A603, 606	曲陽家温壺	A772
白矩卣	A607	亞醜罍	A778
竟且辛卣	A608	亞㝬罍	A780
守宮卣	A612	鳶罍	A782
趞卣	A613	永盂	A813
北白卣	A617	康公盂	A814
公卣	A619	薛侯盤	A822
白彭父卣	A622	齊侯盤	A825
屯卣	A623	齊侯匜	A830
遺卣	A624	智君子鑑	A840, 841

附録四　重要族組

附録五　銅器圖録簡目

壹　漢文書

（一）摹寫的圖録

（二）影印的圖録

（三）銅器銘文

貳　日文書

（四）日本所印圖録

叁　英文書

（五）英國所印書刊

（六）美國所印書刊

（七）瑞典遠東古物館館刊

（八）歐洲所印圖録

（九）中國所印圖録

肆　其它歐洲文字書

（十）法、德、瑞典文書

注：號數後的二三個字，是簡稱。

（一）摹寫的圖録

1. 考古圖　呂大臨：考古圖　十卷，自序於元祐七年（1092）

2. 博古　王黼等：博古圖録　三十卷，約成於宋徽宗時（1107—1110）

3. 續考古　續考古圖　五卷

4. 西清　梁詩正等：西清古鑒　四十卷，1755

5. 寧壽　寧壽鑒古　十六卷，約成於1781年前

6. 西甲　王杰等：西清續鑒甲編　二十一卷，約成於1781—1793

7. 西乙　王杰等：西清續鑒乙編　二十卷，約成於1781—1793

8. 十六　錢坫：十六長樂堂古器款識考　四卷，1796

9. 求古　陳經：求古經舍金石圖　卷一，1813

10. 金索　馮雲鵬、雲鵷：金索　六卷，1821

11. 長安　劉喜海：長安獲古編　二卷，1821—1850

12. 懷米　曹載奎: 懷米山房吉金圖　二卷, 1839

13. 攀古　潘祖蔭: 攀古樓彝器款識　二冊, 1872

14. 兩罍　吳雲: 兩罍軒彝器圖釋　十二卷, 1872—1873

15. 恒軒　吳大澂: 恒軒所見所藏吉金録　二冊, 1885

16. 陶齋　端方: 陶齋吉金録　八卷, 1908

17. 陶續　端方: 陶齋吉金續録　二卷, 1909

18. 善齋吉金　劉體智: 善齋吉金録, 禮器録　八卷, 1934

19. 鄭冢　關百益: 鄭冢古器圖録　四冊, 1940

20. 澂秋　陳承裘: 澂秋館吉金圖　二冊, 1931

21. 枌林　丁麟年: 枌林館吉金圖識　一冊, 1940

　　以上12是石刻, 5—7和16—19是石印, 20—21是拓本石印, 餘皆木刻。

　　（二）影印的圖録

1. 雙玉　鄒安: 雙玉璽齋金石圖録　藝術叢編, 1916

2. 類徵　鄒安: 藝術類徵　藝術叢編, 1916—1920

3. 夢郼　羅振玉: 夢郼草堂吉金圖　三冊, 1917

4. 夢續　羅振玉: 夢郼草堂吉金圖續編　一冊, 1917

5. 新鄭圖　靳雲鵬: 新鄭出土古器圖志　三冊, 1923

6. 寶蘊　容庚: 寶蘊樓彝器圖録　二冊, 1929

7. 新鄭古　關百益: 新鄭古器圖録　二冊, 1929

8. 頌齋　容庚: 頌齋吉金圖録　一冊, 1933

9. 河南　關百益: 河南金石志圖　一冊, 1933

10. 武英　容庚: 武英殿彝器圖録　二冊, 1934

11. 雙吉　于省吾: 雙劍誃吉金圖録　二冊, 1934

12. 貞松圖　羅振玉: 貞松堂吉金圖　三冊, 1935

13. 大系　郭沫若: 兩周金文辭大系圖録　五冊, 1935

14. 十二　商承祚: 十二家吉金圖録　二冊, 1935

15. 鄴初　黃濬: 鄴中片羽初集　二冊, 1935

16. 海外　容庚: 海外吉金圖録　三冊, 1935

17. 楚器　劉節: 楚器圖釋　一冊, 1935

18. 善齋　容庚: 善齋彝器圖録　三冊, 1936

19. 尊古　黃濬: 尊古齋所見吉金圖　四冊, 1936

20. 渾源　商承祚: 渾源彝器　一冊, 1936

21. 參倫　參加倫敦中國藝術國際展覽會圖説（第一冊）　1936

22. 鄴二　黃濬: 鄴中片羽二集　　二册, 1937
23. 新鄭　孫海波: 新鄭彝器　　二册, 1937
24. 頌續　容庚: 頌齋吉金續録　　二册, 1938
25. 濬縣　濬縣彝器 (郭寶鈞原編)　　一册, 1938
26. 賸稿　孫海波: 河南古金圖志賸稿　　一册, 1939
27. 雙古　于省吾: 雙劍誃古器物圖録　　二册, 1940
28. 癡庵　李泰棻: 癡庵藏金　　一册, 1940
29. 西清拾遺　容庚: 西清拾遺　　一册, 1940
30. 商周　容庚: 商周彝器通考　　下册圖象, 1941
31. 鄴三　黃濬: 鄴中片羽三集　　二册, 1942
32. 巖窟　梁尚椿: 巖窟吉金録　　二册, 1944
33. 海外銅器　陳夢家: 海外中國銅器圖録第一集　　二册, 1946
34. 故宮　故宮月刊　　1929—1933
35. 金匱　陳仁濤: 金匱論古初集　　一册, 1952
36. 全國　全國基本建設工程中出土文物展覽圖録　　一册, 1955
37. 輝縣　郭寶鈞等: 輝縣發掘報告　　一册, 19 56
38. 長沙　夏鼐等: 長沙發掘報告　　一册, 1957
39. 蔡器　安徽博物館: 壽縣蔡侯墓出土遺物　　一册, 1957

（三）銅器銘文

1. 薛氏　薛尚功: 歷代鐘鼎彝器款識法帖　　二十卷, 1144
2. 嘯堂　王俅: 嘯堂集古録　　二卷, 跋於 1176
3. 復齋　王厚之: 鐘鼎款識　　一卷, 宋代
4. 積古　阮元: 積古齋鐘鼎彝器款識　　十卷, 1804
5. 清愛　劉喜海: 清愛堂家藏鐘鼎彝器款識法帖　　一卷, 1838
6. 筠清　吳榮光: 筠清館金文　　五卷, 1842
7. 攗古　吳式芬: 攗古録金文　　三卷九册, 1895
8. 從古　徐同柏: 從古堂款識學　　十六卷, 1886
9. 敬吾　朱善旂: 敬吾心室彝器款識　　二册, 1908
10. 奇觚　劉心源: 奇觚室吉金文述　　二十卷, 1902
11. 簠齋　鄧實: 簠齋吉金録　　八卷, 1918
12. 愙齋　吳大澂: 愙齋集古録　　二十六册, 1918
13. 綴遺　方濬益: 綴遺齋彝器款識考釋　　三十卷, 1935
14. 清儀　張廷濟: 清儀閣所藏古器物文　　十卷, 1925

15. 周金　鄒安: 周金文存　六卷, 1916

16. 殷文　羅振玉: 殷文存　二卷, 1917

17. 集古遺文　羅振玉: 貞松堂集古遺文十六卷, 1930; 補遺三卷, 1931; 續編三卷,
　　1934

18. 續殷　王辰: 續殷文存　二卷, 1935

19. 小校　劉體智: 小校經閣金文拓本　十八卷, 1935

20. 三代　羅振玉: 三代吉金文存　二十卷, 1937

21. 錄遺　于省吾: 商周金文錄遺　一册, 考古研究所, 1957

22. 山東　曾毅公: 山東金文集存　三卷, 1940

23. 金文編　容庚: 金文編　1939, 商務

　　　　以上1本石刻, 2—7是木刻, 20是珂瓔版影印, 餘皆石印。

　　　（四）日本所印圖錄

1. 古銅　田島志一: 支那古銅器集　1910

2. 泉屋　濱田耕作: 泉屋清賞　1927

3. 泉續　濱田耕作: 泉屋清賞續編　1927

4. 泉別　濱田耕作: 泉屋清賞別集　1922

5. 泉删　濱田耕作: 删訂泉屋清賞　1934

6. 獲古　大村西崖: 獲古圖錄　1923

7. 周漢　原田淑人, 矢島恭介: 周漢遺寶　1932

8. 工藝　香取秀真: 支那工藝圖鑒　1933

9. 菁華　梅原末治: 支那古銅菁華　1933

10. 枋禁　梅原末治: 枋禁之考古學的考察　1933

11. 戰國式　梅原末治: 戰國式銅器之研究　1936

12. 金村　梅原末治: 洛陽金村古墓聚英　增訂本, 1944

13. 遺寶　梅原末治: 河南安陽遺寶　1940

14. 形態學　梅原末治: 古銅器形態之考古學的研究　1940

15. 遺物　梅原末治: 河南安陽遺物之研究　1941

16. 青山莊　梅原末治: 青山莊清賞　卷六, 1942

17. 白鶴帖　嘉納治兵衛: 白鶴帖　卷一, 1917

18. 白鶴　嘉納治兵衛: 白鶴吉金集　1934

19. 白選　梅原末治: 白鶴吉金選集　1951

20. 朋來　内藤虎次郎: 朋來居清賞

21. 帝室　帝室博物館鑒賞錄　1906

（五）英國所印書刊

1. S. W. Bushell: *Chinese Art: Victoria and Albert Museum*. London, 1924.

2. Albert J. Koop: *Early Chinese Bronzes*. Ernest Benn, London, New York, 1924.

3. 猷氏　W. P. Yett: *The George Eumorfopoulos Collection*. Ernest Benn, London, 1929.

4. 倫敦　*The Chinese Exhibiton, A Commemorative Catalogue of the International Exhibition of Chinese Art*. Royal Academy of Arts, London, 1936.

5. 柯爾　W. P. Yetts: *The Cull Chinese Bronzes*. Courtauld Institute of Art, London, 1939.

6. W. C. White: "The Richest Archaeological Site in China: The Elephant Tomb," *Illustrated London News*, March 23, 1935.

7. W. C. White: "Sacrificial Knives and Weapons from Ancient China: Further Bronzes from The Elephant Tomb," *Illustrated London News*, April 20, 1935.

8. H. J. Timperley: "The Awakening of China in Archaeology: Further Discoveries in Honan Province—Royal Tomb of the Shang Dynasty," *Illustrated London News*, April 4, 1936.

9. Paul Pelliot: "The Royal Tombs of An-yang," *Studies in Chinese Art and Some Indian Influences*. The India Society, London, 1938.

10. *Ancient Chinese Bronzes*. Bluett and Sons, London, 1938.

11. *A Collection of Ancient Chinese Bronzes*. Bluett and Sons, London, 1937.

12. Y. P. Yetts: *An-yang, A Restrospect*. China Society, London, 1942.

13. Osvald Sirén: *A History of Early Chinese Art, the Prehistoric and Pre-Han Period*. London, 1929.

14. Osvald Sirén: *A History of Early Chinese Art, II, The Han Period*. London, 1930.

15. *Catalogue of The Fine Collection of Important Early Chinese Bronzes, Rare Archaic Jades, Ceramics and Works of Art*. The Property of H. K. Burnet, London, 1941.

（六）美國所印書刊

1. 何母斯目　*Selected Ancient Chinese Bronzes from the Collection of Mrs. Christian R. Holmes*. Orientalia, New York.

2. 中國圖符　Florance Waterbury: *Early Chinese Symbols and Literature: Vestiges and Speculations*. E. Weyhe, New York, 1942.

3. 弗利亞　John E. Lodge, A. G. Wenley, John Pope: *A Descriptive Illustrated Catalogue of Chinese Bronzes, acquired during the administration of J. E. Lodge*. Freer Gallery of Art, Washington, D. C., 1946.

4. 柏景寒　C. F. Kelley and Ch'en Meng-chia: *Chinese Bronzes from the Buckingham Collection*. The Art Institute of Chicago, 1946.

5. *First Exhibiton of Chinese Art*. Mills College, Oakland, 1934.

6. Alan Priest: *Chinese Bronzes of the Shang through T'ang Dynesty*. Metropolitan Museum, New York, 1938.

7. 盧目（1939）　*An Exhibition of Chinese Bronzes*. C. T. Loo and Company, New York, 1939.

8. 盧目（1940）　*An Exhibition of Ancient Chinese Ritual Bronzes*. C. T. Loo and Company, New York, 1940.

9. 盧目（1941）　*Exhibition of Chinese Art. C*. T. Loo and Company, New York, 1941.

10. *Ancient Chinese Bronzes and Chinese Jewelry*. C. T. Loo's Collection, Toledo Museum, 1941.

11. *Masterpieces of Ancient Chinese*. Jan Kleijkamp Collection. Kleijkamp Inc., New York, 1941.

12. *Martimor C. Leventritt Collection*. Standford University, 1941.

13. 山中目（1925）　*Exhibition of Early Chinese Bronzes*. Yamanaka and Company, New York, 1925.

14. 山中目（1926）　*Exhibition of Early Chinese Bronzes, Stone Sculptures and Potteries*. Yamanaka and Company, New York, 1926.

15. 山中目（1938）　*Exhibition of Ancient Chinese Bronzes and Buddhist Art*. Yamanaka and Company, New York, 1938.

16. 山中目（1939）　*Collection of Far Eastern and Other Chinese Art*. Alien Property Custodian of the U. S. A., New York and Chicago, 1943.

17. 山中目（1944）　*Oriental Art*. Alien Property Custodian of the U. S. A., New York, 1944.

18. *Chinese Bronzes of the Shang, Chou and Han Periods, In the Collection of Mr. Parish-Watson*. New York, 1922.

19. *A Loan Exhibition of Chinese Art*. Detroit Institute of Arts, 1929.

20. *Catalogue of the Sunglin Collection of Chinese Art and Archaeology*. New York, 1930.

21. *Recent Accessins in American Museums, Oriental Arts in America*. The New Orient Society of America, Chicago, 1937.

22. L. Sickman: *Early Chinese Art Section II*. University Prints, Oriental Art, Series O. Newton, 1938.

23. Ludwig Bachhofer: *A Short History of Chinese Art*. Pantheon, New York, 1946.

24. 皮斯百　Bernhard Karlgren: *A Catalogue of the Chinese Bronzes in the Alfred F. Pillsbury Collection.* University of Minnesota Press, 1950.

25. Helen Comstock: *Chinese Bronzes in the Pillsbury Collections*. The Connoisseur, September, 1943.

26. *Master Bronzes Selected from Museums and Collections in America.*Albright Art Gallery, Buffalo, 1937.

（七）瑞典遠東古物館館刊（*BMFEA*）

1. O. Karlbeck: "Notes on the Archaeology of China." No. 2, 1930.

2. "Exhibition of Early Chinese Bronzes." No. 6, 1934.

3. B. Karlgren: "On the Date of the Piao-bells." No. 6, 1934.

4. J. G. Andersson: "The Goldsmith in Ancient China." No. 7, 1935.

5. O. Karlbeck: "Anyang Moulds." No. 7, 1935.

6. O. Karlbeck: "Anyang Marble Sculpture." No. 7, 1935.

7. 殷周銅器　B. Karlgren: "Yin and Chou in Chinese Bronzes." No.8, 1936.

8. 再論中國銅器　B. Karlgren: "New Studies on Chinese Bronzes." No. 9, 1937.

9. V. Sylwan: "Silk from the Yin Dynasty." No. 9, 1937.

10. B. Karlgren: "Notes on Kin-ts'un Album." No. 10, 1938.

11. B. Karlgren: "Huai and Han." No. 13, 1941.

12. B. Karlgren: "Some Early Chinese Bronze Masters." No. 16, 1944.

13. B. Karlgren: "Some Weapons and Tools of the Yin Dynasty." No. 17, 1945.

14. B. Karlgren: "Once Again the A and B Styles in Yin Ornamentation." No. 18, 1946.

15. B. Karlgren: "Bronzes in Hellström Collecton." No. 20, 1948.

16. B. Karlgren: "Some Bronzes in the Museum of Far Eastern Antiquities." No. 21, 1949.

17. B. Karlgren: "Notes on the Grammar of Early Bronze Decór." No. 23, 1951.

18. B. Karlgren: "Some New Bronzes in the Museum of Far Eastern Antiquities." No.

24, 1952.

19. B. Karlgren: "Notes on Four Bronzes." No. 26, 1954.

20. Martha Boyer: "Some Chinese Archaic Bronzes in the Danish National Museum." No. 27, 1955.

（八）歐洲所印圖録

1. H. F. E. Visser: *The Exhibition of Chinese Art*, Amsterdam, 1952, of the Society of Friends of Asiatic Art. The Hague, 1926.

2. H. F. E. Visser: *Asiatic Art in Private Collections of Holland and Belgium Amsterdam*, 1948.

3. M. Rostovtzeff: *Inlaid Bronzes of the Han Dynasty, in the Collection of C. T. Loo*. G. Vanoest, Paris and Brussels, 1927.

4. Nils Palmgren: *Selected Chinese Antiquities from the Collection of Gustaf Adolf, Crown Prince of Sweden*. Stockholm, 1948.

5. Charles Vignier: *Catalogue of the Exhibition "Art Orient"*. Paris, 1925.

（九）中國所印圖録

1. 洛陽　懷履光：洛陽古城古墓考　W. C. White: *Tombs of Old Lo-yang*. Kelly and Walsh, Shanghai, 1934.

2. 福開森：中國藝術綜覽卷一　J. C. Ferguson: *Survey of Chinese Art*. Vol. I, Bronzes. Commercial Press, Shanghai, 1939.

3. 福開森：齊侯四器考釋　J. C. Ferguson: *The Four Bronze Vessels of the Marquis of Ch'i*. Peking, 1928.（此書係別人代作）

4. 使華　艾克：使華訪古録　Gustav Ecke: *Frühe Chinesische Bronzen aus der Sammlung Oskar Trautmann*. Peking, 1939.

5. 鐃齋　艾克：鐃齋吉金録　Gustav Ecke: *Sammlung Lochow, Chinesische Bronzen*, I. Peking, 1943.（此書有第二集，未見流行）

（十）法、德、瑞典文書

1. 盧目（1924）　*Bronzes Antiques de la Chine Appartenant à C. T. Loo*. Paris, 1924.

2. Georges Salles：*Bronzes Chinois des Dynasties Tcheou, Ts'in et Han*. Musée de L'Orangerie, Paris, 1934.

3. Georges Salles: *Les Bronzes de Li-yü, Revue des Arts Asiatiques*. Paris, 1933-1934.

4. René Grousset: *L'Évolution des Bronzes Chinois Archaiques*. Paris, 1937.

5. Charles Vignier: *Notes inédites, L'Exposition de Bronzes Chinois, Revue des Arts Asiatiques*, Tome VIII, numero 3, Paris.

6. 柏林　*Chinesische Bronzen aus der Abteilung für Ostasiatische Kunst an den Staatlichen Museen Berlin*. Berlin, 1928.

7. 卣與觥　J. Trübner: *Yu und Kuang. Zur Typologie der Chinesischen Bronzen*. Leipzig, 1929.

8. Alfred Salmony: *Asiatische Kunst*. Ausstellung, Köln, 1926; München, 1927.

9. O. Kümmel: *Ausstellung Chinesischer Kunst*. Berlin, 1929.

10. O. Kümmel: *Chinesische Kunst*. Berlin, 1930.

11. O. Kümmel: *Jörg Trübner zum Gedächtnis*. Berlin, 1930.

12. L. Reidemeister: *Chinesische Kunst*. Berlin, 1935. Die Bestände der Firma Dr. Otto Burchard and Company.

13. O. Sirén: *Kinas Konst, under tre artusenden*. Stockholm, 1934.

14. J. Itten: *Asiatisch Kunst*. Zürich, 1941.

附録六　拓本器號對照表

R.	A.	R.	A.	R.	A.	R.	A.
1	588	32	400	63	562	94	532
2	61	33	636	64	864	95	202
3	670	34	461	65	372	96	361
4	484	35	162	66	565	97	174
5	686	36	55	67	35	98	324
6	317	37	380	68	171	99	364
7	687	38	62	69	585	100	854
8	371	39	71	70	867	101	60
9	463	40	33	71	554	102	406
10	464	41	353	72	848	103	513
11	344	42	469	73	477	104	514
12	345	43	487	74	374	105	199
13	142	44	138	75	855	106	475
14	7	45	492	76	366	107	395
15	584	46	9	77	473	108	5
16	402	47	455	78	865	109	614
17	78	48	56	79	460	110	328
18	540	49	137	80	561	111	559
19	416	50	486	81	354	112	358
20	159	51	858	82	355	113	1
21	399	52	357	83	608	114	57
22	310	53	39	84	654	115	462
23	846	54	522	85	136	116	81
24	69	55	853	86	507	117	352
25	164	56	197	87	66	118	351
26	370	57	53	88	863	119	503
27	656	58	367	89	42	120	504
28	524	59	2	90	160	121	360
29	505	60	30	91	181	122	639
30	12	61	424	92	581	123	14
31	315	62	653	93	407	124	4

R.	A.	R.	A.	R.	A.	R.	A.
125	671	161	472	197	44	233	304
126	485	162	152	198	376	234	552
127	533	163	64	199	147	235	132
128	21	164	72	200	664	236	158
129	18	165	814	201	651	237	326
130	780	166	813	202	459	238	444
131	676	167	316	203	323	239	350
132	518	168	322	204	20	240	628
133	394	169	476	205	134	241	73
134	468	170	15	206	408	242	545
135	347	171	500	207	398	243	50
136	778	172	572	208	369	244	759
137	641	173	10	209	11	245	182
138	579	174	298	210	373	246	547
139	862	175	305	211	346	247	494
140	642	176	415	212	397	248	379
141	47	177	512	213	531	249	363
142	523	178	299	214	375	250	377
143	521	179	516	215	815	251	604
144	868	180	401	216	17	252	122
145	303	181	31	217	575	253	482
146	409	182	362	218	511	254	615
147	413	183	27	219	557	255	327
148	32	184	570	220	38	256	392
149	481	185	530	221	6	257	391
150	80	186	393	222	640	258	396
151	203	187	302	223	52	259	404
152	75	188	560	224	348	260	325
153	196	189	657	225	343	261	428
154	610	190	40	226	306	262	34
155	658	191	580	227	644	263	695
156	456	192	417	228	170	264	435
157	65	193	378	229	543	265	599
158	689	194	857	230	536	266	452
159	600	195	652	.231	215	267	537
160	457	196	58	232	856	268	187

R.	A.	R.	A.	R.	A.	R.	A.
269	414	305	331	341	617	377	623
270	627	306	606	342	625	378	453
271	847	307	230	343	178	379	233
272	605	308	230	344	335	380	631
273	619	309	603	345	439	381	440
274	590	310	51	346	186	382	851
275	589	311	175	347	443	383	84
276	418	312	381	348	232	384	85
277	647	313	525	349	621	385	188
278	665	314	329	350	185	386	622
279	423	315	646	351	434	387	629
280	601	316	613	352	430	388	190
281	564	317	861	353	437	389	626
282	193	318	438	354	852	390	334
283	785	319	567	355	149	391	236
284	645	320	219	356	195	392	236
285	385	321	220	357	859	393	161
286	566	322	634	358	849	394	191
287	539	323	634	359	866	395	850
288	221	324	673	360	442	396	241
289	445	325	612	361	450	397	238
290	223	326	527	362	173	398	239
291	180	327	526	363	177	399	127
292	208	328	662	364	427	400	128
293	222	329	582	365	166	401	237
294	216	330	583	366	448	402	235
295	135	331	624	367	229	403	252
296	616	332	648	368	860	404	248
297	189	333	618	369	611	405	253
298	449	334	597	370	77	406	242
299	156	335	495	371	620	407	255
300	421	336	420	372	176	408	255
301	333	337	870	373	384	409	704
302	692	338	426	374	330	410	243
303	555	339	231	375	694	411	130
304	630	340	447	376	451	412	703

R.	A.	R.	A.	R.	A.	R.	A.
413	822	439	738	465	410	504	879
414	129	440	739	466	411	505	880
415	89	441	117	467	412	506	881
416	131	442	123	468	465	507	882
417	244	443	325	469	515	508	883
418	246	444	108	470	517	509	884
419	250	445	607	471	529	510	885
420	245	446	8	472	535	511	886
421	256	447	49	473	542	512	887
422	284	448	54	474	569	513	888
423	825	449	68	475	594	514	889
424	830	450	74	476	602	515	890
425	257	451	76	477	667	516	891
426	96	452	82	478	691	517	892
427	674	453	143	479	816	518	893
428	840	454	150	480	782	519	894
429	841	455	163	481	817	520	895
430	714	456	307	482	37	521	896
431	767	457	309	483	776	522	897
432	756	458	318	484	713	523	898
433	746	459	319	485	699	524	899
434	109	460	332			525	900
435	107	461	356	500	875	526	901
436	772	462	388	501	876		
437	869	463	382	502	877		
438	871	464	383	503	878		

補　充　照　片

R.	A.	R.	A.	R.	A.	R.	A.
486	236	489	671	492	448	495	817
487	64	490	622	493	442		
488	309	491	56	494	233		

訂補後記

這部美國所藏中國銅器集録，是陳夢家先生於1947年6月編撰完成的，原爲英文本。1956年，陳先生將其整理成中文本，同時又作完北歐所藏中國銅器，分別編爲中國銅器綜録的第一集和第二集，隨即將第一集先行交付出版。當時兼任中國科學院考古研究所所長的鄭振鐸先生，曾於1957年春將第一集的書名題寫爲"流散美國的中國銅器集録"。後來，陳先生被錯劃爲"右派"，因而本書在製版後被擱置數年。遲至1962年，在未正式署明編撰者的情況下，書名被竄改爲並不妥帖的"美帝國主義劫掠的我國殷周銅器集録"，有限制地作爲内部資料出版發行（個別引用者曾將其簡稱爲"劫掠"，尤其欠妥）。由於印數不多，久已難尋。1977年日本吉川弘文館以"陳夢家著，松丸道雄改編"的名義翻印本書，書名改稱爲殷周青銅器分類圖録，傳入國内的很少。改革開放以後，考古研究所領導早就準備在適當時機重新出版本書，特別是恢復其原有書名。所以在集體編纂殷周金文集成的過程中，對於本書的簡稱即摒棄欠妥的"劫掠"，而改正爲接近於原書名的"美集録"。同時，又注意校訂説明文字中的個別失誤。後因有關人員忙於其他事務，未能及早落實重新出版事宜。

這次由我所王世民先生主持進行本書的重新編輯，除恢復陳先生1947年英文原本的書名和1956年的兩篇中文自序外，特約請專人將他1947年同時寫成的中國銅器綜述英文稿譯成中文，交付中華書局並行出版。本書内容基本上依照1962年内部發行本的原樣。其銅器圖象部分，全部采用本中心所藏陳先生生前捐贈考古所的大幅銅器照片，由龐小霞同志協助整理、季連琪同志精心進行高清晰度掃描。説明文字部分，則依據原殷周金文集成編輯組由陳公柔先生匯總的校正本稍作訂正，並在所收器物及部分關聯器物的銘文項下加注集成器號；還將1962年本出版前後若干古文字學家和銅器修復技師提出的個別銅器真僞等方面意見，備注在有關銅器的説明之後以供參考；另外，由董葦同志通過互聯網檢索臺北中研院史語所製作的"殷周金文暨青銅器資料庫"，補注部分銅器現藏處所的變動情況。卷前參照中國銅器綜述增添銅器分類目録。爲全面體現陳先生的工作，又盡力搜尋增補原附録五僅有銘文拓本銅器的圖象，編爲A846—A901號，續接於原編A1—A845號之後。凡新增的訂正和補注文字，均加六角括號"〔〕"以示區别。中華書局接受本書出版，責任編輯李碧玉、朱兆虎兩位同志爲版面的設計和編排頗費辛勞。

中國社會科學院考古研究所考古資料信息中心

2018年7月3日